国家文化产业资金支持媒体
融合重大项目

高等职业教育金融类专业富媒体智能型教材

金融服务礼仪

Jinrong Fuwu Liyi | 石玥　郑屹　主编

东北财经大学出版社
Dongbei University of Finance & Economics Press

大连

图书在版编目（CIP）数据

金融服务礼仪 / 石玥，郑屹主编. —大连：东北财经大学出版社，2023.2（2024.8重印）

（高等职业教育金融类专业富媒体智能型教材）

ISBN 978-7-5654-4782-2

Ⅰ.金…　Ⅱ.①石…②郑…　Ⅲ.金融-商业服务-礼仪-高等职业教育-教材　Ⅳ.F830.2

中国国家版本馆CIP数据核字（2023）第021113号

东北财经大学出版社出版

（大连市黑石礁尖山街217号　邮政编码　116025）

网　　址：http://www.dufep.cn

读者信箱：dufep@dufe.edu.cn

大连日升彩色印刷有限公司印刷　东北财经大学出版社发行

幅面尺寸：185mm×260mm　　字数：317千字　　印张：14.25

2023年2月第1版　　　　　　　2024年8月第4次印刷

责任编辑：李丽娟　宋雪凌　　　　　责任校对：徐　群

封面设计：冀贵收　　　　　　　　　版式设计：原　皓

定价：38.00元

富媒体智能型教材出版说明

"财经高等职业教育富媒体智能型教材开发系统工程"入选国家新闻出版广电总局新闻出版改革发展项目库，并获得文化产业专项资金支持，是"国家文化产业资金支持媒体融合重大项目"。项目以"融通""融合""共建""共享"为特色，是东北财经大学出版社积极落实国家推动传统媒体与新媒体融合发展的重要举措之一。

"财济书院"智能教学互动平台是该工程项目建设成果之一。该平台通过系统、合理的架构设计，将教学资源与教学应用集成于一体，具有教学内容多元呈现、课堂教学实时交互、测试考评个性设置、用户学情高效分析等核心功能，是高校开展信息化教学的有力支撑和应用保障。

富媒体智能型教材是该工程项目建设成果之二。该类教材是我社供给侧结构性改革探索性策划的创新型产品，是一种新形态立体化教材。富媒体智能型教材秉持严谨的教学设计思想和先进的教材设计理念，为财经职业教育教与学、课程与教材的融通奠定了基础，较好地避免了传统教学模式和单一纸质教材容易出现的"两张皮"现象，有助于教学质量的提高和教学效果的提升。

从教材资源的呈现形式来说，富媒体智能型教材实现了传统纸质教材与数字技术的融合，通过二维码建立链接，将VR、微课、视频、动画、音频、图文和试题库等富媒体资源丰富多彩地呈现给用户；从教材内容的选取整合来说，其实现了职业教育与产业发展的融合，不仅注重专业教学内容与职业能力培养的有效对接，而且很好地解决了部分专业课程学与训、训与评的难题；从教材的教学使用过程来说，其实现了线下自主与线上互动的融合，学生可以在有网络支持的任何地方自主完成预习、巩固、复习等，教师可以在教学中灵活使用随堂点名、作业布置及批改、自测及组卷考试、成绩统计分析等平台辅助教学工具。

富媒体智能型教材设计新颖，一书一码，使用便捷。使用富媒体智能型教材的师生首先下载"财济书院"APP或者进入"财济书院"（www.idufep.com）平台完成注册，然后登录"财济书院"输入教材封四学习卡中的激活码建立或找到班级和课程对应教材，就可以开启个性化教与学之旅。

"重塑教学空间，回归教学本源！""财济书院"平台不仅仅是出版社提供教学资源和服务的平台，更是出版社为作者和广大院校创设的一个教学空间，作者和院校师生既是这个空间的使用者和消费者，也是这个空间的创造者和建设者，在这里，出版社、作者、院校共建资源，共享回报，共创未来。

最后，感谢各位作者为支持项目建设所付出的辛劳和智慧，也欢迎广大院校在教学中积极使用富媒体智能型教材和"财济书院"平台，东北财经大学出版社愿意也必将陪伴广大职业教育工作者走向更加光明而美好的职业教育发展新阶段。

东北财经大学出版社

前　言

随着国民经济的发展，金融行业的竞争愈发激烈，提高金融服务水平与质量，注重金融服务礼仪，成为金融企业争取客户、留住客户的重要手段。金融服务礼仪讲求"以客户为中心"，提升客户体验，并在建立标准化服务的前提下，打造个性化、人性化服务。因此，金融服务礼仪不但成为金融企业应对挑战、激发生命力的利润源泉以及在激烈竞争中的制胜法宝，也成为金融企业员工提升素养、增强竞争力、获取更广阔发展空间的有力武器。

党的二十大报告提出："实施科教兴国战略，强化现代化建设人才支撑。"党的二十大报告将教育、科技、人才"三位一体"统筹安排、一体部署，明确了科教兴国战略在新时代的科学内涵和使命任务，也强调了人才是第一资源，深入实施人才强国战略，强化现代化建设人才支撑的重要性。"金融服务礼仪"课程作为职业能力拓展课程，以市场需求为指引、以职业岗位能力为导向，为培养具有相应专业知识和能力以适应其职业生涯的进一步拓展和可持续发展的新时代金融人才提供了重要支撑。为了更好地满足"金融服务礼仪"课程教学需求和人才培养需求，我们组织教学及实践经验丰富的教师编写了这本《金融服务礼仪》教材。

本教材以金融行业特别是银行业务为主线，结合金融行业发展趋势及金融服务礼仪发展要求，对金融服务礼仪基础理论、仪表礼仪、仪态礼仪、语言礼仪、日常交际礼仪、岗位服务礼仪、公务礼仪等内容进行融会贯通的讲授，再配以大量图片、微课、视频等资源，图文并茂、生动立体，丰富了内容的呈现形式，使学生对金融行业的服务礼仪基础知识有较全面的理解和较深刻的认识，全方位提升学生的金融职业素养和服务技能，为学生今后从事金融行业工作奠定基础。

本教材的编写主要突出以下特色：

第一，突出"理实一体化"。本教材遵循高等职业教育教学规律，以培养高等职业院校学生业务操作能力和岗位适应能力为目标，在内容的选取上紧密结合金融服务领域的行业特点，在夯实理论知识的同时，加入大量案例及实践训练模块，提升实务权重，体现"理实一体化"。

第二，实现课、岗、赛融通。本教材迎合岗位需求，对接银行技能竞赛模块。通过课堂教学、网络平台教学、职业岗位能力竞赛、校内实训与校外实训配合、校企结合等多种方式对学生的职业岗位能力进行多角度、多维度综合培养。

第三，融入课程思政。本教材在设置知识目标与技能目标的前提下，融入党的二十大精神等思政元素，设置了"思政育人目标"，并在每个任务的"实践训练"中设置了"素质目标"，还设计了"思政小课堂"栏目等，以提升学生的金融素养，强化教材的德育功能，为"全面贯彻党的教育方针，落实立德树人根本任务，培养德智体美劳全面发展的社会主义建设者和接班人"打好坚实基础。

第四，多媒体融合。本教材配套了东北财经大学出版社"财济书院"平台学习卡，实现纸质教材与数字化平台的多媒体融合。使用本教材的教师和学生可以通过激活教材封底的学习卡登录"财济书院"平台，找到对应的课程使用教学资源。平台上课程资源类型丰富，建设了微课、课堂展示视频、学生场景展示视频、演示文稿、习题测验等数字化资源。教师还可以通过平台建班建课，与学生进行教学互动，实现线上线下混合式教学。

本教材既可作为高等职业院校、应用型本科院校及本科院校的职业技术学院金融类、财务会计类专业及其他相关专业的服务礼仪课程教材，也可作为金融从业人员学习金融服务礼仪知识、提升职业素养的参考用书和普通学习者的通识课程资料。

本教材由长春金融高等专科学校石玥和郑屹担任主编，她们共同负责全书的整体策划并设计编写大纲。全书共分为七个项目，具体编写工作分工如下：石玥负责编写项目一、二、六、七，郑屹负责编写项目三、四、五。长春金融高等专科学校施晓春教授与程未教授对全书内容设计进行指导，由石玥最终统稿。

本书实训场景与相关案例除了由两位有银行工作经历的主编设计选取与编写外，还特邀哈尔滨农商银行哈西支行赵玉虹女士、龙江银行总行区域经理姜晓龙先生等对部分内容进行业务指导。本书部分插图由长春金融高等专科学校学生邓海旭、窦文娇、李东旭、隋金蔷参与拍摄完成。

本书在编写过程中，参考了国内外许多专家、学者的相关著作，并吸收了其中部分研究成果，在此谨向他们表示深深的谢意。在编写过程中还得到了长春金融高等专科学校领导及东北财经大学出版社编辑的大力支持与热情帮助，在此对各位表示衷心的感谢。

由于编写水平有限，书中难免有许多不足，敬请同仁不吝赐教。

编　者

2022 年 12 月

目 录

项目一
金融行业服务礼仪基础理论与员工修养

学习目标

思政育人目标：

★培养学生热爱祖国、热爱工作、诚实守信、勤勉履职、服务为本、严守秘密、敬业乐业、严谨认真的思想态度与职业操守。

★培养学生服务光荣的思想，养成良好的服务意识。

★培养学生尊重他人、内外兼修的礼仪修养。

★培养学生知法守法、依法合规、按章办事的法律意识与责任感。

★培养学生自觉践行服务至上的职业精神和全心全意为客户服务的职业规范。

知识目标：

★了解礼仪的含义、礼仪的本质、金融服务礼仪的内容。

★了解金融服务礼仪的重要性。

★熟悉金融服务礼仪的基本要求与原则。

★掌握金融服务意识的概念与内容。

★掌握金融行业员工职业素养的内容。

技能目标：

★能够根据金融服务礼仪的基本要求进行客户服务。

★能够分析当前金融服务礼仪实践中存在的问题。

★能够有意识地增强自己的金融服务意识并不断提高职业素养。

项目思维导图

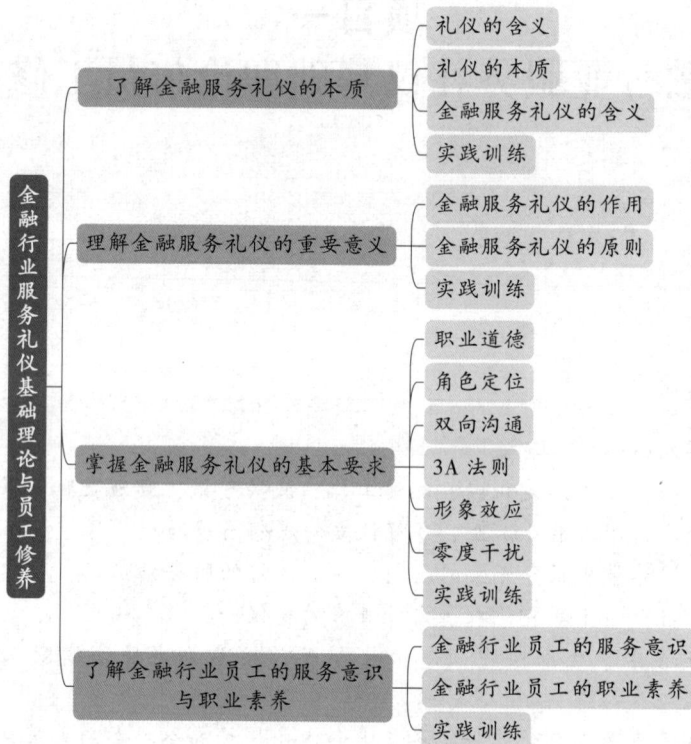

案例导入

　　小王是一名大专生，长相平平，毕业后在一家银行工作。与屡屡受挫的同学相比，这是她应聘的几份工作之一。当师弟师妹们向她讨教经验时，她说，平时积累、注重礼仪、尊重工作、抓住机会是她成功的关键。她告诉师弟师妹们，她上大学以来一边认真学习各门功课，并积极考取各种专业证书，一边利用课余时间参加有益的学生会或者社团活动，并在假期进行实习锻炼。她还给师弟师妹们分享了她的面试过程，她说在这份工作面试之前，她认真准备了符合银行标准的正装与鞋袜，化淡妆、盘发，没有像有的同学那样佩戴夸张的耳饰或化过于美艳的妆容。面试开始后，她礼貌地问候并致意几位面试官，站姿端正，笑容得体，目光平视，淡定自信地介绍自己的优势，没有像有的同学那样笑场或者扭扭捏捏。当面试官提问她对银行岗位工作的理解时，她根据提前做过的对该银行的了解及银行员工应具备的服务意识与职业素养侃侃而谈，还穿插了自己在学生会工作中体现服务意识的案例，面试官脸上露出了微笑，她感谢面试官后鞠躬离开了考场。小王将经验分享给大家后，师弟师妹们才恍然大悟。

　　资料来源：作者根据相关资料编写。

金融行业服务礼仪基础理论与员工修养是金融服务礼仪学习的基础，是学习好金融服务礼仪各方面内容的前提，能够掌握好金融服务礼仪基础理论对于金融服务有着重要的影响，而金融服务礼仪是金融行业员工的服务意识与职业素养的底层基石。本项目将围绕了解金融服务礼仪的本质、理解金融服务礼仪的重要意义、掌握金融服务礼仪的基本要求、了解金融行业员工的服务意识与职业素养四方面的问题进行详细阐述。

任务一　了解金融服务礼仪的本质

一、礼仪的含义

中华民族是礼仪之邦，光辉灿烂的 5 000 多年文明历史渗透着诸多礼仪的种子，礼仪也是人类区别于动物，从野蛮走向文明所谱写的伟大篇章。《礼记》中说："鹦鹉能言，不离飞鸟；猩猩能言，不离禽兽。今人而无礼，虽能言，不亦禽兽之心乎？""是故圣人作，为礼以教人，使人以有礼，知自别于禽兽。""凡人之所以为人者，礼义也。"孔子认为："仁者，人也。"明末清初时期学者颜元说："国尚礼则国昌，家尚礼则家大，身有礼则身修，心有礼则心泰。"国学大师钱穆先生说过，"中国的核心思想就是礼"。没有礼就没有道德。中华民族经过了 5 000 多年的发展，中国文化经过了 5 000 多年的沉淀，凝聚形成了文化的核心——"礼"。

中国人的血液中流淌着礼仪的印记，礼仪文明作为中华传统文化的重要组成部分，对中国社会历史发展产生了深远的影响。在现代社会里，礼仪也在人们的生产生活中起到了越来越重要的作用。礼仪的概念可以从不同的角度进行诠释。从个人修养的角度来看，礼仪是一个人内在素质和修养的外在表现；从道德的角度来看，礼仪是为人处世的行为规范和行为准则；从交际的角度来看，礼仪是一种交往的方法和技巧；从民俗的角度来看，礼仪是人类沿袭下来的待人接物的习惯做法；从审美的角度来看，礼仪是人心灵美的外化。

总体而言，礼仪是"礼"和"仪"的统称，是指在人际交往过程中，人们为了表示尊重与友好而共同遵守的行为规范和准则，也指以一定的约定俗成的方式来表现的律己敬人的过程。所谓"礼"，从狭义上讲是指礼貌、礼节，从广义上讲是指我国古代制定的行为准则和道德规范；所谓"仪"，从狭义上讲是指仪表、仪容、仪式，从广义上讲是指一种法度和准则。

礼貌是礼仪的基础，主要是指人际交往和社交过程中表现出来的敬意、友善和得体的气度与风范。礼节是礼仪的基本组成部分，是礼貌在语言、行为、仪态等方面的具体表现形式。仪式通常是指围绕一定主体所举行的具有某种专门规定了的程序化行为规范的活动。礼貌重内容，礼节与仪式重形式，内容与形式的组合就是礼仪。礼貌、礼节、仪式是相互渗透、相辅相成的。

礼仪是人们思想道德的重要组成部分，也是反映社会精神文明的重要形式，它不仅可以反映一个人的精神面貌，也同样是一个民族道德风尚的体现。

二、礼仪的本质

孔子说过："礼者，敬人也。"在人际交往中，既要尊重别人，也要尊重自己，此即礼者敬人。这句话道出了礼仪的本质，尊重，待人以诚，待人以善。礼仪的内涵是尊重，礼仪的核心内容是尊重。礼仪的本质反映了人与人之间的恭敬谦让之心，尊重爱护他人之举，待人接物的仪式，廉洁简朴的风范以及文明高雅、不卑不亢的处世之道。

现代社会讲求礼仪是一种风尚，而尊重彼此正是符合礼仪规范的底层逻辑。当一个人发自内心地尊重另外一个人的时候，便会激发心中礼仪的种子，自然而然地做出符合礼仪规范的行为举动。所以说，尊重是礼仪的本质和核心，尊重是人与人之间关系和谐的稳固基石，尊重是"入乡随俗"的内在体现，尊重是达成共识的沟通渠道。

"敬人者人恒敬之，爱人者人恒爱之"。在工作中，尊重上级是一种天职，尊重下级是一种美德，尊重客户是一种常识，尊重同事是一种本分，尊重对手是一种风度，尊重所有人是一种教养。

案例1-1

尊重客户的批评

一位银行柜面工作人员在办理业务的过程中，被客户批评道："怎么那么慢呀！新来的吧？"

工作人员笑着说道："阿姨，您看得真准，是新来的，耽误您时间了。"

客户继续说道："那是！我的眼睛看得就是准。"

工作人员笑着继续说道："阿姨，这说明您很有经验。"

客户也笑了，说道："人不大，还挺会说话。"

工作人员又说道："阿姨，谢谢您！您的业务办好了，请问您还有其他业务要办吗？"

客户回答道："没有了，"并安慰工作人员，"我下次再来时，你肯定就熟悉了。"

客户带着良好的体验感离开了银行。

资料来源：吕艳芝，纪亚飞. 银行服务礼仪标准培训［M］. 北京：中国纺织出版社，2014.

案例分析：我们要尊重客户，尊重客户的外貌、人格，甚至是批评。本案例中这位工作人员尊重客户，且尊重客户的批评，并使用"您看得真准""这说明您很有经验"等认同客户的语言，符合礼仪规范，明确礼仪的本质的同时，使客户的负面体验逐渐转为积极体验。

三、金融服务礼仪的含义

（一）金融服务礼仪的概念

金融服务礼仪是礼仪在金融服务过程中的具体体现，是指在金融服务活动中，金融行业工作人员在自己的工作岗位上应当严格遵守的行为规范，或金融企业应当严格遵守的准则。金融服务礼仪的主要内容包括金融行业工作人员的仪表规范、仪态规范、语言规范、日常交际规范和岗位规范等。

（二）金融服务礼仪的特征

1.规范性

金融服务礼仪的规范性，是指金融行业工作人员在金融服务及管理活动中的行为做法是被严格要求、统一规范的。这种规范性正是金融企业为客户营造专业感与信赖感的来源，如金融行业工作人员的统一着装规范、银行柜员管理制度规范、客户投诉处理规范等。具体而言，在为客户提供服务时，应使用规范服务用语，严禁代客户保管密码、印章、存折/单/卡、支付凭证、身份证件、电子银行认证工具，严禁代客户签名、设置/修改密码。在办理业务时，员工应坚持"客户自愿"原则，向客户提供清楚、真实、可靠的相关信息，不得欺骗、误导客户。在面对客户投诉时，要真诚倾听，及时反馈，注意安抚客户情绪，争取客户理解。

2.可操作性

与礼仪的特征相似，金融服务礼仪也具有简便易行、可操作性强的特征。金融行业工作人员的礼仪规范以人为本，重在实践，人人可学，习之易行，行之有效。在金融服务过程中应当怎样表现，不应当怎样表现，金融服务礼仪都有切实可行、行之有效的具体操作方法。

3.灵活性

培根说："礼仪是微妙的东西，它既是人们交际所不可或缺的，又是不可过于计较的。"金融服务场景多变，服务对象多有不同，金融行业工作人员应当在规范性的框架下灵活地处理各种各样的情况，基于不同的客户、不同的问题、不同的场合做出相应的改变。比如，在大堂发生客户投诉的时候，要根据客户属于情绪型还是理智型而给予不同的第一反应，选择不同的沟通地点。

4.标准化与差异化

金融服务礼仪的标准化意味着尊重每一位到访的客户，以最大的真诚对待每一位客户；而差异化意味着基于客户关系管理，针对不同类型的客户运用不同的服务手段，提供不同的金融产品，执行不同的竞争策略。例如，通过提高柜员机、手机银行、网上银行、电话银行的使用率，使一般客户也不必到营业厅就能享受到便捷的、更好的服务。差异化的服务是标准化的更高要求，能够减轻标准化服务的压力。

案例1-2

我有什么错呀

一位在银行大堂引导员岗位实习的员工，在银行网点领导的办公室里边伤心地擦拭眼泪边委屈地说道："这怎么能赖我呀，昨天这位老奶奶在离开营业厅时，我认真地叮嘱了她两遍，请她再次来办理这项业务时一定要带上身份证。结果，今天她不但没有带着身份证来办理业务，还批评我没有提前提醒她。您说我有什么错呀，我提醒她两遍呢。"

说到这里，这位员工哭得更伤心了。

领导安慰着这名员工，并问道："昨天你提醒了对方两遍，说明你很负责任，这样做很好。"

员工的心情好了很多，她说道："谢谢您！我就是看她年龄大了，担心她没有听清楚，才多次提醒她。"

领导说道："我清楚你为什么要多次提醒对方，我想问的是，当你两次提醒时，这位老奶奶的反应是什么？"

"她没有做出什么反应。"员工说道。

"银行工作会面对很多不同的客户，今天你所面对的客户就很有特殊性，她年龄大了，可能听力比较差，甚至头脑的反应也比较迟钝。如果在提醒对方时，能够做到确认对方已经理解了自己的意思，今天的事情就可以避免，你说呢？"

员工听到领导这样的分析，点着头说道："我明白了，今后，我会面对不同的客户，力争将服务做好。"

资料来源：吕艳芝，纪亚飞. 银行服务礼仪标准培训 [M]. 北京：中国纺织出版社，2014.

案例分析：银行服务工作的开展，必须遵守相应的礼仪规范及服务程序，但是在执行的过程中必须根据不同需求、不同个性特征的客户进行灵活处理，如果只强调规范和程序，不考虑活生生的个体差异，就无法满足对方的需求，无法提供良好的体验。所以在金融服务的过程中，要根据客户的不同情况给予差异化服务、个性化服务，贵在灵活运用。这种灵活运用不单要考虑面对什么样的客户，还要考虑面对什么样的问题以及在何种场合与客户进行交流。

四、实践训练

（一）实训内容

讲求礼仪规范与尊重他人的实践训练——参观实验室场景模拟演示。

★场景描述★

有一批应届毕业生22个人，实习时被导师带到北京的国家某部委实验室里参观。全体学生坐在会议室里等待部长的到来，这时有秘书给大家倒水，同学们表情木然地看着她忙活，其中一个还问了句："有绿茶吗？天太热了。"秘书回答说："抱歉，刚刚用完了。"林然看着有点别扭，心里嘀咕："人家给你水还挑三拣四。"轮到他时，他轻声说："谢谢，大热天的，辛苦了。"秘书抬头看了他一眼，满含着惊奇，虽然这是很普通的客气话，却是她今天唯一听到的一句。门开了，部长走进来和大家打招呼，不知怎么回事，静悄悄的，没有一个人回应。林然左右看了看，犹犹豫豫地鼓了几下掌，同学们这才稀稀落落地跟着拍手，由于不齐，越发显得凌乱起来。部长挥了挥手："欢迎同学们到这里来参观。平时这些事一般都是由办公室负责接待，因为我和你们的导师是老同学，非常要好，所以这次我亲自来给大家讲一讲有关情况。我看同学们好像都没有带笔记本，这样吧，王秘书，请你去拿一些我们部里印的纪念手册，送给同学们作纪念。"接下来，更尴尬的事情发生了，大家都坐在那里，很随意地用一只手接过部长双手递过来的手册。部长脸色越来越难看，来到林然面前时，已经快要没有耐心了。就在这时，林然礼貌地站起来，身体微倾，双手握住手册，恭敬地说了一声："谢谢您！"部长闻听此言，不觉眼前一亮，伸手拍了拍林然的肩膀："你叫什么名字？"林然照实作答，部长微笑点头，回到自己的座位上。早已汗颜的导师看到此景，才微微松了一口气。两个月后，同学们各奔东西，林然的去向栏里赫然写着国家某部委实验室。

资料来源：佚名. 礼仪案例分析［EB/OL］.［2022-10-12］. http://wenku.baidu.com/view/43a6d4c55fbfc77da269b14f.html.

（二）实训目标

1. 素质目标：能具备平等的价值取向、尊重他人的工作态度；具备爱国、敬业、诚信、友善的价值准则。

2. 知识目标：了解礼仪的含义与本质、金融服务礼仪的含义。

3. 能力目标：学会尊重他人，待人以诚，待人以善。

（三）实训步骤

1. 5～8人为一组，以小组为单位，分角色表演案例中的情景。

2. 针对案例情景，分别进行两种版本的演示：不改变案例描述的直接模拟演示；适当改变多位角色的行为语言，从而在更多角色身上体现讲求礼仪与尊重他人理念的模拟演示。

3. 小组互评与教师点评相结合。

任务二　　理解金融服务礼仪的重要意义

一、金融服务礼仪的作用

当今的金融行业竞争激烈，金融产品高度同质化，银行推出的新产品生命力比较差，因为可以被很快复制，失去竞争力。金融机构若要求生存、谋发展，最基本、最行之有效的手段就是打造优质的金融服务，"抓服务才是硬道理"。

（一）金融服务的定位

金融服务的定位经历了三个阶段：第一个阶段，关注规范和流程；第二个阶段，关注客户需求；第三个阶段，关注客户体验。关注规范和流程体现在对银行员工着装的规范要求上，或柜员办理业务之前说的"您好""请坐"等话语方面。但是这无法解决银行员工的做法和态度问题，也无法解决客户办理业务等待时间太长的问题与抱怨，这说明客户不在乎办理的流程，而更在意自己的需求有没有得到满足，所以服务重点转移到了关注客户需求的层面上。

在关注客户需求的层面上，从人性化地改善服务环境做起，如通过降低柜台柜面的高度来消减客户与柜员的阻隔，这样也更平等；舒服的座椅在银行大堂出现，使得客户的等候相对舒适。但是这些无法使客户成为忠诚度高的客户，因为随着社会的发展与服务的进步，客户对体验的要求也提升了，一张笑脸更加重要，热情适度的服务让人更加感受到快乐，这就要关注客户的体验。

面对客户，我们说的每一句话，完成的每一个动作，做的每一件事情，都要力争做到为客户带来积极的情绪体验。关注客户体验已经成为当下银行能否发展的灵魂，客户的体验直接影响着银行的经营，关系着银行的命脉。客户体验存在于客户接触银行及相关工作人员的各个环节，服务是为客户提供良好客户体验的重要手段。服务是无法复制的，银行员工的发展与银行整体的发展来自良好的服务。

（二）客户体验的衡量

客户的满意度是客户体验的一个衡量维度。客户的满意度经常用下面的公式来表示：

客户的满意度=实际提供的服务（产品）-客户的期待值

如果客户的满意度较高，说明提供的服务或者产品远高于客户的期待值，而如果客户的满意度较低甚至为负数，则说明提供的服务或产品远低于客户的期待值，客户会失望甚至有更不好的负面感受。

在银行的工作中，如何才能使客户有正向的、较高的满意度呢？比如说，有很多客户一想着自己要去银行办理业务，就觉得要预留出一大块时间，假设了一个不会太顺利的过程。当这样的客户在去银行办理业务的时候，假如他的期待完成时间是30分钟，而经过大堂经理的识别及分流处理，建议他利用银行自助机完成，结果客户的业务10分钟就办理完了，这时候客户的满意度就会很高，客户的体验感也是更加愉悦的。久而久之，越来越多的客户也慢慢改变怕去银行办理业务、假设要排队很久的抵触心理，对银行的总体印象也会改观。

客户体验不仅仅局限于满意度方面，客户满意只是金融行业追求的较低层面，客户体验的四个层次包括满意、快乐、愉悦、惊喜。当追求客户满意的目标达成后，追求包括快乐、愉悦甚至惊喜在内的客户服务会赢得客户的忠诚度。服务中为客户提供惊喜，不是经常发生的事情，但是可以成为金融行业从业人员追求的方向，为他们提供服务的方向与思路。

案例1-3

美国花旗银行为客户提供惊喜体验

一名客户对柜面工作人员说道："帮我把这张钱换成崭新的。"

工作人员笑着说道："好的，请稍等。"但是，他找了很久也没有找到客户满意的钱币。

客户看着工作人员失望地说道："我换钱是要送人的，送人必须用新的，是这样吧？"

工作人员理解地说道："先生，您说得对，请再等一下，我来想办法。"工作人员离开了座位。

过了一会，工作人员手中捧着一个漂亮的礼盒来到客户的面前笑着说："先生，问题解决了，送人要有礼盒是吧，这个礼盒里放着换好的钱币，请您收好。"

资料来源：吕艳芝，纪亚飞.银行服务礼仪标准培训［M］.北京：中国纺织出版社，2014.

案例分析：工作人员为了满足客户的需求，真诚地帮客户想办法，并且最后给客户制造了惊喜，为客户提供了最好的客户体验。客户很可能因此成为他的忠实客户，为银行创造更多的效益。

（三）金融服务礼仪的功能

金融服务礼仪是打造优质金融服务的表达方式，是关注客户体验的呈现方式，它为塑造企业形象，为赢得客户更高层次体验保驾护航。金融服务礼仪在金融活动中发挥着越来越重要的作用。具体来说，金融服务礼仪具有以下功能：

1.提升金融企业竞争力

金融服务礼仪是金融企业在行业中保持旺盛生命力的重要保证。金融产品的可复制性加剧了竞争的激烈程度，而"以人为本"的理念是为客户提供良好体验从而赢得客户的有力武器，也是留住客户，使客户成为忠诚客户的前提条件。金融行业员工通过服务礼仪可以为客户提供优质的个性化服务，赢得客户的认可，从而有效提升金融企业的竞争力。

2.提高金融行业员工素质

礼仪是一个人修养内涵的外在体现，金融服务礼仪则是金融行业员工基本素质与职业素养的综合体现。比尔·盖茨曾说过："企业竞争，是员工素质的竞争。"金融服务礼仪不仅对金融行业工作人员的工作进行规范约束，也对其仪表仪态、语言交际等进行指导，对其综合素质进行提升。礼仪教育下培养出的高素质员工也成为金融行业的中坚力量。高素质不仅增强其自身的职业竞争力，提高服务质量，也培育出与其相匹配的金融服务意识，使得客户更被尊重，更容易获得优良的金融服务体验。

3.塑造金融企业形象

企业形象就是企业特征或企业身份，也是企业的口碑，由理念识别、行为识别和视觉识别三大要素构成。金融服务礼仪中体现出的尊重客户、客户至上的服务理念与金融企业的理念识别对接，金融行业员工的仪表规范、仪态规范、语言规范、日常交际规范、岗位规范等与金融企业的行为识别及视觉识别对接，通过三种识别塑造出个性化的企业形象与企业文化。金融企业的每位员工都是企业的窗口，众多个体的形象打造出企业整体的形象，如果每位员工都全心全意地为客户提供良好的金融服务体验，那么企业的文明程度、管理风格、道德水平、整体形象也会更加良好。

4.提高金融企业效益

礼仪是企业的无形资产，良好的金融服务可以带来可观的经济效益与社会效益。金融行业员工对客户礼貌的接待、亲切的问候、甜美的微笑、优雅的气度、热情周到的服务会给客户留下良好的体验，是培养忠诚客户的基础。如果能提供使客户满意的服务，那么平均每个客户会转告5个人。如果能有效地解决客户的问题，那么95%的客户会成为忠诚客户，1个忠诚客户的价值等于10次重复购买产品的价值。所以讲究金融服务礼仪可以更好地抓住客户，给企业带来更多的效益。

二、金融服务礼仪的原则

（一）平等

平等是金融服务礼仪的首要原则。金融行业员工要以一视同仁的方式对待每一位客户，不得因任何理由对客户冷淡、歧视、刁难或做出其他不尊重客户的行为，都要平等地对待，尊重地服务。金融行业从业人员应当公平对待所有客户，不得因客户的国籍、肤色、民族、性别、年龄、宗教信仰、健康或残障及业务的繁简程度和金额大小等其他方面的差异而歧视客户。对残障者或语言存在障碍的客户，金融行业员工应当尽可能为其提供便利。

（二）真诚

礼仪的本质是尊重，待人以诚，待人以善。真诚的服务更能让客户感受到尊重与友好，真诚的赞美让客户更受用，真诚地帮客户解决问题让客户更感动，真诚的语言让客户感受到诚信无欺。

（三）宽容

宽容的原则是人与人之间建立共识、深入沟通的基础。宽容让我们在金融服务的过程中严于律己，宽以待人。对于他人的言行举止的失礼做到不斤斤计较，对于客户的无理埋怨做到得理让人。

（四）适度

金融服务的过程中要注意适度的原则，避免过犹不及。对待客户，既要尊重客户，又不能卑躬屈膝；既要重视客户，又不能过分打扰客户；既可以真诚地赞美客户，又不能过于频繁地赞美；既可以平视客户眼神交流，又不能坐得太近，越过禁忌距离。

（五）从俗

在不同的地域从事同样的金融工作，也要注意入乡随俗，及时调整。所谓"五里不同风，十里不同俗"，金融行业员工应根据地点、场合、交际对象的不同情况，做出符合习俗的金融服务礼仪规范。

三、实践训练

（一）实训内容

金融服务礼仪功能与原则的小组讨论与汇报训练。

（二）实训目标

1.素质目标：具备平等的价值取向、尊重他人的工作态度；具备爱岗敬业的职业操守。

2.知识目标：能理解金融服务礼仪的功能和原则。

3.能力目标：能结合金融服务礼仪的功能与原则，自觉践行金融服务礼仪规范。

（三）实训步骤

1.8～10人为一组，以小组为单位，进行分组讨论，讨论10分钟后进行小组汇报。

2.结合个人认知与经历以及查询的资料，从不同角度谈一谈如何理解金融服务礼仪的功能与原则，如平等原则、宽容原则等。

3.教师针对汇报结果进行点评与总结。

任务三　　掌握金融服务礼仪的基本要求

一、职业道德

职业道德既是金融服务礼仪的理论基石，也是对金融行业员工的基本要求。金融职业道德与金融行业的职业特征息息相关，是社会道德在金融职业活动中的反映。金融行业的职业道德既包含其他行业职业道德中的热爱祖国、服务社会、热爱工作、爱岗敬业、严谨认真等道德品质，又包含诚实守信、保护他人隐私、遵守法规、尽忠职守等职业道德。不泄露国家机密、银行的商业机密和客户的私密资料，不徇私舞弊，不贪不义之财，不为达成交易而隐瞒风险或进行虚假误导性陈述，不向客户做出不符合法律法规及所在机构有关规章制度的承诺或保证，不利用内幕信息获取个人利益或为他人提供理财投资建议，不有意诋毁或恶意中伤同行等都是遵守金融职业道德的体现。

金融行业职业道德的主要内容包括金融企业员工的思想品质、服务态度、经营风格、工作作风、职业修养五个方面的规范化要求，它们都是金融行业工作人员的行为准则。

二、角色定位

角色定位理论是指金融行业员工在工作岗位上应认清自己所扮演的角色，即确定自己的社会角色，而不是自己生活中的角色，同时也要确定好服务对象的角色，区分好角色的不同，提供符合角色身份的服务。角色定位主张认清自己与社会的关系，我为人人，人人为我。角色有不同，身份无贵贱。角色定位的主要内容包括确定角色、摆正位置、特色服务、不断调整。确定角色是前提，服务于人，根据角色进行复合角色定位的形象设计。摆正自己与客户的位置，意识到服务是既重要又光荣的。在对服务对象进行角色定位时，主要基于对对方性别、年龄、气质、教养、仪容、仪态、服饰、语言等方面所进行的综合观察，尽可能多地了解客户的需求，以便在为客户服务时做到"投其所好"，提供特色服务，并不断调整。

三、双向沟通

双向沟通理论强调在金融服务的过程中重视与服务对象的相互交流、相互理解，主要包括理解服务对象、加强相互理解、建立沟通渠道、重视沟通技巧等方面的内容。理解服务对象要求金融行业员工理解服务对象的身份、职业、性格及其特殊需要。但仅有自己对客户的单方面的理解是远远不够的，服务人员与客户之间的相互理解也是达成交易的前提。建立沟通渠道是为客户提供称心服务的有效保障。重视沟通技巧是建立沟通渠道、使客户获得良好体验的方式，可以通过文明用语、适度真诚的赞美等形式实现。

四、3A法则

3A法则是金融服务礼仪的重要理论，指的是金融行业工作人员要本着尊敬之心，在服务过程中要做到接受服务对象、重视服务对象、赞美服务对象。由于接受（Accept）、重视（Appreciate）、赞美（Admire）这三个词语相应的英文都是字母A开头的，因此被称为3A法则。

（一）接受服务对象

接受服务对象主要体现为积极热情地接近服务对象，友善地接受服务对象，淡化彼此的戒备，恰到好处地向对方表示亲近友好之意，诚心诚意地意识到"客户至上"；尊重客户的状态和需求，接受客户的年龄、长相、穿着、身份、性格、习惯、健康或残障情况等，接受客户的赞美与批评，接受客户办理业务的繁简程度与金额大小不

微课1-1

金融服务礼仪
的基本要求

微课1-2

3A法则

同;不能怠慢客户、冷落客户、排斥客户、挑剔客户、为难客户,充分尊重客户的每一项需求,令客户获得良好的体验。

案例1-4

小小硬币暖人心

对于银行职员来说,周末坚守岗位是常态。在12月的一个周末,某支行的工作人员用一个小小的举动,为黄大伯换来了温暖的周末。

当天上午11点左右,黄大伯拎着很沉的东西,步履艰难地走进银行大厅。大堂保安马上上前询问是否需要帮助,黄大伯有点腼腆地问道:"你们这里有没有点硬币的机器?周末可以换硬币吗?我有大概五六千个硬币要换呢。"保安师傅赶紧将情况告知周末当班的柜员。

由于当天是周末,一时借不到硬币清点机,综合考虑后,工作人员决定为客户开通绿色通道,在不耽误排队客户办理业务的情况下,临时增设一个窗口,专门为黄大伯人工清点兑换硬币。为了尽快帮黄大伯清点好硬币,让他可以早点回家吃饭,银行工作人员放弃中午吃饭时间,并联系周末休息的同事回支行加班,一起将6 000多枚1角硬币清点完毕,剔除因污损无法兑换的硬币后,一共为黄大伯兑换了550元。这一举动获得了黄大伯和其他客户的交口称赞。

资料来源:佚名. 金华银行江北支行为客户清点6 000多枚硬币暖人心 [EB/OL].[2022-09-21]. http://www.jhccb.com.cn/jhmh/bhdt/8893.html.

案例分析:案例中客户办理的零钞兑换业务比较耗费精力,但是本着接受客户、以客户为中心的理念,提供贴心的服务,使工作"深入人心",用真心实意换取客户长期的理解和信任,是服务行业的长久生存之道。硬币虽小,却见真心,服务虽简,却见真情。

（二）重视服务对象

重视服务对象要求真心实意地重视客户,主要体现在认真对待客户,主动关心客户,目中有人,召之即来,有求必应,有问必答,想对方之所想,急对方之所急。重视服务对象可以体现在面带微笑地服务,眼神或点头的认可,牢记对方的姓名,善用对方的尊称,耐心倾听对方的要求或意见,不厌其烦地解答疑惑,记住对方的情况与喜好习惯,充分理解对方的想法等方面。金融行业工作人员重视客户的表现会使客户感知到,并使客户收获满意甚至惊喜,是获得忠实客户的基础。

案例1-5

重视服务对象

银行客户经理张小丽十分重视自己的服务对象,会给自己的客户在逢年过节的时候发送祝福短信。孙阿姨是张小丽的一位客户,她的儿子在国外念书。孙阿姨经常收到张小丽的问候短信,过生日的时候还会收到清早打过来的生日电话。孙阿姨觉得自己被重视,非常感动。于是,作为对张小丽工作的支持,她把自己的所有存款都转到张小丽所在的银行网点了。

有一次，张小丽无意中得知孙阿姨的儿子一个月后回国的消息，她专门准备了一份礼物，并在孙阿姨儿子回国前两天致电她来银行取回保险的对账单，顺便把已经准备好的礼物交给了孙阿姨。孙阿姨收到这份礼物的时候，惊喜又激动，她觉得一个月以前的事情还被放在心上，从而对张小丽更加信任，不但有事没事来找张小丽，或者带好吃的，或者聊天，还把她的朋友介绍给她，请她们一定要到张小丽所在的银行网点办理业务和购买金融产品。

案例分析：作为银行的员工，在日常工作中要细心聆听客户的需求，记住客户的情况及喜好，让客户觉得被重视、被关心，这样才能从根本上留住客户，才能从激烈的竞争中取得成功。本案例中的张小丽就是充分做到了重视客户、真诚待人，从而达到了自己与银行的双赢。

特别提示：在政策法律及商业习惯允许范围内的礼物收、送，应当确保其价值不超过法规和所在机构规定的范围，且遵循以下原则：不得是现金、贵金属、消费卡、有价证券等违反商业习惯的礼物；礼物收、送将不会影响是否与礼物提供方建立业务联系的决定，或使礼物接受方产生交易的义务感；礼物收、送将不会使客户获得不适当的价格或服务上的优惠。

（三）赞美服务对象

赞美服务对象要求金融行业工作人员在服务中真诚地赞美客户，善于发现对方之所长，实事求是，恰如其分，及时、适度地对其表示欣赏、肯定、称赞与钦佩。人们都希望获得别人的肯定，在获得别人的赞美时内心是愉悦的，客户体验是良好的。但要注意赞美的真诚与适度，以免适得其反。

1. 赞美客户首先要实事求是

实事求是的赞美是指不浮夸、不吹捧。例如，当某些客户对银行业务略知一二时，可以夸赞对方"您很熟悉银行的业务"，客户会因这种肯定和赞扬而得到鼓舞。但是，如果称赞对方"您简直就是一个银行专家"，这种夸赞很容易使客户产生困惑或被奚落的感觉。

2. 赞美客户应注意因人而异

因人而异是指针对不同的对象选择不同的内容和语气等。在银行工作中，面对德高望重的长者，要用尊重的口气；面对年轻人，语气上可以稍带些夸张；对有疑惑心理的客户，应尽量将话讲得很明确；对思维敏捷的人则要直截了当。

3. 赞美客户的准备与随机性

在金融行业工作中，赞扬可以是随机的，也可以是有准备的。随机赞美是在恰如其分的环境下表达出来的；有准备的赞美往往是在了解他人的价值取向或他人长处的基础上进行的。

比如，在工作中发现客户签字很工整时，赞扬客户"您的字很漂亮啊"。这种随机的、简短的赞美就能起到很好的效果。类似的随机性赞美还有"您的声音很好听""您的气色真好""您的身体真好"等。当一位女士带着孩子来办理业务时，赞扬孩子比赞扬女士的效果要好很多，这种有准备的赞美同样会收到很好的效果。

案例1-6

如何赞美客户

场景一：张大爷来银行办理业务，柜面人员小美在看到前来办理业务的这位老人出示的身份证后，发现张大爷虽然年事已高，但精神状态非常好。于是，小美马上赞扬道："呦，大爷，您真不像这个年龄的人。"张大爷听后，开心地笑着说道："是啊，好多人都说我显得年轻。"

场景二：A企业的张会计来银行办理业务，她给柜面人员小李出示的材料齐全，印鉴也非常清晰。小李微笑地看着张会计说道："材料非常齐全，您真细心啊。"张会计听后笑着说："谢谢你，应该的。"在此后的业务办理中，这位张会计也从未出现过丢三落四的情况。

案例分析：柜面人员"您真不像这个年龄的人"的语言既是对大爷的赞美，也是对大爷的尊重，让人听着舒服；"您真细心"的即时赞美，很自然，语句虽然很简洁，却起到了一箭双雕的效果。金融行业工作人员的语言是讲求艺术的，得体适度的赞美在为客户提供良好体验的同时，也为之后可能建立的进一步的客户关系打下基础。

五、形象效应

金融服务礼仪的形象效应指的是金融企业形象在人们心中所产生的反应和效果，这种企业形象是综合的结果，包括产品形象、服务形象、员工形象、环境形象等方面。形象效应贯穿于服务过程的始终，分为首轮效应、亲和效应和末轮效应，分别是服务的第一印象、中间印象和最后印象。

（一）首轮效应

首轮效应是人们在日常生活中初次接触某人、某物、某事时产生的即刻印象，即第一印象。心理学实验证明，瞬间形成的第一印象通常只需要30秒左右的时间。一家服务单位在创建之初，必须注意认真策划好自己的"初次亮相"；全体服务人员在面对客户时，均应力求使对方对自己产生较好的第一印象。

对于金融行业员工来说，仪容、仪态、服饰、语言、应酬等都是形成首轮效应的制约因素。由于第一印象形成后，人们往往会产生心理定势，这是不易改变或者需要花费更多经历才能改变的。因此，应努力创造良好的第一印象，这比不佳的第一印象形成后再去想方设法地采取补救性措施要容易得多。

案例1-7

赢得客户的第一印象

客户经理李建在网点一直等候着朋友，因为朋友今天要介绍一位客户给他，李建整理好仪表仪容，特意在网点门口迎候。正是季度末，此时的这位新客户对他完成业务指标也是有帮助的，再加上又是朋友推荐的大客户，他不能掉以轻心。

朋友的车开过来后，他抢步上前打开车门迎接他们，朋友感觉很有面子，也很开心地介绍他们认识。随后周凯表示了欢迎并引导他们步入网点，李建自信、稳重地进行了简单的自我介绍，一边走，一边聊天，气氛非常融洽。赢得客户的第一印象之后，随后的交流变得十分顺畅，而且李建在简短的自我介绍中也涵盖了很多有价值的个人信息，使得与客户的沟通有信赖感，有话题，有趣味。

案例分析：客户经理李建认真准备，尊重客户，重视客户，最终也赢得了客户。金融行业员工应重视与客户接触过程的第一印象，获得良好的首轮效应，这对今后顺利开展工作至关重要。

（二）亲和效应

亲和效应是指在金融服务的过程中应与客户建立亲切感，抓好服务的中间环节，营造良好的中间印象。客户等待过程中的适时关注，根据需求的嘘寒问暖是亲和效应的体现；服务过程中亲切的微笑、得体的眼神、适度的交流是亲切感的来源；服务过程中严谨高效的业务处理是中间印象的有效支撑；在与客户交流中寻找共同点，发自真心的赞美都是亲和效应的体现。

（三）末轮效应

末轮效应指的是在金融行业服务人员为服务对象所提供的直接服务结束之后，金融企业和金融行业服务人员有责任与义务，主动或应邀为服务对象提供的连带性、补充性服务。末轮效应的核心思想是指抓好服务最后环节，塑造及维持单位或个人的良好形象，善始善终，始终如一。末轮效应强调后续服务，争取在服务的最后留下一个尽可能完美的印象。末轮效应与首轮效应、亲和效应的呼应，是金融企业赢得客户、提高社会效益与经济效益的有效保证。

案例 1-8

赢得客户的临别印象

一位客户来到一家香港银行要求兑换瑞士法郎。但不巧的是，该支行瑞士法郎现钞不够。这时该支行迅速与另外一家支行联系，在联系好后，告诉客户去另一家支行办理。临走时，陪同的银行员工告诉客户：银行请他打的士去，费用由银行承担。这位客户非常感动，虽然的士费用并没有多少，但这家银行给他留下了深刻的印象。

案例分析：案例中的银行工作人员不但主动热情地帮助客户解决问题，还提出替客户报销路费，可以说是在注重亲和效应的同时还赢得了末轮效应。贴心的服务使客户不但感动还印象深刻，产生了良好的形象效应，为今后获得优质、忠实的客户做好了铺垫。

六、零度干扰

零度干扰理论主张的是服务企业与服务人员在向服务对象提供具体服务的一系列过程中，必须主动采取一切行之有效的措施，将对方所受到的一切有形或无形的干扰，积极减少到所能达到的极限，也就是要力争达到干扰为零的程度。零度干扰的主旨要求服务企业与服务人员在服务过程中，为服务对象创造一个宽松、舒适、安全、自由、随意的环境。实践证明，服务对象的文化程度越高，在其享受服务的整个过程中便越不希望受到任何形式的干扰。

金融企业及员工应在以下三个方面营造无干扰的状态：

（一）服务环境无干扰

金融企业及员工应注意营造良好的服务环境，包括讲究卫生、重视陈设、限制噪声、注意气味、注意光线与色调等。宽敞明亮的室内环境、合理舒适的座椅摆放是客户可以在无干扰环境下等候的前提；干净整洁的地面、合适的灯光亮度是避免客户增加烦躁情绪的基础；不大声喧哗、保持口气的清新是不干扰客户感官的基本素质。无干扰的环境是创造零度干扰的首要环节。

（二）服务距离无干扰

服务客户时应根据情况随时调整服务的距离，保持适度的距离，以免造成太近或太远的尴尬，干扰到客户，使客户产生压抑、不适、被冒犯或者不尊重、不重视的感受。一般来说，服务距离为0.5～1米，展示距离为1～3米，引导距离为左前方1.5米左右，待命距离为3米之外，禁忌距离为小于0.5米。

（三）热情程度无干扰

我们提倡服务客户的时候热情周到、体贴友善，但是又要注意把握热情的分寸，善解人意，过犹不及。热情有度，服务不够热情或热情过度都是不可取的。为客户提供一定的自由度，注意语言、表情、举止，以免由于过分热情无意中造成对客户的干扰、打搅、骚扰或其他不良影响。

七、实践训练

（一）实训内容

讲求金融服务礼仪基本要求的实践训练——大堂经理客户疏导及安抚场景模拟演示。

★场景描述★

某个炎热的夏日，银行营业厅内熙熙攘攘，都是等待办理业务的客户，有着急办事的年轻人，有老人，有孕妇等，大厅内不时传来客户的抱怨声。如果你是大堂经理，如何安抚这些等候的客户？

（二）实训目标

1.素质目标：具备尊重他人的工作态度；具备爱岗敬业、勤勉履职、服务为本的职业操守。

2.知识目标：掌握金融服务礼仪的基本要求。

3.能力目标：能根据金融服务礼仪的要求，向客户提供金融服务。

（三）实训步骤

1.5～8人为一组，以小组为单位，进行分角色模拟演示。

2.结合不同角色进行情节与对话设计，重点体现出大堂经理及柜员双向沟通、接受客户、尊重客户等符合金融服务礼仪基本要求，以及爱岗敬业、服务客户的职业

视频1-1

金融服务礼仪
情景展示——
大堂客户引导
及安抚

操守。

3.小组互评与教师点评相结合。

任务四　　了解金融行业员工的服务意识与职业素养

一、金融行业员工的服务意识

（一）金融服务意识的含义与重要性

服务意识是人的思维想法的自然、本能呈现，是人们对金融工作的认识、评价、情感和态度等心理成分的综合反映。服务意识的内涵是发自服务人员内心的一种本能和习惯，是感觉、思维等各种心理活动过程的总和，它是可以通过培养、教育、训练形成的。金融服务意识是金融企业及员工为服务对象提供热情、周到、主动的服务的欲望和意识，是随时为服务对象提供各种服务的、积极的思维意识。金融服务意识与职业道德、价值观念、经历体验、文化修养等紧密相连，是乐业、敬业的体现。

金融服务意识对金融企业是至关重要的理念，金融行业员工有什么样的服务意识，就有什么样的服务。服务意识关系着服务水平、服务质量。金融行业工作人员要时时刻刻为服务对象着想，本着"服务至上"的理念，全心全意服务客户。

金融服务意识的核心理念是：服务是光荣的。金融行业员工应认识到每个人都是社会上发光发热的螺丝钉，"我为人人，人人为我"，做好自己的服务工作就是服务好社会，服务于人民。

> 知识拓展1-1

关于"SERVICE"的延伸

"SERVICE"是"服务"一词的英文表达，而这个单词的每个字母也有与服务客户及服务意识密切相关的解读。

S代表着Smile（微笑）：良好的服务意识应从每一个美丽温暖的微笑开始。

E代表着Excellent（出色）：出色的服务意识及精通的业务会带来出色的服务。

R代表着Ready（准备好）：金融行业员工时时刻刻为服务对象着想，亲切善意，时刻准备好尽心服务，并且服务好。

V代表着Viewing（看待）：金融行业员工应一视同仁地看待每一位客户，每位客户都重要，应全心全意服务好每位客户。

I代表着Inviting（邀请）：通过优质的服务获得客户的认可，从而有机会邀请客户成为回头客。

C代表着Creating（营造）：为客户营造舒心惬意的环境与热情的服务氛围，提供良好的客户体验。

E代表着Eye（眼神）：用眼神体现对客户的关心，关注客户，为客户提供及时有效的服务。

知识拓展1-2

世界知名企业的服务理念

世界上很多知名企业都具有优秀的服务理念，因此造就了优秀的服务与成功的企业，它们对员工的要求或者打出的口号都是对服务理念最好的诠释：

沃尔玛：第一条，顾客永远是对的；第二条，当顾客有错时，请参照第一条。

麦当劳：顾客至上，顾客永远第一。

凯悦大酒店：至尊服务。

英国航空：必须超越顾客的期望。

中国海尔：真诚服务到永远。

中国移动通信：沟通从心开始。

（二）金融服务意识的范畴

金融服务意识是很多思维、意识的综合，它要求金融行业工作人员具备诚信意识、效率意识、责任意识、团队意识、创新意识等各种职业意识。在金融服务意识的驱动下，要求金融行业员工做到明确身份、关注细节、善解人意、一视同仁地对待服务对象。

1.诚信意识

诚信即诚实守信，是中华民族的传统美德，是道德的根基和本源。对于金融行业工作人员来说，诚信意识不仅是一种社会的道德原则与规范，是一种立身处世、实事求是的行为品质，也是个人的美德和品质，更是金融行业工作中的基本素质与职业意识。对于金融企业来说，诚信是企业安身立命的根本，是企业树立品牌形象、建立良好口碑的基础。

案例1-9

一张老存单

一位美国老太太在祖先遗物中找到一张200年前手写的存单——老祖宗在瑞士银行存了100美元。老太太去该银行在美国的分行取钱，该行立即上报总行，总行核对后查到了该笔存款的底账。总行行长到美国找到老太太，举行兑现仪式，给老太太兑现了50万美元，并奖励她50万美元。行长说："钱存在我们银行，不管多少年，只要地球在，你的钱就在！"老太太泪流满面地说："这才是良心银行啊！"

案例分析：案例中的银行讲求诚信，兑付老存单，得到了良好的口碑，树立了良好的企业形象，也达到了远胜广告宣传的效果。

2.效率意识

随着金融服务质量的提高，服务效率也在不断提高。珍惜客户的时间，优质高效地帮助客户办理好业务并使客户满意地离开是金融服务意识中效率意识的良好体现。

具备效率意识及相应的专业技能是客户获得满意体验的重要来源，也是提高金融机构利润与员工自身收益的有效途径。

知识拓展1-3

某银行营业厅柜台服务效率具体要求

（1）正常业务存取款票面在100张以内时，办理每笔存取款业务不超过3分钟。

（2）凡存取款每笔现金超过百张，每把点钞时间为50秒（两遍），以此类推。

（3）办理一笔银行卡业务不超过4分钟。

（4）挂失一笔银行卡业务不超过5分钟。

（5）办理一笔异地存款业务不超过4分钟，取款业务不超过5分钟。

（6）查询一笔业务（不包括挂失、查询账户）一般不得超过3分钟。

（7）受理一般结算业务每笔不得超过5分钟。

（8）办理自开汇票业务每笔不得超过10分钟。

（9）办理提取现金业务每笔不得超过8分钟。

资料来源：李颖. 金融行业服务礼仪［M］. 大连：东北财经大学出版社，2013.

3.责任意识

金融行业的责任意识也是服务意识的一种体现。责任意识要求金融行业员工做到"首问责任制"，即客户向金融机构申请解决问题或要求提供服务时，首次接待的工作人员有责任负责处理的制度。服务需求和工作要求是指服务对象通过电话、来访或信函，要求办理业务、咨询、查询、投诉或请示工作、告知工作事宜、通报重大经营信息等。"首问责任制"一方面可以有效防止员工在服务中出现拒绝、推诿、扯皮、搪塞、拖延等问题，另一方面可以培养员工的责任意识和主人翁意识，这对金融企业树立专业、有担当、有格局的形象尤为重要。

案例1-10

大堂经理的困惑

一天，一名女客户来办理业务，在等待40多分钟后，在网点开始大喊大叫。

大堂经理很快来到她的面前，首先向她道歉，告诉她由于一名储蓄柜员病了，今天少开了一个窗口，等待时间会长些。

客户非常不满地嚷道："你们对外窗口有9个，为什么不都接柜？我有急事要办！"

大堂经理回答道："我们的会计人员分为前台临柜人员和后台账务人员，后台账务人员不能接柜，您看到的……"

客户打断工作人员的话喊道："我不管，这是你们银行自己的事情！"

大堂经理又说道："我们为了不让客户等待时间太长，很多柜员连中午饭都没去吃，请您理解一下。"

客户生气地说道："我排到现在我也没吃饭呢啊！"

大堂经理无奈地说道："您要这么说，我真没法与您沟通了。"

当天下午，这位大堂经理接到客户服务中心的投诉单，客户投诉她不耐心解答问题，并且态度极其恶劣。

这位大堂经理被投诉的原因是什么？解决问题的正确做法应该是什么？

资料来源：吕艳芝，纪亚飞. 银行服务礼仪标准培训［M］. 北京：中国纺织出版社，2014.

案例分析：这位大堂经理被投诉的原因是她没有站在客户的角度思考问题，缺少责任意识。客户等了40多分钟，应该向对方道歉，不应该找客观原因。客户这么着急，应该首先询问对方要办理什么业务。解决问题的正确做法是大堂经理应该用积极的态度和语言，使客户的体验由愤怒转为平和，并使问题得到比较好的解决。解决方案可以参考后文实践训练中的场景。

4.团队意识

团队意识也是金融服务意识中的重要内容，优质的金融服务不能靠个人完成，往往是一个团队共同努力的结果。大堂经理的有效分流与柜员专业高效的配合共同营造了良好的形象效应，首轮效应、亲和效应与末轮效应进行了完美的融合，这是具有团队意识的正常状态。安抚情绪激动的客户时，不会为了平复客户的情绪而与客户一起责怪同事，也是团队意识的一种体现。具有团队意识的集体会在工作中互相帮助，在服务中配合协作，在解决棘手问题的时候集思广益，在赢得客户层面同舟共济。

案例1-11

大堂经理的团队意识

客户："你好，我刚在你们这儿取了钱，要存到隔壁银行，你能不能派个保安陪我过去一下？"

银行大堂副经理小刘："不好意思，我们只负责营业厅内的客户财产安全。况且，保安归办公室管，我哪有权利叫他们做事啊！"

客户提高了声调："我在商场买台空调还会帮我送一下呢！你们这里不是有两个保安吗，走一个应该没问题吧！"

银行大堂副经理小刘："我们这里白天是要两个保安，安全制度就是这样规定的！"

资料来源：根据相关资料整理。

案例分析：案例中的大堂经理责任意识与服务意识不足，且缺乏团队意识。金融服务礼仪讲求规范性，但也讲求灵活性。大堂经理应本着认真负责、为客户解决问题、团队协作、积极沟通协调的态度来具体问题具体分析，使问题得到比较好的解决。解决方案可以参考后文项目训练中的"服务场景演练"。

5.创新意识

金融行业从业人员的创新意识是在遵守规范的前提下，跳出墨守成规的服务理念，更好地服务客户，提供具有吸引力的服务的重要服务意识。当金融产品可以轻易被复制，金融服务基本关注点被广泛运用的时候，创新意识会迸发出特色服务、差异化服务、个性化服务的火花，成为金融企业利润增长的来源与扩大竞争力的筹码。

思政小课堂

思政目标：具备爱国、诚信、友善的价值准则；具备爱岗敬业、依法合规、勤勉履职、服务为本的职业操守；具备全心全意为客户服务的意识与创新精神。

思政案例：创新服务成就"经营之神"

20世纪40年代的中国台湾，电话还不普及，买米要到街上的米店去买。这对顾客来说，真是很不方便，人们经常到了煮饭的时候才发现没米了。当时的米店是要等顾客上门才有生意做。

在了解米市的情况后，一家小米店的老板小王想出了一套"服务到家"的经营手法。当有顾客来买米时，他会提议："您买的米，我帮您送到家里。"因为当时来买米的通常都是妇女和老人，顾客当然欣然接受。

小王将米送到顾客家中，并把米倒进米缸中，这时，他就细心记下顾客家里米缸的容量。接着，小王了解顾客家里有几个大人、几个小孩，一天的用米量大概有多少。

之后，小王根据收集的顾客相关信息，计算出顾客家里米的用量，就知道每次需要送多少米，而且在顾客的米吃完之前，就能将米送到。开始记录和推算好下次送米的时间后，有些家庭还不是发工资的日期，就没有钱给米钱，如果再把米拿走又对客户不太尊重。小王就把每一家的发薪日记录下来，每次送米不收钱，等到发薪日来统一收米钱。不久以后，小王就积累了许多固定的长期顾客，加上顾客相互传播，小王服务周到的美名渐渐"一传十，十传百"，他的生意很快就兴旺起来，越做越大。小王就是中国台湾家喻户晓的"经营之神"王永庆。

王永庆先生出身茶农家庭，小时候家里很穷。王永庆从一家小米铺起步，发展到后来的台塑集团，成了中国台湾首富。他是一位非常爱国的企业家，在中国大陆捐建了4 200多所希望学校，培育了250多万名学子，向汶川捐款1亿元，向祖国的各项事业捐款，累计21亿元善款，在公益慈善事业上更是投入百亿元资金。他把一双球鞋穿到烂掉为止，一条毛巾用到破为止，一辆小车更是开了20多年，却在中国大陆的投资和慈善事业中给予动辄以亿元为单位的援助。王永庆的服务意识、创新意识、爱国精神值得我们学习和借鉴。

资料来源：根据相关资料整理。

思政意义及反思：

案例中"经营之神"王永庆可谓服务意识的典范，从"服务到家"的经营手法可以看出他的创新意识，从关注客户家人的数量、用米量到记住客户什么时候发薪从而避免收款的尴尬，无一不体现了他关注细节、善解人意的服务意识。这些都成为他赢得客户信赖、扩大市场占有率的关键要素。通过对"经营之神"王永庆典型事迹的学习，使学生们认识到即使在平凡的岗位，也应当具有严谨、认真、负责、爱岗敬业、服务为本、勤勉履职等职业工作态度与职业操守，以及全心全意为客户服务的意识与创新精神，将实践创新作为工作的基本要求，以党的二十大报告精神为指引，"引导广大人才爱党报国、敬业奉献、服务人民""坚持为人民服务、为社会主义服务，坚持百花齐放、百家争鸣，坚持创造性转化、创新性发展"，在工作中突破自我，热爱祖国，为社会发展贡献力量。

二、金融行业员工的职业素养

金融服务意识是为客户提供良好金融服务并带来满意客户体验的保障，而金融服务意识的形成离不开金融行业员工职业素养的沉淀。金融行业员工的职业素养既是从业者的职业能力的需要，也是个体礼仪修养的扩展。职业素养主要由职业操守及综合素质构成。

（一）金融行业员工的职业操守

优秀的金融行业员工应具有职业化的工作技能、职业化的工作形象、职业化的工作态度、职业化的工作道德，这些都是其职业操守的体现。金融行业员工的职业操守是金融企业建立健康的企业文化和信用文化，维护金融企业良好信誉、促进企业健康发展的有力保障。

针对银行业而言，银行员工的职业操守尤为重要。为进一步规范银行业金融机构从业人员职业操守和行为准则，塑造共同价值观，加强行业自律和从业人员行为管理，推动清廉金融文化建设，经广泛征求和吸收会员单位意见，由中国银行业协会修订的《银行业从业人员职业操守和行为准则》于2020年9月7日发布并施行，之前的2007年版《银行业从业人员职业操守》同时废止。

《银行业从业人员职业操守和行为准则》中指出银行从业人员应具备以下职业操守：爱国爱行、诚实守信、依法合规、专业胜任、勤勉履职、服务为本、严守秘密。

金融行业员工应严格遵守其工作岗位的职业操守，做一名有节操、有品行、有技能、有意识的复合型金融人才。

知识拓展1-4

《银行业从业人员职业操守和行为准则》节选
第二章　职业操守

第三条　爱国爱行

银行业从业人员应当拥护中国共产党的领导，认真贯彻执行党和国家的金融路线方针政策，严格遵守监管部门要求，认真践行服务实体经济、防范化解金融风险、深化金融改革的任务；热爱银行业工作，忠诚金融事业，切实履行岗位职责，爱岗敬业，努力维护所在银行商业信誉，为银行业改革发展做出贡献。

第四条　诚实守信

银行业从业人员应当恪守诚实信用原则，真诚对待客户，珍视声誉、信守承诺，践行"三严三实"的要求，发扬银行业"三铁"精神，谋事要实，创业要实，做人要实，通过踏实劳动实现职业理想和人生价值。

第五条　依法合规

银行业从业人员应当敬畏党纪国法，严格遵守法律法规、监管规制、行业自律规范以及所在机构的规章制度，自觉抵制违法违规违纪行为，坚持不碰政治底线、不越纪律红线，"一以贯之"守纪律，积极维护所在机构和客户的合法权益。

第六条　专业胜任

银行业从业人员应当具备现代金融岗位所需的专业知识、执业资格与专业技能；树立终身学习和知识创造价值的理念，及时了解国际国内金融市场动态，不断学习提高政策法规、银行业务、风险管控的水平，通过"学中干"和"干中学"锤炼品格、补充知识、增长能力。

第七条　勤勉履职

银行业从业人员应当遵守岗位管理规范，严格执行业务规定和操作规程，防范利益冲突和道德风险，尽责、尽心、尽力做好本职工作。

第八条　服务为本

银行业从业人员应当秉持服务为本的理念，以服务国家战略、服务实体经济、服务客户为天职，借助科技赋能，竭诚为客户和社会提供规范、快捷、高效的金融服务。

第九条　严守秘密

银行业从业人员应当谨慎负责，严格保守工作中知悉的国家秘密、商业秘密、工作秘密和客户隐私，坚决抵制泄密、窃密等违法违规行为。

资料来源：根据百度百科相关资料整理。

（二）金融行业员工的综合素质

综合素质是一个人能力素质、品行素质、道德素质、知识素质的综合反映，也是一个人的成长历程、学习培训、经验反思的综合积累，是一个人的礼仪修养，也是一个人的特征风范。金融行业员工的综合素质更加注重与职业素养相关的个人素质，包括遵守公德、真诚友善、关注细节、善解人意、热情主动、宽容谦逊等。

视频 1-2

综合礼仪
展示 1

金融岗位工作中的遵守公德既是文明公民应具备的最基本品质，也是工作中礼仪修养的基本要求；金融岗位工作中的真诚友善既是礼仪的本质特征，即待人以诚、待人以善，也是对待客户表里如一、一视同仁、不虚伪蒙骗、真心换真心的业务达成方式；关注细节是一个人善于观察、善于思考的能力，也是金融服务工作中发掘客户需求、体贴客户需要的重要环节；善解人意是人际交往中体谅、尊重别人，交流思想，化解矛盾的缓和剂，也是金融服务中提高服务效率、降低服务投诉的能力素质；热情主动既是金融行业员工让人感觉亲切温暖，且不热情过度、虚情假意的要求，又是工作中积极进取的体现；微笑服务，热诚待客，接待客户咨询、业务、来访时应面带微笑，礼貌热情，对客户热心、诚信、耐心；宽容谦逊既是对客户恶劣态度、蛮横无理存有包容之心，对自身专业能力与水平不吹嘘夸大的敬畏之意，也是感化客户，进而留住优质、忠诚客户的处世之道，虚心听取客户意见，忍让宽容，得理让人，对合理要求尽量满足。

（三）金融职业素养的养成

金融行业员工的职业素养需要通过学习和实践养成，是一个自我认识、自我修炼、自我提高的过程。职业素养的养成是自己努力与外界工作环境锻造的共同结果，非一日之功，需日积月累，厚积薄发。良好的职业素养养成可以通过自觉养成礼仪习惯、主动接受礼仪教育、学习涉猎金融专业及其他各类文化知识、积极投入各类实习锻炼及金融实践工作等方式实现。

三、实践训练

（一）实训内容

讲求金融服务意识的实践训练——大堂服务。

★ 场景描述 ★

一天，一名女客户来办理业务，在等待40多分钟后，在网点开始大喊大叫："我都等了40多分钟了，还没有叫到我，你们办理业务的速度怎么这么慢呀！"

大堂经理很快来到她的面前，认真、真诚地说道："非常抱歉！让您等了这么长时间。请问您要办理什么业务？"

客户说道："我的一个同事住院了，我来帮他办理解挂手续。"

大堂经理安慰道："我明白了，遇到这种事情都会着急的，只是解挂手续是需要本人亲自来办理的。"

客户批评大堂经理道："你还有没有点同情心啊！我刚才说过了，他住院了，他所有的钱都在这张卡上，现在又急着交住院押金呢……"

大堂经理继续安慰对方道："我非常理解您的心情，请放心，问题一定能得到解决的。请给我几分钟时间，我去安排一位员工随您到医院，请您的同事办理签字手续，您看可以吗？"

客户嗓门小了下来，说道："这还差不多，你得抓紧啊。"

（二）实训目标

1.素质目标：具备全心全意为客户服务的金融服务意识；具备团队协作精神、责任意识。

2.知识目标：理解金融服务意识的范畴。

3.能力目标：通过所学知识形成自觉的金融服务意识。

（三）实训步骤

1.2~5人为一组，以小组为单位，进行分角色模拟演示。

2.针对场景描述进行不同版本的演练：基于场景的直接模拟演示，注意语气动作设计；基于场景进行设计与发挥，可以对场景内容及情节合理改动，适当设计语言及对话，体现出大堂经理及柜员团队精神、责任意识等金融服务意识。

3.小组互评与教师点评相结合。

项目小结

1.礼仪的本质是尊重，金融服务礼仪是礼仪在金融服务过程中的具体体现，包含仪表规范、仪态规范、语言规范、日常交际规范、岗位服务规范等方面的内容，具有规范性、可操作性、灵活性、标准化与差异化的特点。

2.随着社会发展及金融服务定位的不断调整，金融服务礼仪的作用也变得愈发重要，金融服务礼仪的功能与原则不容忽视。金融服务礼仪的基本要求提示金融企业及员工应做到职业道德、角色定位、双向沟通、3A法则、形象效应、零度干扰。

3.有什么样的意识，就有什么样的服务，金融服务意识对于金融行业的服务尤为重要。金融服务意识包括诚信、效率、责任、团队、创新等内容。金融行业员工应注重自身的职业素养的锻造，在职业操守及个人礼仪素质方面加强学习与实践。

项目训练

■ 基础知识训练

一、单项选择题

1.礼仪是礼和仪的统称，是指在人际交往过程中，人们为表示尊重与友好而共同遵守的行为规范和准则。礼仪的本质是（　　　）。

A.尊重　　　　　　B.友好　　　　　　C.平等　　　　　　D.善良

2.培根说："礼仪是微妙的东西，它既是人们交际所不可或缺的，又是不可过于计较的。"这体现了金融服务礼仪的（　　　）。

A.规范性　　　　　B.可操作性　　　　C.灵活性　　　　　D.标准化与差异化

3.要善于发现对方之所长，并且及时地、恰到好处地对其表示欣赏、肯定、称赞与钦佩。以上描述体现了"3A法则"中的（　　　）。

A.接受对方　　　　B.尊重对方　　　　C.赞美对方　　　　D.接送对方

4.银行柜员无论在接待什么长相、打扮、年龄的客户时，都要为客户提供满意的服务，体现了"3A法则"中的（　　　）。

A.接受客户　　　　B.尊重客户　　　　C.赞美客户　　　　D.接待客户

5.金融行业从业人员在面对客户时，均应力求使对方对自己产生较好的第一印象。这体现了（　　　）理论的应用。

A.亲和效应　　　　B.首轮效应　　　　C.末轮效应　　　　D.沟通效应

6.在金融行业服务人员为服务对象所提供的直接服务结束之后，金融行业服务人员有责任与义务，主动或应邀为服务对象提供连带性、补充性服务。这体现了（　　　）理论的应用。

A.亲和效应　　　　B.首轮效应　　　　C.末轮效应　　　　D.沟通效应

7.服务行业与服务人员在向服务对象提供一系列具体服务的过程之中，必须主动采取一切行之有效的措施，将对方所受到的一切有形或无形的干扰，积极减少到所能达到的极限，也就是要力争达到干扰为零的程度。以上描述的是金融服务礼仪基本要求的哪一点？（　　　）

A.形象效应　　　　B.零度干扰　　　　C.双向沟通　　　　D.职业道德

8.金融服务礼仪基本要求中，零度干扰是指服务人员要与客户保持适度的距离，服务距离在什么范围为宜？（　　　）

A.0～0.5米　　　　B.0.5～1米　　　　C.1～2米　　　　　D.3米以上

二、多项选择题

1.金融服务礼仪的基本要求包括（　　）。

A.职业道德　　　　B.角色定位　　　　C.双向沟通　　　　D.3A法则

E.形象效应　　　　F.零度干扰

2.金融服务礼仪的功能主要有（　　）。

A.提升金融企业竞争　　　　　　B.提高金融行业员工素质

C.塑造金融企业形象　　　　　　D.提高金融企业效益

3.金融服务意识包括（　　）。

A.诚信意识　　　　B.效率意识　　　　C.责任意识

D.团队意识　　　　E.创新意识

4.银行从业人员应具备的职业操守包括（　　）。

A.爱国爱行　　　B.诚实守信　　　C.专业胜任　　　D.勤勉履职

E.依法合规　　　F.服务为本　　　G.严守秘密

三、判断题

1.从个人修养的角度来看，礼仪是一个人外在素质和修养的内在表现。（　　）

2.金融服务礼仪的第一原则（首要原则）是平等。（　　）

3.金融服务意识是指有随时为服务对象提供各种服务的、积极的思维意识。

（　　）

4.金融职业素养的养成是主动接受礼仪教育的结果，不需要日积月累。（　　）

■ 实践操作训练

【服务场景演练】金融服务意识在银行大堂服务中的体现

银行大堂副经理小刘："请问有什么可以帮到您？"

客户："你好，我刚在你们这儿取了钱，要存到隔壁银行，你能不能派个保安陪我过去一下？"

银行大堂副经理小刘："在岗保安负责营业厅客户的财产安全，他们不能脱岗。您要是同意的话，请稍等一下，我请示一下保安室，可否另派一名保安。"

稍后，小刘帮客户联系好了派出保安事宜，让保安带上对讲机，并提示客户别用有银行标识的袋子装钞票。

【演练说明】

目标：通过情景演练更好地培养金融服务意识，加深对金融服务礼仪规范性与灵活性特点的理解与掌握。

任务：（1）请参照以上案例情景进行银行服务场景的模拟演练。

（2）互相观摩，互相分析与讨论，小组互评与教师点评相结合。

要求：（1）请每位同学积极参与，以小组为单位，每组2～5人，分角色扮演。

（2）自行安排场景展示上场人数及身份，可以对情景内容及情节合理改动，适当设计语言及对话。可利用现场的桌椅设备，可自行准备其他所需道具。

（3）请同学们认真对待，深入思考，特色创新。

项目二
金融行业员工的仪表礼仪

学习目标

思政育人目标：

★培养学生具备敬业、友善的价值准则。

★培养学生具备求实的工作作风、尊重他人的工作态度。

★培养学生具备关注细节、勤勉履职的职业素养。

★培养学生具备良好的个人仪表礼仪修养。

知识目标：

★了解仪表礼仪的含义、构成和修饰原则。

★了解仪容礼仪的基本内容与要求

★掌握服饰礼仪的要求，着装的TPO原则、饰物搭配的原则。

★掌握金融行业员工发型的修饰技巧与方法。

★掌握女性职业妆的化法及职业男士剃须修面的操作技巧。

★掌握职业正装的穿着及包袋、鞋袜、饰物的搭配方法。

技能目标：

★能够按照金融行业的要求修饰自己的仪表，树立良好个人形象。

★能够根据金融行业的仪容要求，修饰自己的发型及面部。

★能够根据服饰着装的原则，熟练得体地进行职业正装的穿搭。

★能够熟练掌握男女士仪表形象设计塑造相关技能，结合自身特点及场景要求进行自身仪表的合理得体的构造。

项目思维导图

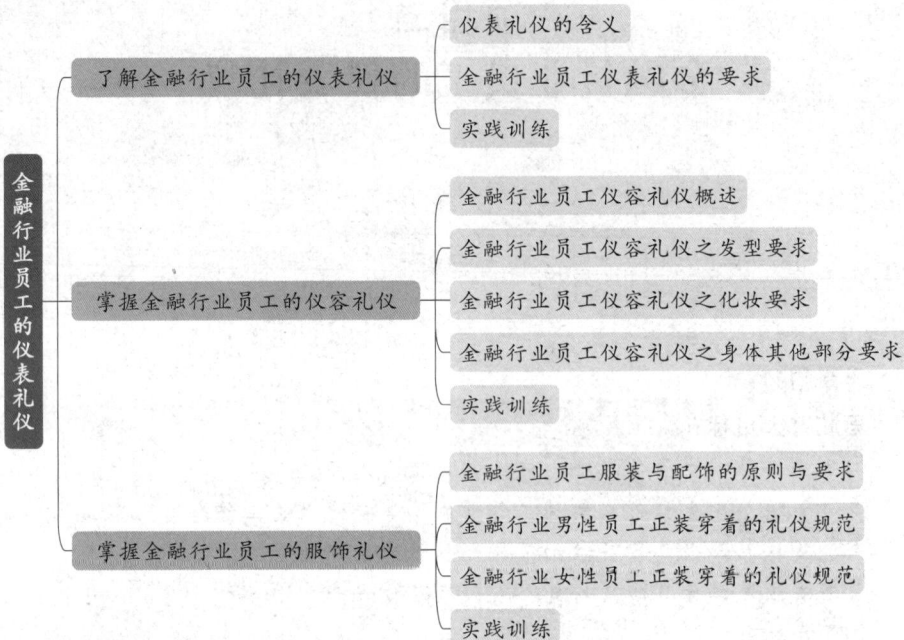

```
                                    ┌─ 仪表礼仪的含义
                    ┌─ 了解金融行业员工的仪表礼仪 ─┼─ 金融行业员工仪表礼仪的要求
                    │                            └─ 实践训练
                    │
                    │                            ┌─ 金融行业员工仪容礼仪概述
金                   │                            ├─ 金融行业员工仪容礼仪之发型要求
融                   │                            │
行                   │                            ├─ 金融行业员工仪容礼仪之化妆要求
业                   ├─ 掌握金融行业员工的仪容礼仪 ─┤
员                   │                            ├─ 金融行业员工仪容礼仪之身体其他部分要求
工                   │                            │
的                   │                            └─ 实践训练
仪
表                   │                            ┌─ 金融行业员工服装与配饰的原则与要求
礼                   │                            ├─ 金融行业男性员工正装穿着的礼仪规范
仪                   └─ 掌握金融行业员工的服饰礼仪 ─┤
                                                 ├─ 金融行业女性员工正装穿着的礼仪规范
                                                 └─ 实践训练
```

案例导入

　　小慧与小丽是同班同学，她们学习成绩差不多，毕业前她们一起投递简历并参加了一家银行的笔试，不久后她们都被通知通过笔试，可以进入面试了。小慧一贯注重个人修养与仪表礼仪，从平日里整洁的衣服、干净的指甲、整齐的头发上看，就给人一种精明、干练的感觉。这次的面试她十分重视，在平日的基础上，她给自己梳了一个干净整齐的盘发，化了一个干练精神的淡妆，穿着一身合体的职业套装，精神饱满地去参加面试。面试过程中，她不忘进门后随手轻轻关门，自我介绍时她落落大方，自信优雅，把自己大学积累的各种成绩与优势特长有的放矢地予以介绍，回答 HR 提问时，她神情专注，反应敏捷，微笑应对，从容交谈。小丽平时也是位整洁时尚的女孩，她也很重视这次的面试，她知道银行的面试需要穿着正装，于是特意采购了新的正装套裙，但是为了不在众多面试者中被淹没，她化了一个美美的时尚妆容，涂了长长的睫毛、珠光的眼影、红红的唇色，带着闪闪的大耳饰，梳着垂坠披肩的秀发，穿着很瘦的正装上衣、带大蝴蝶结的白色衬衫和长度在膝盖以上 15 厘米的套裙，踩着高跟黑皮鞋，同样自信地去参加面试了……几天后面试结果公布，小慧被录取了，小丽没有被录取，伤心的小丽想不明白，自己明明感觉良好，问题出在了哪里呢？

　　资料来源：作者根据相关资料编写。

金融行业员工的仪表礼仪作为金融服务礼仪的重要内容之一，是做好金融服务规范的关键环节，也是赢得客户第一印象，为客户带来良好客户体验的前提保证，因此能否做好仪表礼仪规范对金融行业企业及员工有着重要的影响。本项目介绍金融行业员工的仪表礼仪，围绕了解金融行业员工的仪表礼仪、掌握金融行业员工的仪容礼仪、掌握金融行业员工的服饰礼仪三方面的内容进行详细阐述。

任务一　　了解金融行业员工的仪表礼仪

一、仪表礼仪的含义

（一）仪表礼仪的概念

良好的沟通合作通常从良好的第一印象开始，而良好的第一印象很大程度来自仪表所传递的信息，心理学上的"73855定律"就体现了这一点。仪表，即人的外表，是一个人的容貌、着装、举止等的视觉呈现，也是其精神面貌、文化教养、气质内涵、审美品位的外在体现。

我们常用仪表端庄、仪表堂堂、秀外慧中等词语来赞扬一个人的仪表美。而仪表礼仪则是指一个人的仪表要与他的年龄、体形、职业和所在的场合吻合，表现出一种和谐的美感，以增进互相的好感。金融行业的仪表礼仪指的是金融行业工作人员的仪表要符合自身年龄、所在岗位与场合。金融行业员工的仪表不仅能体现个人形象，还会直接影响金融企业及行业形象。良好的仪表不仅能够提高金融行业员工与人交往的自信心，也能赢得客户信赖，给客户留下良好印象。

（二）仪表礼仪的构成与本质

仪表是由仪容与服饰两部分构成的，仪表礼仪也包括两部分内容，即仪容礼仪与服饰礼仪。仪容的"容"指的是一个人的天然形象，也就是包括头发、皮肤、容貌、身体部分在内的自然"长相"，"仪"则是对天然形象的"发肤容貌"进行打扮和"外饰"，因此仪容礼仪是天然形象与外饰形象的统一，是对天然形象与外饰形象进行设计与修饰的礼仪规范。服饰礼仪指的是通过服装与配饰的穿搭来提升形象，既体现出个人的气质与品位，又满足工作岗位及场合需求的礼仪规范。所谓"三分长相，七分打扮"，指的就是仪容与服饰、内在与外在和谐统一。

仪表礼仪之美体现在内外两方面，既包括一个人容貌、服饰的得体，也包括一个人气质心灵的美好，因此仪表礼仪的本质是内外兼修、表里如一。

知识拓展2-1

73855定律

心理学上的"73855定律"指的是心理学教授艾伯特·麦拉宾（Albert Mehrabian）在20世纪70年代，通过10年的一系列研究，分析口头和非口头信息的相对重要性，得出的结论：人类情感的表达与信息传递7%来自纯粹的语言内容，38%的信息是通过听觉传达，如说话的语调、声音的抑扬顿挫等，而55%的信息是通过视觉传达的，如手势、表情、外表、装扮、肢体语言、仪态等。可见，视觉传达作用占到了人际交往中超过一半的作用，仪表仪态的重要作用不可忽视。

资料来源：根据百度百科相关资料整理。

思政小课堂

思政目标：具备爱国、敬业的价值准则；具备尊重他人、严以律己的工作态度及关注细节的职业素养；具备良好的个人礼仪修养。

思政案例：最讲究仪表的开国上将

中华人民共和国开国将帅大多出身贫寒，再加上长期从事革命活动，很多人都养成了不修边幅的习惯，穿着也不讲究。有一位将军却不一样，他非常注重仪表，穿着一丝不苟，他就是开国上将刘亚楼。

说起来，刘亚楼也是出生于贫寒家庭，父亲以打柴为生，母亲刚生下他第二天就病逝了，可想而知当时家里有多么艰难。好在有一家人看他们可怜，就把刘亚楼抱到自己家里抚养，刘亚楼的父亲知道这家人是好人，就干脆把刘亚楼过继给了他们。这家人虽然也不是很富裕，但一直没有亏待刘亚楼，让他从小就上学，给了他非常好的教育。也许正是这家人，让刘亚楼养成了良好的习惯，凡事都讲究尽善尽美。

在战争年代没有条件讲究，但是中华人民共和国成立后，尤其是刘亚楼担任空军司令时，经常需要出席活动，所以他开始对仪表重视起来。据刘亚楼身边的人回忆，刘亚楼不管是穿军装、西服还是便服，都要求没有皱褶，领口、袖口也不允许有一点污渍。

有一次，刘亚楼外出办事，都坐上车了，却突然又下了车，回家换了一件衣服才上车。秘书当时不知道是什么原因，直到后来才知道，原来是刘亚楼上车后，突然发现袖口上沾了一点污渍。虽然那一点污渍很不显眼，甚至外人不注意看都看不到，但刘亚楼依然回家换了一件衣服才回来。

而且，刘亚楼还有一个雷打不动的习惯，就是在出门前和回家后，第一件事就是擦皮鞋。刘亚楼还经常跟身边的人说："当年我在苏联伏龙芝军校学习时，擦皮鞋是一项重要的功课，你要是不会擦皮鞋，都拿不到毕业证。"

刘亚楼不光对自己要求严格，对下面的人也同样很严格，每次下部队视察，他都会戴上白色的手套，去摸门窗、墙角，只要发现有灰尘，一定会严厉斥责相关负责人。因为刘亚楼检查太严格，在空军部队都流传着一句话："天不怕，地不怕，就怕刘司令来检查。"当然，也正是在刘亚楼的这种严格要求之下，空军部队才不敢有丝毫的松懈，一直保持着非常低的事故率。

有一次，刘亚楼率领代表团去古巴，参加当地的一个重要活动。当时，天气非常热，到了中午时，更是酷热难当，所以很多国家的代表团成员都脱掉了外衣，有的还扇起了风，场面有点乱。但是，刘亚楼率领的代表团，却始终保持着庄严的姿态，即使汗如雨下，也没有一个人乱动。活动结束后，古巴领导人卡斯特罗专门接见刘亚楼，佩服地说："刘，你们很了不起，中国人很了不起！"

当然，刘亚楼讲究仪表，并不代表他讲究排场，恰恰相反，刘亚楼最看不惯的，就是搞排场。刘亚楼主持会议时，有三个规定：第一，不准抽烟；第二，不准喝茶；第三，不准摆放水果。只要有谁违反，立刻把他请出去。而且，他要求在会议上发言时，要尽量简短，不要浪费时间。有一次，刘亚楼参加一个会议，主持会议的是一位省级领导，可能因为对事情不熟悉，讲话时老是说不到点子上，大家都面面相觑，但谁也不敢站起来提醒他。这时，刘亚楼走了过去，一把夺过这位领导的话筒，说："你不懂，就不要乱说，浪费大家的时间！"这位省级领导脸色一变，但看到是刘亚楼，也只好乖乖地坐下，一句话也不敢说。

资料来源：历史客栈. 最讲究仪表的开国上将，虽然出身贫寒，却对穿着一丝不苟［EB/OL］.［2020-02-05］. https://baijiahao.baidu.com/s? id=1657701776728552020&wfr=spider&for=pc.

思政意义及反思：

刘亚楼多年如一日，忠于人民，忠于革命，忠于党的事业，立场坚定，英勇战斗，雷厉风行，认真负责，勤奋工作，鞠躬尽瘁，在革命斗争中，为党和人民建立了卓越的功勋，在创建中国人民解放军空军和加强人民军队革命化、战斗化的建设以及国防建设中，做出了卓越的贡献。党的二十大报告提出："弘扬以伟大建党精神为源头的中国共产党人精神谱系，用好红色资源，深入开展社会主义核心价值观宣传教育，深化爱国主义、集体主义、社会主义教育，着力培养担当民族复兴大任的时代新人。"刘亚楼注重仪表、关注细节、树立国家形象的故事值得同学们学习与反思。当代大学生也应具备热爱祖国、认真勤奋、尊重他人、严于律己的品质，广泛践行社会主义核心价值观，努力学习，严格要求自己，为走入工作岗位、成为对社会有用的人打好坚实的基础。

二、金融行业员工仪表礼仪的要求

金融行业员工的职业形象是金融企业形象与文化理念的具体体现，金融行业员工的仪表礼仪与职业性质密切相关，金融行业员工在社会上树立的人设定位，在客户心中树立的专业感受有很大一部分来自仪表、仪态礼仪。总体上，金融行业员工应遵循仪表的修饰原则，并了解仪表礼仪的特点。

（一）金融行业员工仪表的修饰原则

金融行业男女员工的仪表修饰应注意整洁大方、端庄得体、和谐自然、扬长避短。仪表修饰中做到干净整洁是基本要求。形象端庄得体会给客户以信赖感与专业感，自然美与修饰美做到和谐统一、扬长避短就是方法之一。

具体而言，金融行业男女员工有着不同侧重的修饰原则，如果分别用一个字来概括的话，男性员工的仪表以"洁"为原则，女性员工以"雅"为原则。金融行业男性员工的"洁"体现在发型利落、剃须修面、没有头皮屑、正装熨烫整齐等方面。"洁"是不同于干净、卫生的一种习惯，一种坚持，一种成熟的要求，一种职业的风度。金融行业女性员工的"雅"体现在妆容的精致得体、发型的干净干练、着装的分寸适度、举止的风度气场等方面。"雅"是凌驾于青春、美丽之上的一种气质，一种修为，一种岁月的历练，一种职业的气场。

（二）金融行业员工仪表礼仪的特点

金融行业仪表礼仪具有职业性、统一性与服务性的特点。首先，金融行业有其特有的文化，这与其金融功能与业务范畴分不开。金融行业员工仪表礼仪的要求具有鲜明的职业特性。其次，金融行业员工仪表规范讲求统一性，无论是发型选择要求还是职业装的传达，金融行业都有相对统一的规范与要求。在金融行业整体的统一风格下，各家金融企业又有着不同特色的内部统一的要求，如统一花色的丝巾、领带等，这种统一的仪容服饰规范既是金融企业形象的展示，也是客户加深对其熟悉度的标志。最后，由于金融行业也是服务行业，提供金融服务是其根本任务，因此为了方便服务客户，提供更好体验感，根据不同的岗位或场合做出不同的仪容修饰与正装服饰选择，属于仪表礼仪服务性、商务性的体现。

知识拓展2-2

中国建设银行员工职业形象要求（节选）

中国建设银行员工职业形象要求包括以下几个方面：仪表、举止、语言、纪律、卫生及服务态度。

一、着装整洁、仪表大方

第一条　着装整洁。中国建设银行员工上班时应着装整洁，保持服装洁净得体，衣扣整齐，不敞胸露怀，不挽袖挽裤。因气候和办公条件限制，各地方行制定着装要求时应因地制宜。男员工应穿深色皮鞋、袜子；女员工应穿黑色或白色皮鞋、穿裙子时避免露出袜口。

第二条　发型大方。头发应整洁，发型大方得体，经常梳洗，不得染异色。男员工不蓄长须长发；女员工不得有怪异发型。

第三条　得体。女员工可适度化妆，不得浓妆艳抹，不留长指甲，不涂有色指甲油，不能佩戴过多过于耀眼的饰物，每只手戴的戒指不超过一个。男员工应保持面部清净，不能留小胡子，不得戴有色眼镜从事工作。

……

资料来源：根据相关资料整理。

三、实践训练

（一）实训内容

金融行业工作人员仪表礼仪认知训练——金融工作场景观摩。

（二）实训目标

1.素质目标：具备敬业、友善的价值准则；具备求实的工作作风、尊重他人的工作态度；具备良好的个人礼仪修养。

2.知识目标：理解仪表礼仪的含义、构成和修饰原则。

3.能力目标：根据金融行业的要求修饰自己的仪表；树立良好的个人形象，赢得第一印象。

（三）实训步骤

1.2～5人为一组，以小组为单位，利用课后实践，在银行网点营业厅等金融工作场景下观摩工作人员的仪表规范，包括仪容与服饰部分，以及其工作流程与服务礼仪。在不打扰秩序的前提下，进行观察与记录。

2.针对观察结果，进行小组讨论与总结，在课堂上进行汇报，注意区分金融行业仪容服饰规范与其他行业仪容服饰规范的异同。

3.小组互评与教师点评相结合。

任务二　　掌握金融行业员工的仪容礼仪

一、金融行业员工仪容礼仪概述

仪容是一个人的外观容貌，它由发型、面容以及所有未被服饰遮掩、暴露在外的肌肤构成。眉清目秀、明眸皓齿、粉白黛黑、出水芙蓉、美如冠玉、闭月羞花等成语都是形容人的容貌的，这里的容貌指的是先天条件与后天修饰叠在一起的效果，是外在效果与气质训练叠在一起的效果。得体的仪容是形成良好的首轮效应的关键。

微课 2-1

仪容礼仪

仪容礼仪是对自己的外在形象，如头部、脸部等进行整体形象设计和修饰。仪容修饰主要包括发肤容貌，具体来说就是头发、面部化妆、手臂、腿部、牙齿、指甲等。仪容的中心是头发，仪容的重点是面部化妆。由于仪容在人际交往中存在"魅力效应"和"晕轮效应"，即凭对方部分的印象来推想整体的印象，因此仪容修饰是金融行业工作人员的必修课。金融行业工作人员应掌握仪容修饰的基本常识与技巧，有效弥补自身的缺陷和不足，打造得体的职业仪容形象。仪容修饰的原则主要包括自然、美化、协调、适体性、整体性等。

二、金融行业员工仪容礼仪之发型要求

仪容的中心是头发，发型对于一个人整体造型的影响举足轻重，发型是精神面貌的焦点。俗话说的"换头如换脸"，指的就是改变发型对一个人整体形象改变的影响。而金融行业的发型要求更是塑造金融行业员工整体形象的关键环节，也是职业感与专业感的重要来源之一。金融从业人员进行发型修饰时，不仅要遵守一般性要求，同时还必须严守本行业、本岗位的特殊性要求。

（一）金融行业员工发型修饰基本要求

1.常梳洗、常修剪

首先，头发要经常梳洗，保证头发不粘连、不板结、无发屑、无汗味，尤其在秋季要对头发精心保养，如发现发尖打岔，必须及时修剪；应保持适当长度，整洁、干净，尽量少使用发蜡和发油，更要避免使用香味过于浓郁的头发定型产品。

2.常梳理

按照常规，金融行业的员工每天必须梳理头发。由于行业的特点，头发的梳理一天中往往不止一次。在下述四种情况下，皆应自觉进行梳理头发：一是出门上班前；二是换装上岗前；三是摘下帽子时；四是其他必要时。金融行业员工在梳理自

己的头发时，应注意以下"三不"原则：一是不当众梳理头发，难免造成工作准备不充分的不良印象；二是不直接用手梳理头发，以免发丝遗留手上；三是不随地乱扔断发、头屑。

　　3. 关于染发烫发

　　金融行业从业人员不宜将头发进行染色，尤其是有意将自己的一头黑发染成或挑染成其他一种或多种颜色。

　　（二）金融行业男性员工发型修饰要求

图2-1　男士发型

金融行业男性员工在发型修饰方面，首先应注意头发清洁，尤其避免头皮屑的产生。其次，金融行业男性员工的发型长度要特别注意，不宜过长或过短，不可超过7cm，一般也不允许剃光头。再次，金融行业男性员工要慎烫染，一般不烫染为宜。最后，要注意男士发型的"三不"原则：前不遮眉（前不附额），侧不掩耳，后不及领（颈），即前面的头发、侧面的头发以及后面的头发分别有长度的限制标准，不能留过长、过厚的鬓角。因此，金融行业男性员工的常见发型包括常见四六分、二八分、中分和寸头等，如图2-1所示。

　　（三）金融行业女员工发型修饰要求

　　金融行业女员工在发型修饰时，首先应注意头发的长度，短发给人以干练的感觉，但是不宜短于6cm；长发是多数女士的选择，但是不要披散过肩，过肩长发需要在工作时间和公众场合用素色发卡、头绳或发箍将长发盘起或束起，银行柜员等前台岗位要求员工盘发并将头发盘于发网内（如图2-2所示）。其次，金融行业女性员工的刘海不宜过长，建议不要长过眉头，要求露出眉毛，或者将刘海用发胶类产品固定到两侧。最后，金融行业女性员工的头发要慎烫染，可以烫发，但要选择端庄大方的款式，如果染发也要选择与本色接近的发色。

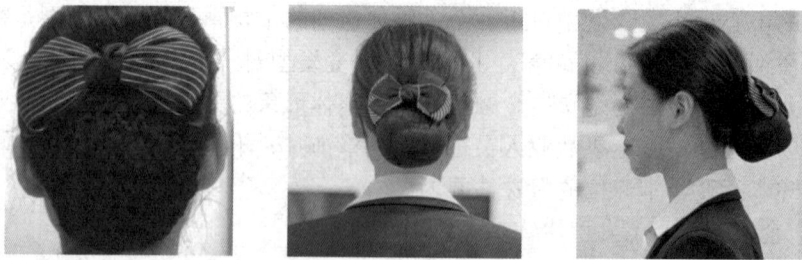

图2-2　女士盘发

模拟演练2-1

金融行业女性员工盘发方法与操作

　　金融行业女性员工盘发方法如下：

　　第一步，用素色头绳或皮筋将长发束起，发辫高度为与耳朵上缘齐平的高度，不可过低或过高（过高的位置会变成"丸子头"，不适合金融行业）。

第二步，将发辫挽起（或可根据情况先将发辫编成麻花辫）并盘于脑后，用素色发卡固定。

第三步，用素色发网（装饰不可过于夸张）将发髻放入网内，固定并整理发结，形状为自然圆形，调整好位置；刘海等需要调整的散乱头发（如碎发、束发后贴于脸颊的"长须"等）固定好，调整全头的整体效果，确保发型整齐、光洁，给人以精神、干练的感觉。

视频 2-1

金融行业女性
员工盘发方法

盘发模拟演练：

任务：以小组为单位，根据金融行业女性员工盘发方法进行实操演练。

要求：通过实操演练，掌握盘发的基本操作步骤与要领；要求女生自我检查并与小组成员检查相结合，教师指导与点评。

三、金融行业员工仪容礼仪之化妆要求

面部化妆是仪容的重点，是金融行业员工在仪容修饰时的关键环节。通过美容用品来修饰面容并美化形象的行为是从业者的必修课，这既是对个人形象的打造升级，也是对工作岗位与客户的尊重。良好的面容修饰不但使自身愉悦并产生更加自信的效果，也会让接触到的人获得更好的心情与感受。金融行业员工的面容修饰有其行业属性的要求，与生活妆也许不尽相同，要求体现出专业性、职业感、稳重感等。

（一）金融行业员工化妆修饰基本要求

1.基本原则

金融行业员工化妆时需要注意庄重、卫生、清新自然、扬长避短的基本要求；要注意突出五官中最美的部分，掩盖或矫正缺陷的部分；同时不可以化浓重的妆容，"职业淡妆"是合适的选择。

2.兼顾原则

金融行业员工在化妆基本原则的基础上，还需兼顾皮肤细腻、面部红润有光泽、注意面部五官比例等要求。针对这些要求，需要做到做好皮肤保养、打好粉底、适度使用腮红等步骤，还需按照三庭五眼、眉毛三点一线等比例的趋势进行化妆修饰。

（二）金融行业男性员工化妆修饰要求

金融行业男性员工在面部化妆修饰时，首先，"剃须修面"是男士职业形象的亮点，应做到每日剃须修面，保持面部清洁，可使用一些简单的、基础的面部保养品，如男士洗面奶、男士润肤霜等。其次，应注意修剪鼻毛和耳毛，勿使之露在外面，也要注意眼屎问题。最后，男士可以使用无色无味唇膏，避免干裂、脱皮现象，切勿以干燥掉皮的唇部示人，同时根据场合可以适度使用香水。综合来看，男士的化妆讲求"剃须修面，擦唇膏"，虽然要求相对简单，但是不可忽视。

案例 2-1

客户经理的仪容错误

某保险公司的客户经理王大明工作很努力。在一个炎热的夏天下午，他佩戴着具有变色效果的近视眼镜，虽由于干燥炎热唇部都已开裂脱皮，但仍顶着烈日前去与客

户会面。客户一见到他就表现出不耐烦的神情，言语间明显在应付，结果刚进入正式话题，客户就借口要开会而匆匆结束了会面。

　　案例分析：这位客户经理显然没有注重仪容礼仪。他的仪容修饰错误包括嘴唇干裂、室内佩戴具有变色效果的眼镜等。金融行业男性员工虽然不需要像女士那样对面部进行化妆修饰，但仍需保持剃须修面以及擦唇膏的工作习惯，同时注意耳部、口腔的清洁及耳毛、鼻毛的修剪。

（三）金融行业女性员工化妆修饰要求

　　金融行业女性员工在面部化妆修饰时，首先，职业淡妆是女士职业形象的标志，干练、庄重的职业淡妆是工作场合的正确选择，应做到自然、协调、得体的面容修饰要点，且职业淡妆的妆容应注意简洁、明朗、用色单纯、线条清晰、妆型略带棱角。其次，女士应根据个人条件化妆，切忌在公共场合或工作场合化妆，切忌妆容离奇、残妆示人。最后，女士职业淡妆应遵循化妆程序，从面部清洗开始，清洁后再对眉部、眼部、耳部、鼻部和口部进行必要的局部修饰、梳理、清理和修剪等，然后进行其他必要的操作流程，大体上包括打底、描眉、施眼影、画眼线、刷睫毛、刷腮红、涂唇色、检查效果、定妆等步骤。综合来看，女士的化妆讲求"淡妆、棱角、职业感"，虽然基本步骤与生活妆相近，且有些步骤可以根据情况省略，但是掌握分寸与定位是关键。女士妆容如图2-3所示。

图2-3　女士妆容

（四）职业妆的基本流程和技巧

1.洁肤护肤

　　洁净的皮肤是化妆的基础保证，清洁是十分重要的，如果皮肤中存有多余的油脂或者污垢，会阻塞毛孔，引起像痘痘、痤疮或者色斑等的状况，所以每天皮肤的清洁工作不可忽视。化妆前首先要补水，拍上适量的化妆水，这是不卡粉、浮粉的关键，然后再涂抹保湿乳或者护肤霜，以便保湿和卸妆。根据情况使用隔离霜或防晒霜，隔离霜是与粉底之间起到隔离的作用，保护皮肤。

2.打底

　　肤色修饰是妆容成功的基础，用上妆总时间的1/3甚至1/2以上用来打底是值得的。根据季节、皮肤、肤色选择薄、透、自然的粉底是职业淡妆的要求。选择粉底液也是门学问，如果属于冷皮，则可以选择粉调的粉底液，如果是暖皮则可以选择黄调的粉底液，也可以根据自己的妆效去选择。另外，浅绿色的粉底液适合红脸腔人，浅紫色的粉底液适合肤色较深和较暗的人使用，适合东方人偏黄的肌肤。涂粉底的工具也需注意，虽然用手涂很方便，但是容易不均匀；用美妆蛋的话，不仅吃粉还容易滋生细菌；近年来流行的粉底刷解决了以上缺点，便于打造裸装效果。无论使用何种工具，都需注意少量多次的涂抹原则。

3.定妆

为了使妆容更持久，可在打底之后使用定妆产品，如控油且不含珠光的透明蜜粉，即透明哑光散粉，可用粉扑或刷具完成，先把大面积刷在T区，再用粉刷上的余粉刷过两颊。也可以用粉饼定妆，但一般因含有油脂，所以定妆时间不及散粉。

4.描眉

眉毛在脸部修饰中起到了平衡作用，可以很好地修饰脸型。要打造清爽有型的职业妆容，修眉必不可少。修眉的步骤一般在平日空闲时间里定期完成，以节省早上的化妆时间。修眉时通过使用镊子、眉刀、眉剪等工具进行拔、刮、剪等操作，以去除多余的眉毛，保留基本眉形。在画眉毛时，应选择适合职业妆的自然眉形，眉形稍粗为宜，过细或过于高挑，都给人不可信的感觉。眉色要比发色稍浅，如咖色或棕色。浓眉可用眉粉减淡，疏眉可用削尖的眉笔在稀疏处一根根描画，并补齐短缺部分，最后用眉刷从眉头至眉尾顺着轻轻刷拭几遍。画眉毛时要进行眉毛的定位，确定眉头、眉峰及眉梢。按照"三点一线"的方法，眉头在内眼角与鼻翼所确定的直线的延长线与眉线的交点，眉梢是鼻翼与外眼角所确定直线的延长线与眉线的交点。然后再根据脸型、年龄、职业确定眉峰，一般在眉头到眉梢的2/3处。眉头稀疏，眉梢细淡，眉峰是关键，略显棱角的眉形可体现干练的感觉，描眉是化妆步骤中的难点，也是职业妆容中体现职业感的关键步骤。

5.眼部修饰

眼部化妆包括画眼影、眼线、睫毛等步骤。金融行业员工在眼影的颜色选择上要注意分寸，可选用基础的大地色系，如棕色、咖啡色、灰色、米色。常见的是利用两色眼影，深色重点描绘眼睑，浅色打眼窝为底做搭配，可打扮出立体有型的深邃效果。眉骨提亮也是使得眉眼更加立体的操作。画上眼线时，起点于内眼角的最内侧，紧贴睫毛根部，将缝隙填满，离眼尾2毫米处稍往上扬，长度应比原有眼睛长；根据需要画下眼线，从外眼角画至内眼角，只需画眼尾的1/3处，线条要处理模糊。刷睫毛膏可提升眼睛的神采，可先用睫毛夹把睫毛夹一下，然后从内向外刷睫毛膏，不要涂成"苍蝇腿"。金融行业员工不宜使用又长又浓密的假睫毛。

6.刷腮红

腮红可为面色增添红润光泽并修饰脸型。冷肤色可选用粉红色、玫红色；暖肤色可选用粉桃红色、杏色或珊瑚粉色。从脸颊笑肌往上斜刷腮红的方法有很多人使用，会给人比较干练的感觉。

7.涂唇色

唇部修饰时，用刷子沾取唇膏或直接用唇膏均匀地涂满整个嘴唇，注意不能超出唇线。唇色的选择要符合金融行业的工作性质，不能涂艳丽的大红唇，口红的颜色以接近唇色、以淡为宜，质地以哑光雾面为宜，展现自然的效果。涂口红之前也可以先涂唇膏，滋润双唇，或者选择一支滋润度高的口红，避免嘴唇干裂、脱皮现象。涂口红的时候先涂下唇，再涂上唇，相对不易掉色。如果唇部脱妆，要及时补妆，在双唇间夹一片化妆棉，抿掉余色，再补唇色。

8.检查效果及定妆

完成以上步骤后，进行职业妆整体效果的检查，并定妆。

模拟演练2-2

金融行业职业淡妆基本操作步骤模拟演练

任务：以小组为单位，按照洁肤、护肤、打底、定妆、描眉、眼部修饰、刷腮红、涂唇色、检查效果与定妆的基本步骤进行职业妆容实操演练。

要求：通过实训，掌握职业妆的基本操作步骤与技巧；本着扬长避短、生活妆与工作妆有所区分的原则进行化妆练习；自我检查并与小组成员检查相结合，教师指导与点评。

四、金融行业员工仪容礼仪之身体其他部分要求

（一）口腔及牙齿

金融行业员工需保持口腔清洁与牙齿清洁。首先，口腔清洁建议做到"三个三"，即三顿饭后都要刷牙；每次刷牙时间不少于三分钟；每次刷牙时间在饭后三分钟之内。其次，尽量少抽烟，不喝浓茶，避免牙齿表面出现烟渍和茶锈。另外，工作场合忌吃有刺激性气味的食品，如生姜、大蒜、韭菜等。最后，进餐时不应发出很大声响，进餐后不宜当众剔牙。

（二）指甲

手是人的第二张脸，尤其应注意指甲的修饰。首先，不管男士女士，均要保持双手清洁，不留长指甲，指甲长度不宜长过指尖。其次，金融行业女性员工还要注意不涂颜色过于鲜艳和怪异的指甲油。建议工作场合不涂指甲油，如要涂抹也要选择无色或颜色淡雅的指甲油。脚趾甲同样禁止涂抹彩色甲油。

（三）眼部

应及时除去眼角分泌物，注意眼病的预防和治疗；室内不戴颜色过深的眼镜片，镜架不宜太夸张；室内不能戴墨镜。

（四）四肢

应做好手臂及双手保养，避免粗糙、红肿、生疮等，一般上班时间手臂上不佩戴除了手表以外的手链、小饰品等物品；避免裸露肩部，避免腋毛外漏；注意腿部汗毛处理；禁止在手臂或腿脚部位进行刺字、刻画、彩绘等；身体上喷洒香水时需注意香型、部位与用量。通常香水喷洒于耳后、手腕、发梢、衣袖、裙摆等地方，味道不宜过浓。

案例2-2

客户经理的随身物品

一位客户经理曾讲道："每次上门拜访客户时，我都会随身携带四样物品：小梳子、小镜子、纸巾和口香糖。当到客户所在地时，第一件事是要寻找洗手间，在那里梳理一下自己的头发，检查一下自己的面容，之后再去拜访客户。我认为这是对对方

的尊重。"

他还说道："在办公过程中，如果下午需要拜访客户，我很注意午餐的选择，不吃有刺激性气味的食物，像大葱、大蒜、韭菜等。"

案例分析：这是一位对自己的仪容有严格要求的客户经理，同时也是一位做事严谨、注重细节的银行员工。良好的仪容可以体现出对工作的负责，也是对彼此的尊重。

知识拓展2-3

国内某银行的员工仪容规范

女性员工仪容规范：

（1）化妆。淡妆上岗，要用粉底调理皮肤底色，要修眉，要使用口红。不得浓妆艳抹，不得使用浓烈香水，不得在客户面前化妆。

（2）发型。发型要符合职业要求，做到整洁、大方。不得烫异型发式，如染发应接近本色，不得挑染。头发应梳理整齐，女性员工头发长度要前发不过眉毛，后发不过肩膀，不要留耳发。过肩长发要盘成发髻或束起来，不得披头散发。

（3）指甲。双手保持清洁无污垢，指甲长度以将手心朝向面部、将手指尖与视线保持水平时，自看不到指甲为标准。禁止留长指甲，禁止涂有色指甲油。

男性员工仪容规范：

（1）发型。发型符合职业要求，做到整洁、大方。禁止留长发，头发长度要前发不过眉，侧面不过上耳轮，后不过衣领，鬓角不过耳朵的中部。禁止留长鬓角或剃光头。染发应接近本色，不得挑染。

（2）面部。面部要保持干净，要剃须，要剪鼻毛、耳毛。上岗前不吃有刺激性气味的食物。保持形象整洁。

（3）指甲。双手保持清洁无污垢，禁止留长指甲，禁止涂指甲油。

资料来源：吕艳芝，纪亚飞. 银行服务礼仪标准培训［M］. 北京：中国纺织出版社，2014.

五、实践训练

（一）实训内容

金融行业工作人员仪容礼仪实践训练——女士盘发与化妆/男士发型及面部修饰。

结合以下案例，进行仪容礼仪实训，注意金融行业员工仪容修饰与生活中的仪容有所区别的问题。

案例：淡妆浓抹总相宜

王芳，某高校金融专业毕业生，毕业后就职于一家金融公司。为适应工作需要，上班时，她毅然放弃了"清纯少女妆"，化起了整洁、漂亮、端庄的"白领丽人妆"：不脱色粉底液，修饰自然、稍带棱角的眉毛，与服装色系搭配的灰度高浅色的眼影，紧贴上睫毛根部描画的灰棕色眼线，黑色自然型睫毛，再加上自然的唇型和略显浓艳的唇色，虽化了妆，却好似没有化妆，整个妆容清爽自然，尽显自信、成熟、干练的气质。

在公休日，她又给自己来了一个大变脸，化起了久违的"青春少女妆"：粉蓝或粉绿、粉红、粉黄、粉白等颜色的眼影，彩色系列的睫毛膏和眼线，粉红或粉橘的腮红，自然系的唇彩或唇油，看上去娇嫩欲滴，鲜亮淡雅，整个身心都倍感轻松。

心情好，自然工作效率就高。一年来，王芳以自己得体的外在形象、勤奋的工作态度和骄人的业绩，赢得了公司同仁的好评。

资料来源：徐国芩. 礼仪案例分析［EB/OL］.［2022-10-11］. http://wenku.baidu.com/view/43a6d4c55fbfc77da269b14f.html.有改编。

（二）实训目标

1.素质目标：具备尊重他人的工作态度；关注细节的职业素养。

2.知识目标：熟练地掌握金融行业员工发型的修饰技巧与方法；熟练地掌握职业女性淡妆的化法及职业男士剃须修面的操作技巧。

3.能力目标：会根据金融行业的仪容要求，修饰自己的发型及面部。

（三）实训步骤

1.2~5人为一组，以小组为单位，利用课堂练习及课后反复练习的方式掌握女士盘发与职业淡妆、男士发型及剃须修面的方法。

2.小组内互相监视。要求女士注重盘发的整齐度及淡妆的分寸感，扬长避短的同时，体现金融行业的职业感；要求男士注重发型长短与洁净，同时保持剃须修面、擦唇膏的习惯。

3.课堂展示与教师点评相结合。

任务三　掌握金融行业员工的服饰礼仪

孔子曾说过，"不饰无貌，无貌不敬，不敬无礼，无礼不立"。英国剧作家莎士比亚曾经说过，一个人的打扮，就是他的教养、品位、地位的最真实的写照。可见古今中外服饰都体现着一个人的身份气质、文化内涵，是个人内在与外在的首轮呈现，是与人接触的第一张名片。职场人士的衣着不仅代表了自己的品位，也代表着单位形象，代表着对别人的尊重。金融行业员工服装穿着与饰物搭配的要求也随着金融行业与社会的发展而越发明晰，对金融行业前台岗位工作人员的服饰要求则更加规范与严格，因此服饰礼仪成为从业者的必修课。

所谓服饰即服装与配饰，金融行业工作中的服装是指工作场合或公共场合穿着的衣服，可以是工作制服、自己的正装或西装、商务套装等。金融行业员工的配饰包括男士领带、女士丝巾、手表、饰品等。总体而言，金融行业员工服装与配饰都有其对应的总体原则与细节的要求。

案例2-3

一个服饰实验

有学者做了相关实验，让受访者根据照片猜测三个人的职业，他们分别是穿正装、皮鞋配眼镜的人，穿白马褂、布鞋配头巾的人，衣衫破烂、不穿鞋的人，如图2-4所示。受访者中很多人回答第一个人可能是位老师、公务员、科研人员等，第二个人可能是位农民，第三个人可能是个流浪汉之类的。实验过后，大家得知自己被"骗"了，因为这三个人其实是一个人，只是穿了不同衣服。知道真相后，大家恍然大悟，仔细一看"哦，原来他们还真是一个人啊"。

图2-4　不同穿着的人

案例分析：同一个人，在性格本质没有变化的前提下，只是穿了不同的服装配饰，就会给人带来不同感受，且对其身份、职业乃至性格内涵产生不同的揣度与定位，从而可见服饰带给一个人的变化，服饰穿着的重要性可见一斑。金融行业的从业人员应穿着符合本行业与工作岗位的服饰，从"干一行，像一行"做起。

一、金融行业员工服装与配饰的原则与要求

（一）TPO原则

TPO原则是世界通行的服饰穿着的基本要求，也是服饰礼仪的基本原则，它指的是着装应与时间、地点、场合相协调。

1.时间原则（Time）

时间原则指的是着装应考虑早、晚的变化，季节的变化，时令气候的变化等，根据时间不同选择不同的服装，如白天穿着工装制服，下班换成生活装。对于金融行业从业人员来说，需根据时令调换厚度不同、质地不同的正装，根据温度高低调整衬衫与外套或马甲的搭配、衬衫袖子的长度、鞋子等。

2.地点原则（Place）

不同地点、场所应穿着不同的服装，因地制宜，符合习俗。在单位、家里、商场、健身房等不同地方都有不同的着装要求。在家里可以穿着轻松休闲的服饰，在单位穿着职业套装类的服装更为得体，在健身房可穿着运动类服装，如去寺庙等场所，不能穿戴过露或过短的服装。金融行业员工，特别是银行员工在工作场合须着正装制服，体现规范性与专业性。

3.场合原则（Occasion）

着装要与场合协调，注意氛围。要考虑在该场合出现的目的、所需体现的主题、希望达到的目标、交往的对象等因素。金融行业从业人员办理业务、与客户会谈、参

微课2-2

服装穿着和配饰搭配的原则和要求

加正式会议时应着职业装、正装；在外出逛街、朋友聚会、郊游等场合，可穿着轻便舒适或具有个人风格的服装；出席晚宴时，应穿着晚礼服等。作为金融行业从业者，在任何与客户交往的场合相较客户都要穿得略高一筹，更加考究、精致，与场合的融洽度更高，也是树立良好个人形象的技巧。

（二）和谐得体原则

服饰穿着搭配应遵循和谐得体的原则。服饰有三大功能：第一，实用；第二，体现身份地位；第三，体现审美品位。服饰分为服和饰，要注重两者的协调与和谐。

1.服装穿着和谐得体

服装穿着首先体现在整洁、和谐、突出个性、顾及共性等方面。作为职场人士，在干净整洁的基础上，要注意顾及行业与工作岗位的共性。其次，服装穿着应符合身份。如果说白大褂是医生身份的象征，那么金融行业从业人员的藏青黑灰蓝色系套装就是其专业稳重身份的象征。最后，服装穿着要注意扬长避短。借助服饰进行身材体型的修饰，如偏瘦或偏胖的人不宜穿着过于紧身的衣服；脖子较短不宜穿高领衫，而穿U领或V领的服装，可以使脖子到胸部有延长的感觉；腿部较粗短的女生，不宜穿超短裙；身体较矮的人上衣不宜太长太宽；身材较胖的人不宜穿横条、大格子的衣服；身材偏瘦的人可选横条、大花图案的服饰等。

2.配饰物和谐得体

饰物具有点缀、美化个人整体形象，宣传展示企业形象等功能。饰物包括首饰、丝巾领带、头花、手表等。首饰包括耳饰、项链、戒指、手镯、手链等。首饰佩戴要和谐得体需要注意四个原则：符合身份、以少为佳、同质同色、符合习俗。要求从业者不能佩戴影响工作、炫富的首饰。首饰佩戴一般不超过两种，每种不多于两件（如耳环、手镯）。多首饰应同质同色，或不同质至少也要同色。

金融行业男性员工配饰注重功能性，一般包括领带、领带夹、手表、钢笔、打火机等，颜色以银白色、黑色为佳。金融行业女性员工配饰注重装饰性，一般包括丝巾、头花、首饰等，颜色以素雅、银白色为佳。

3.颜色和谐得体

服饰穿着打扮还需注意颜色的和谐得体，注意色彩搭配的技巧。色彩带来的视觉冲击最为明显，会令人产生一定的感觉与联想，职场工作者应注意合理运用色彩的知识提升整体美感。

男士的服装颜色不宜过多，以不超过三种为好。女士也应避免色彩过于繁复，尤其对于金融行业员工来说，颜色的数量与选择都不可忽视，一般颜色选择以冷色调为宜，体现沉稳、严肃、干练、自信的感觉。着装配色一般采用主色为基础，配色显层次的方法来搭配，职场人士常用的服饰配色方法有以下几种：第一种，上下装同色，如工装制服等。第二种，同色系配色。利用同色系中深浅、明暗度不同的颜色来搭配。以上两种方法都是金融行业员工适合选择的方式。第三种，利用对比色搭配。无论是明亮度对比还是色彩对比，这种方法都有一定难度，但如果搭配合适会有相映成趣、耳目一新的感觉。这种颜色搭配方法相对不适合金融行业员工。第四种，选择雅洁、自然、简练的主流色进行搭配。金融行业员工适合沉稳、干练的深色系。

　　同时，服装色彩的搭配还需注意与以下方面的情况相配合。第一，注意需与发型、肤色、体型、年龄相协调；第二，需与职业、性格、精神面貌相协调；第三，需与季节、环境、场合相协调。

知识拓展2-4

色彩与心理感受

　　不同颜色会给人带来不同的直观心理感受，无论是冷暖色调的不同、明亮度的不同，还是具体颜色的不同，都会对方留下不同的印象。暖色调包括红色、粉色、黄色、米色、橙色等，让人联想到太阳、火焰等，感到温暖；冷色调包括黑色、蓝色、青色等，让人联想到天空、大海、阴天等，感到寒冷。总体而言，暖色调和高明度的色彩给人以扩张感和前进感，冷色调和低明度的色彩给人以收缩感和后退感。具体而言：

　　红色，象征着热烈、兴奋，富有激情，充满自信，渴望新鲜感与刺激，会给对方留下深刻印象。

　　粉色，柔和温婉，可爱平和，可以激发对方的保护欲。

　　黄色，象征着明快、希望、活力，求知欲强，喜欢新鲜的事物，给人一种张扬、自信的感觉。

　　米色，代表优雅、大气、纯净、知性、温暖、高贵，也寓意安静、平缓、回忆、思念、沉淀，给人一种十分温馨的感觉，在日常生活和交际中使用较多。

　　橙色，象征开朗、活泼、兴奋、欢快，是暖色系中最温暖的明亮颜色，给人以健康、明快的色感。

　　绿色，代表一种清新、自然和希望，从心理学上来说也代表安全、平静、舒适之感。想表达和谐融洽的意愿时，绿色是不错的选择。

　　蓝色，象征沉静、自信、安详、理性、稳健。淡蓝色给人一种清新、爽快的印象，深蓝色则给人一种知性的感觉。喜欢穿蓝色服装的人，自制力比较强，协作性非常好，性格也比较沉稳。

　　黑色，象征威严、高雅、低调、有品位，也意味着执着、独立、冷漠、防御，黑色会给人以干练、稳重的感觉。

　　青色，象征着坚强、神秘、希望、古朴和庄重，给人以沉稳的感觉。

　　灰色，代表诚恳、沉稳、考究，受金融业人士喜爱，当需要表现智慧、成功、权威、诚恳、认真、干练等时，可穿着灰色衣服。

　　白色，代表纯洁、个性、善良与信任。白色服装可通过其他配饰组合消除冰冷感。

　　资料来源：根据相关资料整理。

（三）金融行业员工西装穿搭的要求

1.西装合身

无论是量身定制还是固定码数，金融行业员工的服装首先应遵循尺寸合身的要求，"四围"（领围、胸围、腰围、臀围）与"四长"（袖长、衣长、裤长、裙长）需适宜。衬衫领围以插入1~2个手指大小为宜；胸围以放下一拳大小为宜；腰围、臀围应松紧适度，女士不宜穿着腰围偏小的上装，不宜穿着包臀的套裙。正装上衣袖长到达手腕处，衬衫袖长以抬手时比正装袖子长出1.5~2cm为宜；男士衣长以垂下手时到达虎口，盖过臀部的4/5为宜，女士衣长以单手高高举过头顶不露出白衬衫为宜；裤长以盖过鞋跟的2/3为宜；女士正装裙长以在膝盖上下10cm以内为宜。

2.佩戴规范

银行员工在岗时，工牌、行徽要全部佩戴整齐，不可歪斜。佩戴工牌的位置应在左胸上侧：男性员工佩戴在左胸口袋上侧中间位置，与口袋上侧边沿相距0.5cm左右；女性员工应佩戴在左胸上侧3~4cm为宜，不应佩戴在左胸的最高点上。银行员工还应规范佩戴领带、丝巾等饰物，男性员工佩戴领带应注意领带结型长度与衬衫扣子的问题；女性员工应佩戴丝巾、头花，防止丝巾皱皱巴巴，注意丝巾结型的统一性与平整度，防止丝巾结型走样。

3.制服穿着注意事项

制服是企业统一制作，要求员工统一穿着的服装。对于金融企业来说，穿着制服是金融企业统一形象、彰显形象、体现尊重、规范员工行为、方便工作、利于客户辨认、提升客户信赖感的方式。因此，金融行业员工的服饰有着统一的要求和限制。金融行业工作人员无论穿着制服还是其他正装都应注意以下事项：首先，保持衣装的整洁与挺阔。保持衣裤的整洁、无异味，特别注意保持领口和袖口的干净。穿之前要烫平、挂好，做到上衣平整、裤线笔直。切忌穿着脏、破、皱的正装接待客户，以免给客户留下非常不好的印象，影响整个企业形象。其次，穿着规范，注意细节。不要任意挽袖子、裤腿；不要上半身穿制服，下半身随便穿。不要佩戴过多的配饰，注意发绳、发夹颜色的选择，以防造成"远看圣诞树，近看杂货铺"的效果。不要在西装上衣口袋中装东西，上衣内侧口袋可以装物，但不可过多、鼓鼓囊囊；裤子后兜可以装手帕等。注意上装扣子的系法、鞋袜的搭配等问题。注重细节，得体穿着，打造良好个人形象，展现金融职业素养。最后，根据季节的变化正确穿着不同的工作服。

案例2-4

注意细节的客户经理

李杰是一个银行网点的客户经理，在这个毗邻社区的网点工作了两年，兢兢业业的工作态度和专业、热情的服务使他积累了很多客户资源。可是由于工作需要，他很快要调到其他网点去了。说实话，他也有点郁闷，他现在和许多客户都成了朋友，有时业务的处理过程也伴随着聊天、拉家常，他和客户都很享受这样默契、愉快的工作氛围。现在要被调走了，他又要从头干起，去培养客户。不过，他很快就在新网点热情地投入了工作。令他诧异的是，他原来网点的一些客户居然也跟随过来了，甚至有位老客户张大爷为了买国债和理财产品，居然乘几站地的公交车专门来找他。他也劝过张大爷，可以继续在那边的网点办理业务，银行的客户经理都是一样敬业的。但张大爷说，你是我见过的最专业的客户经理。李杰心里很清楚，所谓专业，有时就是一种感觉，而这种感觉无疑与他的着装有关，他长得不算英俊，但他却坚持做一件让他看上去很专业的事情，衬衫必熨烫妥帖平整。别看这是件小事，可在客户眼里不是小事，他的衬衫领子始终能够标准地高出西装领子，不是服装多么合体，而是他熨烫领子花了心思。

资料来源：吕艳芝，纪亚飞. 银行服务礼仪标准培训［M］. 北京：中国纺织出版社，2014.

案例分析：制服穿着的要求根据行业特质而定，金融行业制服穿着要注意的事项首先就是整洁挺阔。其次要注意细节。案例中的客户经理正是注意了这些细节并花费了心思。细节的处理加上长期的坚持就树立了他人眼中的形象，这种打造专业、细致形象的能力也会是他工作中处理客户关系的写照。

4.其他场合着装规范

金融行业工作人员在拜访客户、参加商务洽谈等商务活动时应穿着较为正式的职业着装：男士以适合自己身份的深色西服套装为首选，系领带；女性着端庄淡雅的职业套裙较为适宜，有领有袖。颜色和款式都以庄重、严谨为主，忌花哨、前卫。金融行业工作人员在交往应酬的社交场合下，如参加宴会、舞会、音乐会、鸡尾酒会等，应着礼服以示庄重。

二、金融行业男性员工西装穿着的礼仪规范

西装，也就是正装、西服，起源于欧洲，是当前国际国内通用的出席商务场合比较普遍穿着的一种服饰。银行员工统一穿着的制服就是西装，有些金融企业虽然没有统一的制服，但也会要求员工穿着正装。西装便于打造金融行业工作人员权威感、稳重感、缜密感、专业感、可信任感的形象。西装讲求"七分在做，三分在穿"，西装在穿着上有统一的模式和要求，金融行业工作人员应掌握西装穿着的礼仪规范，正确得体地穿着西装（如图2-5所示）。

（一）男士西装款式

男士西装有不同的款式，分为欧式型、美式型、英式型、日式型。西装领子主要有平驳领、戗驳领和蟹钳领几种造型，上衣扣子分为单排扣和双排扣，以单排扣为主。单排扣包括一粒扣、两粒扣、三粒扣，双排扣包括四粒扣、六粒扣等。

微课2-3

金融行业男性员工着装礼仪规范

图2-5　西装穿着的礼仪规范

正统西装都是用相同面料、色彩的布料缝制而成，分为两件套和三件套两种。两件套包括上衣、裤子，三件套包括上衣、裤子以及马甲（背心）。三件套的正装比两件套更显正式一些。

（二）男士西装穿着礼仪

男士西装穿着需要注意西装与衬衫、领带、鞋袜、皮带、公文包等配套服饰的规范，讲求以下原则，即西装"三个三"原则。

1.三色原则

穿西装时要求全身颜色限制在三种以内，包括西装上衣（马甲）、裤子、衬衫、领带、鞋子、袜子、皮带。

2.三一定律

出席正式场合着西装时，要求配套的鞋子、皮带和公文包这三样东西为同一颜色，黑色为首选。

3.三大禁忌

正式场合穿着西装，不可出现以下三种问题：第一，袖口商标不拆；第二，重要场合下，穿夹克或短袖打领带；第三，乱穿袜子。正式场合下，白色袜子或尼龙丝袜都是不能与西装搭配的。

另外，男士西装穿着配合衬衫与领带时，需注意颜色搭配，常用方式有两种：第一种，两个单色、一个图案。这是指在西服套装、衬衫、领带中，最少要有两个单色，最多一个图案。第二种，深浅交错。这是指西服套装、衬衫、领带的颜色有深色、中深色、浅色的区别，如深色西服配浅色衬衫和鲜艳、中深色领带；中深色西服配浅色衬衫和深色领带；浅色西服配中深色衬衫和深色领带。

（三）男士西装穿着要领

男士西装穿着需符合礼仪规范，注重包括上衣与裤子、衬衫、领带、鞋袜等在内的各部分的穿着要领（如图2-6所示）。

图2-6 男士仪表礼仪要点一览

1.上衣与裤子穿着要领

（1）上衣和裤子是西装制服的主体，金融行业员工宜选择深色或中深色的西装。

（2）西装上衣袖长到达手腕处为宜，伸出手臂时西装袖口应短于衬衫袖口 1.5cm 左右。

（3）衣长以垂下手时到达虎口，盖过臀部的 4/5 为宜。

（4）胸围以穿一件羊毛衫松紧适宜为好。

（5）西装上衣应紧贴衬衫并低于衬衫领口 1~1.5cm。

（6）西装应整洁、挺阔，外衣兜与裤兜不能放物品，内兜可以放物品，但是只能放轻薄的东西，保持衣装平整与裤线笔直。

（7）西装上衣及马甲组扣的问题需引起重视，不宜扣错：如果穿单排一粒扣西装，扣与不扣均可，扣上更为正式；如果是单排两粒扣西装，扣子全部不扣表示随意、轻松，扣上面一粒，表示庄重，而全扣就不合适了；如果是单排三粒扣西装，扣子全部不扣表示随意、轻松，只扣中间一扣表示正统，扣上面两粒，表示庄重，全扣也是不对的。如果是双排扣西装，可全部扣，亦可只扣上面一粒，表示轻松、时髦，但不可不扣；如果穿三件套西装，则应扣好马甲上所有的扣子，外套的扣子不扣（如图2-7、图2-8所示）。

图2-7　男士西装扣子扣法

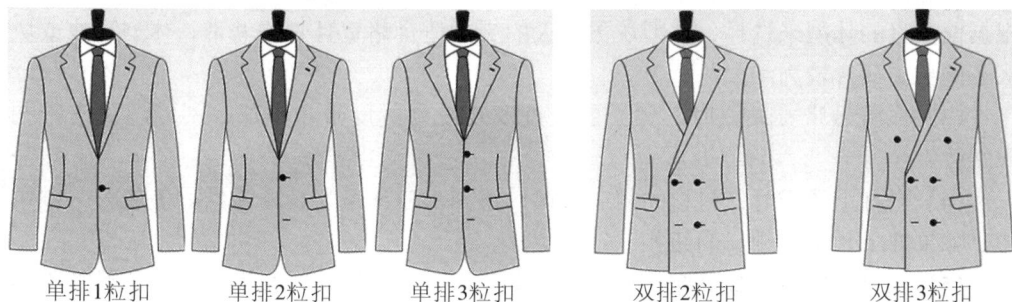

单排1粒扣　单排2粒扣　单排3粒扣　双排2粒扣　双排3粒扣

图2-8　不同款式西装扣子的扣法

2.衬衫穿着要领

（1）衬衫是制服的重要组成部分。白衬衫是男士永远的时装，金融行业员工衬衫宜首选白色，也可以是其他单色，浅蓝色为佳，灰色、棕色等也可以，还可以是较细竖条纹的，不宜选带花色图案的。

（2）衬衫需合体，可以领口大小作为衡量，以系上最上面一粒纽扣后能伸进去一个到两个手指为宜。同时，领口的领型、领口不能太夸张。

（3）衬衫需要保持平整，衬衫忌褶皱，忌未熨烫，洗后应烫平整，尤其是领口更需保持平整。

（4）衬衫领口应露出西服领口外1~1.5cm；领口处不能露出高领内衣。

（5）打领带时，衬衫的第一粒扣子必须扣上；不打领带时，衬衫的第一粒扣子则不能扣上（如图2-9所示）。

图2-9　衬衫扣子配合领带的扣法

（6）衬衫袖子不可卷起，袖子长度以抬起手臂时，袖口露出西装袖口外1.5cm左右，以保护西装的清洁。

（7）衬衫的下摆一定要塞到裤腰里。

3.领带佩戴要领

（1）领带是西装的重要配饰。领带被称为"男人的第一张名片"，也是男士服装的灵魂。

（2）领带色彩的不同、颜色的深浅、纯色或花纹的不同，会带来不同的效果；领带宽窄、长度、质地也会有不同的佩戴效果。金融行业员工宜选择颜色较深、较暗，花纹图案较简单素雅的颜色，如黑色、蓝色、灰色、棕色、紫色等颜色，细条纹、点子等图案。颜色也可是金融企业统一分发的、配合企业标识的颜色。领带宽窄长度可根据佩戴者的体型来选择，体型块头较大的男士适合略宽且长的领带，体型高瘦或块头小的男士适合较为细窄的领带。

（3）佩戴领带并站立时，领带的长度要及皮带或皮带扣中部，不能超过皮带扣下端。

（4）当打上领带时，衬衫的领口和袖口纽扣都应该系上，领带结需盖住第一颗纽扣；如果取下领带，领口的纽扣一定要解开。

（5）如果打领带，最好穿长袖衬衫，重要场合切忌短袖衬衫配领带，会显得不够正式。

（6）领带结的大小应与衬衫领口敞开的角度相配合。

（7）穿着马甲或鸡心领羊毛衫时，领带应放到马甲或羊毛衫里面，领带不能漏出马甲下边。

（8）如用领带夹，应夹在衬衫的第四与第五粒扣子中间。

4.鞋袜穿着要领

（1）鞋袜是西装穿搭中绝不可忽视的细节。黑色的皮鞋搭配任何西装都没错，浅色的皮鞋只能搭配浅色的休闲西服。

（2）西装需配制式皮鞋，如传统的系带式或围盖式，不应配休闲鞋、布鞋、运动鞋等。皮鞋需保持光亮洁净。

（3）正式场合下应穿深色的袜子，如黑色；穿白西装、白皮鞋时才能穿白袜子。

（4）选择长及小腿肚的中长袜，不然坐下后露出脚脖不合时宜；不可穿露出脚脖的短袜。

（5）重要场合下白袜子和尼龙丝袜都不能和西装搭配，应选择棉、麻、毛类的薄型线袜。

5.皮带、皮包、手表的选择与搭配要领

（1）皮带颜色以黑色为主，结合"三一定律"。

（3）皮带扣以简洁、金属色的质地为首选。

（3）皮包要简单大方，颜色结合"三一定律"。

（4）手表应选择造型简单、没有过多装饰的样式。一般将手表佩戴于左手腕。

（5）首饰要减到最少，婚戒是唯一可佩戴的首饰。

（四）领带的常用结型与系法

领带是男士服饰非常重要的一部分，作为男性的经典配饰，领带成了精英男士衣橱里出现频率最高的饰物。领带结型的选择有很多，一般有平结（四手结）、半温莎结、温莎结等，形状有所区别。金融行业从业者应选择适合的领带结系法，展现出严谨、缜密、有条理及可信任的感觉。

1.半温莎结

一般来说，半温莎结（十字结）适合中国人的脸形，也适合各种商务社交场合。半温莎结是一个形状对称的领带结，结型比温莎结小，比平结稍微宽一些，近似正三角形的结型，比平结打出来的斜三角形更庄重，如图2-10所示。

视频2-2

领带常用系法——半温莎结

图2-10　半温莎结

适用领带：适合细薄、中等厚度的领带。

适用衬衫：适合搭配浪漫的尖领和标准领口的衬衫，适合大多数衬衫。

适用场景：适合大多数场合，半正式的场合建议选用丝质领带，休闲场合建议使用粗厚的材质，能很好地平衡正式与随意。

半温莎结的系法步骤如图2-11所示：

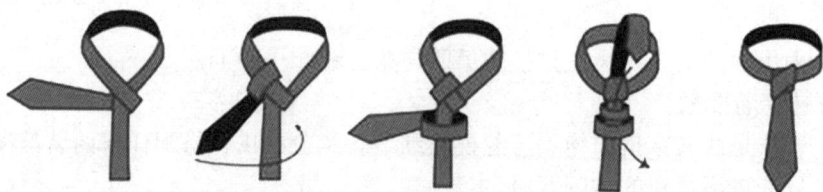

图2-11 半温莎结的系法

2.平结（四手结）

平结也叫四手结，是最常用也可以说是最经典的领带打法之一，也是最容易上手的、最简单的领带打法。这种打法风格简约，也非常方便，领结呈斜三角形，如图2-12所示。

图2-12 平结

适用领带：几乎适用于各种材质的领带；但是如果是真丝领带效果会更好，因为领结下方所形成的凹洞需让两边均匀且对称，这种凹洞一般只有质地轻薄的领带才能打得出来。

适用衬衫：适合与窄领、中宽领、小方领的衬衫搭配，适合大部分衬衫。

适用场景：基本上适合所有场合，普通上班或者日常的场合都适合，比较百搭。

平结的系法步骤如图2-13所示：

图2-13 平结的系法

3.温莎结

温莎结属于典型的英式风格，由温莎公爵而得名，是最正统的领带打法，但其步骤在几种最常用的领带打法中也是最复杂的。温莎结的打法关键在于，要在领带结的两边都绕一个圈，这样打出来的领结就会比其他领结更加饱满大气，并且形状对称，结型非常漂亮，如图2-14所示。

图2-14 温莎结

　　适用领带：比较适合质地柔软轻薄的领带以及宽领带或者中宽领带，这样打出来的温莎结不会太大。

　　适用衬衫：适合宽领、意大利领口的衬衫。

　　适用场景：特别适合正式的商务场合或政治场合，日常生活中少用。

　　温莎结的系法步骤如图2-15所示：

图2-15　温莎结的系法

知识拓展2-5

其他领带结型与系法

　　1.双交叉结

　　双交叉结也是一款难度较大的领带系法。但是这种交叉并双环的系法系出来的结会非常敦实，让人有种高雅且隆重的感觉，适合出席正式场合的时候使用。双交叉结的系法如图2-16所示。

图2-16　双交叉结的系法

　　2.马车夫结

　　马车夫结流行于18世纪末的英国马夫中，领结会非常紧，却又易于调整长度。适合厚面料的领带，是针织衫学院风的黄金搭配。马车夫结的系法如图2-17所示。

图2-17　马车夫结的系法

　　3.亚伯特王子结

　　亚伯特王子结系出来的结型体积虽小，但是形状灵巧，看上去略微倾斜却又扎实。这种结型是在平结基础上多绕一圈的系法。亚伯特王子结的系法如图2-18所示。

图2-18　亚伯特王子结的系法

4.交叉结

交叉结难度较高，但是成品非常漂亮有型。这种系法系出的结会有一道分割线，领结的这个"酒窝"会非常深。交叉结的系法如图2-19所示。

图2-19　交叉结的系法

5.浪漫结

浪漫结的线条非常柔美，是一种完美的结型，给人整洁、浪漫的印象。这种领带系法的特别之处在于，它可以自由调节长度，窄边的位置也可以左右微调。浪漫结的系法如图2-20所示。

图2-20　浪漫结的系法

资料来源：律新社. 十种经典领带打法［EB/OL］.［2021-10-11］. http://www.gzkyz.com.cn/article/124505.html.有删减。

模拟演练2-3

领带系法的模拟演练

任务：以小组为单位，按照半温莎结、平结等结型的系法步骤进行打领带的实操演练。

要求：通过实训，掌握男士领带半温莎结和平结的基本操作步骤与技巧；本着结合个人体貌特征情况因地制宜、勤加练习的原则进行打领带练习；自我检查并与小组成员检查相结合，教师指导与点评。

三、金融行业女性员工套装穿着的礼仪规范

微课2-4

西装，最初是为男士们设计的，随着女性在职场上发挥越发重要的作用，于是产生了女士西装。女士西装的设计也是从男士西装上得到灵感，逐步演化为色彩更丰富、剪裁更多样、线条简洁利落、风格更多样的现代女士西装，既能体现干练、优雅、多样化的女性气质，又能体现专业、沉稳、职业化的中性气质。西装讲求"七分在做，三分在穿"，女性穿着西装同样具有礼仪规范，金融行业女性员工应掌握相关礼仪规范，正确得体地穿着西装。

金融行业女性员工着装礼仪规范

（一）女士套装款式

女士西装也称作职业套装，职业套装有两种款式，分别是裙装与裤装，如图2-21所示。裙装比裤装更为正式与隆重，适合一般正式场合和较重要的社交场合。裤装比裙装更便于行动与工作，且保暖性相对好，因此很多银行网点的前台工作人员在进行日常工作的时候会着裤装，而有其他正式场合的时候会着裙装。

无论是裙装还是裤装，上身都需着西装上衣，套装上身有时也包括一件马甲。上装扣子一般分一粒扣、两粒扣、三粒扣等。多数套装是上衣、裙子、裤子组成的两件套或三件套。而银行女员工的制服套装往往包含了马甲的部分，在气温较高的时候，马甲起到防止走光、方便工作、便于清洁、打造企业整体形象等作用。

套裙有两种搭配款式：成套型或标准型的套裙是由同一材质、颜色的西装上衣（马甲）与西裙组成的；随意型的套裙是由西装上衣与西裙组成的，套裙上下身部分是自由搭配组合的，颜色、材质不尽相同。

图2-21　女士套装

（二）女士套装穿着礼仪

女士套装穿着需要注意套装与衬衫、鞋、袜、丝巾、头花等配套服饰的礼仪规范，讲求"四不准""六不露""四大禁忌"等原则。

1."四不准"原则。女士着套装时，不准出现以下情况：第一，用色不准过分杂乱，全身颜色不准多于三种。第二，颜色不准过分鲜艳。第三，尺寸不准过分短小紧身。过短的裙子、过瘦的裤脚、过分掐腰的上装款式都是不合适的；第四，厚薄不准

过分透视。正式场合下，内衣不能透过薄透衬衫被看到。一般夏装衬衫过薄应穿马甲，而衬衫最多只能打开第一粒纽扣。

2."六不露"原则。金融行业工作场所着装不可过分暴露，因为不雅观，也不礼貌，不符合金融行业着装规范。"六不露"指的是不暴露胸部、肩部、腰部、背部、脚趾、脚跟。不穿砍袖服装暴露肩部，不穿凉鞋、鱼嘴鞋等暴露脚趾、脚跟。

3.四大禁忌。正式场合穿着套装，切忌出现以下四种问题：第一，裙、鞋、袜不搭。颜色不搭、材质不搭、款式不搭都是不适宜的。第二，光腿或穿渔网袜配职业套裙。裙装必须搭配丝袜，切忌光腿，也切忌穿错了袜子。第三，穿成"三截腿"。当裙子过短且穿戴长度仅到小腿或膝盖的中筒袜、低筒袜时，就会形成"三截腿"的视觉效果，不美观且不符合规范。第四，正装配皮裙。套装一般采用棉、毛、麻等面料，虽然上下身可以材质颜色适当搭配、自由组合，但是皮质是不可选的材质，皮裙也尤为不雅致。

另外，女士套装需要注意套装颜色的选择，以及配合衬衫、丝巾的颜色搭配。女士职业套装常用的颜色以冷色调为主，如中灰色、藏青色等；如果是有图案的面料，应选择朴素而简洁的图案，如隐格、窄条纹等。衬衫以浅色为宜，常用白色。如果套装为纯色，也可通过丝巾等进行颜色点缀。

（三）女士套装穿着要领

女士套装穿着需符合礼仪规范，注重包括上衣与裙子（裤子）、衬衫、丝巾、鞋袜等在内的各部分的穿着要领，如图2-22所示。

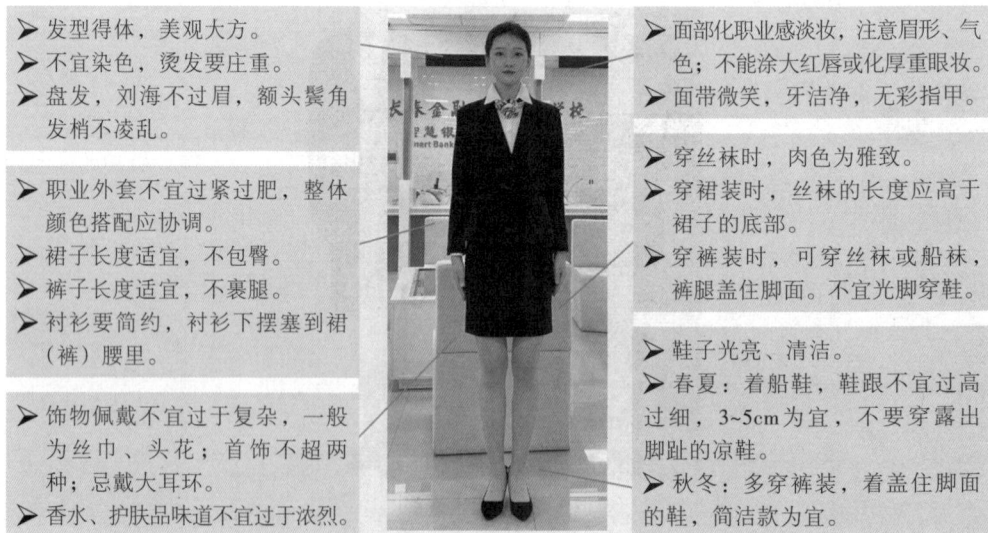

➤ 发型得体，美观大方。
➤ 不宜染色，烫发要庄重。
➤ 盘发，刘海不过眉，额头鬓角发梢不凌乱。

➤ 职业外套不宜过紧过肥，整体颜色搭配应协调。
➤ 裙子长度适宜，不包臀。
➤ 裤子长度适宜，不裹腿。
➤ 衬衫要简约，衬衫下摆塞到裙（裤）腰里。

➤ 饰物佩戴不宜过于复杂，一般为丝巾、头花；首饰不超两种；忌戴大耳环。
➤ 香水、护肤品味道不宜过于浓烈。

➤ 面部化职业感淡妆，注意眉形、气色；不能涂大红唇或化厚重眼妆。
➤ 面带微笑，牙洁净，无彩指甲。

➤ 穿丝袜时，肉色为雅致。
➤ 穿裙装时，丝袜的长度应高于裙子的底部。
➤ 穿裤装时，可穿丝袜或船袜，裤腿盖住脚面。不宜光脚穿鞋。

➤ 鞋子光亮、清洁。
➤ 春夏：着船鞋，鞋跟不宜过高过细，3~5cm为宜，不要穿露出脚趾的凉鞋。
➤ 秋冬：多穿裤装，着盖住脚面的鞋，简洁款为宜。

图2-22　女士仪表礼仪要点一览

1.上衣与裙子（裤子）穿着要领

（1）上衣和裙子（裤子）是套装制服的主体，整体版型以H型最为正式。金融行业女性员工宜选择深色或中深色的套装。

（2）西装上衣不可过紧，注意衣长与肩宽。衣长以手臂举过头顶时衣角下面不露出衬衫为宜，肩宽需合体，不影响手臂动作。

（3）袖长宜盖住手腕为宜。伸出手臂时，上衣袖口短于衬衫袖口1.5cm左右为宜。

（4）上衣不可过分掐腰，胸围以扣扣子后胸前有一拳间距为宜。

（5）套装上衣领口低于衬衫领口1~1.5cm为宜。

（6）裙长长度需适宜，避免过长或过短，长度在膝盖上下10cm左右为宜，最多不超过15cm。裙子同样不可过紧，不能穿包臀裙，宜选择方便行动的较宽松垂坠的版型。

（7）套装裤装需选择筒型的版型，不可将年轻女士衣橱里经常有的黑色紧身裤、细脚裤、喇叭裤、九分裤、吊腿裤等用来作为套装裤子的替代品。裤装同样不要出现明显包腿的效果。裤长以盖过鞋跟的2/3为宜。

（8）套装整体应整洁，忌褶皱。

（9）西装上衣及马甲纽扣的问题与男士西装有所不同，一般将上装纽扣全部扣上为宜，马甲纽扣必须都扣上，如图2-23所示。

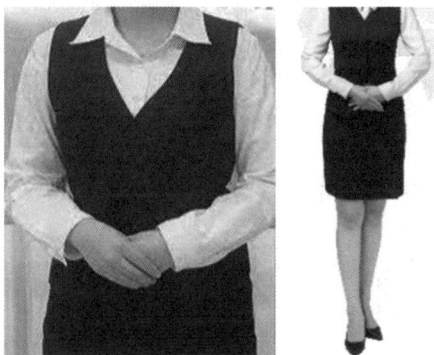

图2-23　女士西装马甲穿着

2.衬衫穿着要领

（1）衬衫是套装制服的重要组成部分。金融行业女性员工衬衫宜选择浅色，首选白色，也可以是其他单色，如淡蓝色等。近年来可以在有些银行的窗口服务员工的身上见到非白色衬衫的身影，这既是丰富女性员工制服多样性与雅致度的做法，也是给客户留下深刻印象、提升金融企业整体形象的宣传。

（2）衬衫需合体，可以领口大小作为衡量，以系上最上面一粒纽扣后能伸进去一个到两个手指为宜。

（3）衬衫的款式特别需要注意。生活中，白衬衫就是女士衣柜里的常用单品，穿着不同风格的白衬衫可以营造出不同的感觉，无论是学院风、甜美风，还是御姐范儿或小萝莉的造型中，都少不了白衬衫的功劳。白衬衫的造型可以说是五花八门，但是金融行业女性员工在工作场合穿着的白衬衫必须遵循礼仪规范，选择衬衫时特别要注意衬衫的配饰、领口、扣子等部分，需选择没有自带配饰的纯色素版的简约款衬衫；领口不宜过大，需选择尖领，非圆领，且领口不能带装饰；扣子应为普通纽扣，不可选择带花纹图案、带钻、带珍珠等的款式。

（4）衬衫需要保持平整，衬衫忌褶皱，洗后应烫平，尤其是领口需保持平整。

（5）衬衫领口露出上装领口1~1.5cm为宜；领口处不能露出高领内衣。

（6）衬衫袖子不可卷起，袖子长度以抬起手臂时，袖口露出西装袖口外1.5cm左右为宜，以保持西装的清洁。

（7）穿裙装时，衬衫的下摆一定要塞到裙腰里；穿裤装时，衬衫的下摆一般都要塞到裤腰里，更显精神。下摆为圆角的衬衫可以不塞，但塞到裤腰里为宜。

3.袜子穿着要领

（1）女士穿裙装应当配长筒丝袜或连裤袜，颜色以肉色、黑色为主，夏季宜选肉色，秋冬可以选黑色，并根据温度情况选择不同的厚度。肉色长筒丝袜配长裙、旗袍最为得体。

（2）丝袜不可有破损。如果夏天穿丝袜，建议包里要多备一套丝袜，以防不小心被钩破，不甚雅观。

（3）配裙装时，不可光腿不穿丝袜，不可穿渔网袜，不要穿往下掉的丝袜。尤其要注意，女士不能在公共场合整理自己的长筒袜，而且袜口不能低于裙摆，不能露在裙摆外边。

（4）女士穿裤装应穿袜子。如果穿的是盖住脚面的鞋子，里面穿同色系中长袜即可；如果穿的是露出脚面的船鞋，不宜光脚，可穿短款丝袜或船袜等。

4.鞋子穿着要领

（1）女士套装应配皮鞋，不可为亮光的漆皮皮鞋。鞋子款式应简约、大方，鞋面保持整洁干净，装饰物不宜过多。

（2）鞋的颜色不要过于鲜艳，颜色应与衣服下摆一致或再深一些。鞋的颜色首选黑色，商务场合也可为其他中性颜色，如藏青、灰、褐等颜色，不推荐穿红、粉红、玫瑰红、黄等颜色。

（3）在比较正式的工作场合，女士宜穿传统的船型皮鞋（如图2-24所示），并配裙装。

（4）一般工作场合，女士穿裤装时，可选择盖住脚面的盖式皮鞋（如图2-25所示）。

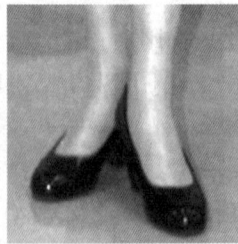

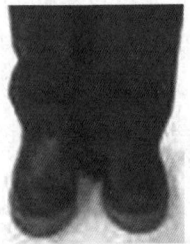

图2-24　女士船鞋　　　　　　　　　图2-25　女士盖式皮鞋

（5）鞋跟不要太高或太细或有破损，鞋跟高度以3～5cm为宜。

（6）正式的场合不能穿凉鞋、后跟用带子系住的鞋或露脚趾、脚跟的鞋。

（7）裙装不可配靴子。

5.丝巾、首饰、发网的选择与搭配要领

（1）银行员工的丝巾为统一发放的款式，具有银行代表色或标志的图案等，用于搭配银行制服套装时佩戴；搭配其他套装时，丝巾图案选择较多，可根据TPO原则进行佩戴。

（2）丝巾结打在领口处，佩戴哪种丝巾结型可根据衬衫领口、个人脸型、脖长或网点统一要求来选择。佩戴丝巾时，衬衫第一粒扣子是否扣上根据结型来选择，如三角巾结宜不扣第一粒扣子，这样会显得更为大气；蔷薇花结宜扣第一粒扣子，会显得更加精神。

（3）金融行业女性员工可佩戴首饰，但是种类不宜过多，以少为佳，注意同色同质等原则。佩戴戒指需注意手指寓意，不可佩戴过于夸张的款式；佩戴项链宜选择较细的款式，不可招摇，注意脸型搭配；佩戴耳饰宜选择贴耳式的小型耳饰。

（4）如在较正式场合下选择盘发，宜将发髻置于发网（头花）内。金融行业女性员工宜选择深色系或企业制定的统一颜色的发网，且款式应尽量简约，没有过多装饰。

（5）手表应选择造型简单、没有过多装饰的样式。一般将手表佩戴于左手，这样可以减少磨损，方便工作。

（四）丝巾的常用结型与系法

丝巾作为银行女性员工的标准配饰，可以提升气质与形象，也是女士日常生活与其他商务场合中的点缀神器。丝巾的款式很多，银行常用的是边长为55cm左右的方形丝巾。丝巾的结型选择有很多种，以常用的方巾为例，一般有三角巾结、小平结、蔷薇花结等，形状有所区别。金融行业女性员工应选择适合的丝巾结打法，展现出专业、亲和、可信任的感觉。

1.三角巾结

三角巾结的系法简单，一般看到就能系出来，使用也较为广泛，如图2-26所示。

图2-26　三角巾结

三角巾结的技巧：金融行业员工打三角巾结的时候宜将结型紧贴于领口，不宜过于松垮且三角部分不宜大。

三角巾结的系法步骤如图2-27所示。

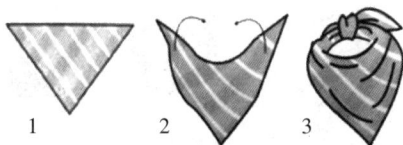

图2-27　三角巾结的系法

视频2-5

丝巾常用系法——三角巾结

第一步，将方巾对折，沿着长边向对角滚两圈，保证对角留在外面但又不过分大。

第二步，将折好的丝巾围在衬衫领子下面。

第三步，在领子后面系起来并将系扣压在衬衫领子下面，调整前面露出三角的高度，不宜过大。丝巾下角置于中间或偏向一个方向都是可以的。

2.小平结

小平结的系法是很多结型的基础，简单而言，就是系两个结，使用较为广泛，如图2-28所示。

小平结的技巧：要想留下较好的专业印象，最好不要将方巾折得过细，要折得宽一点。

小平结的系法步骤如图2-29所示。

视频2-6

丝巾常用系法
——小平结

图2-28　小平结

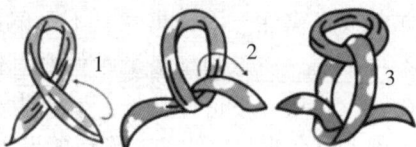

图2-29　小平结的系法

第一步，将方巾对折，折成合适的宽度。

第二步，围在衬衫领口下方系一个活结。

第三步，再系一个活结，成为平结，整理好即可。注意需要留有一定的伸缩空间，不可将结型系成死扣。

3.蔷薇花结

蔷薇花结是一种花型结，可以提升气质，是颇具女人味的一种结型，日常使用较多，如图2-30所示。

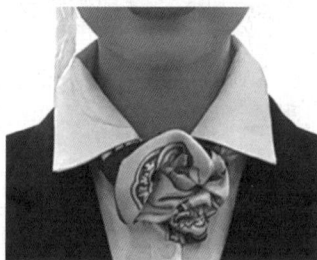

图2-30　蔷薇花结

蔷薇花结的技巧：系这种结型的时候，方巾材质不可太硬、太厚；适合颈部修长的女性，颈部较短可以系在胸前；与 V 领搭配时可以柔化 V 领的线条。

蔷薇花结的系法步骤如图2-31所示。

视频2-7

丝巾常用系法
——蔷薇花结

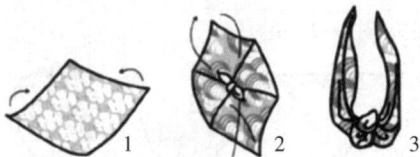

图2-31　蔷薇花结的系法

第一步，将丝巾两个对角打一个死结，尽量小一点。

第二步，右边的丝巾从结下穿过去，左边的丝巾角也从结下穿过去，两边同时慢慢拉。

第三步，拉到最后成为一朵花型，对花型进行调整，使其更稳固、更精美。

第四步，固定花朵，并将左边两边的丝巾向两个方向旋转为麻花状，压到衬衫领子下面，在后方系上小平结。

4.其他结型

以上三种结型是金融行业女性员工经常选择的款式。除此以外，职场与生活中常见的丝巾结型还包括小领带结、金鱼结、牛仔结、蝴蝶结、平衡结、V字结、法国结等，这些结型效果不尽相同，但如果搭配得当，都可为女士的服装增色。这些结型可作为职场女性的点缀，无论是配合衬衫或是单独系在脖子上，都可呈现出提升气质的美感。

视频2-8

丝巾常用系法
——小领带结

模拟演练2-4

丝巾系法的模拟演练

任务： 以小组为单位，按照小平结、蔷薇花结等结型的系法步骤进行打丝巾结的实操演练。

要求： 通过实训，掌握女士丝巾小平结、蔷薇花结的基本操作步骤与技巧；本着结合个人体貌特征情况因地制宜、勤加练习的原则进行打丝巾结练习；自我检查并与小组成员检查相结合，教师指导与点评。

知识拓展2-6

金融行业员工仪表礼仪易错点

结合历届学生面试、实习等情况，回顾总结出以下仪表礼仪容易出现的高频错误，同时也是金融行业员工仪表礼仪易错点，具体如下：

1.男士

（1）头发过长；染色烫发过于明显。

（2）没有每天剃须；嘴唇干燥（裂）。

（3）穿正装时，衬衫没有塞进裤腰。

（4）打领带时领带结没有盖住第一颗扣子；不打领带时没有解开第一颗扣子。

（5）正装外套扣子扣错（如把正装扣子都扣上了）。

2.女士

（1）头发刘海过长、盘发不够整齐，碎头发凌乱或有"须子"；染色过于明显。

（2）妆容不是职业淡妆，而是浓妆（如浓重眼妆、浓重睫毛、彩色美瞳、大红唇）。

（3）耳饰过于明显夸张（如大耳环、耳链）。

（4）穿正装时，普通款衬衫没有塞进裤腰（裙腰）。

（5）正装太紧身；裙装太包臀、太短（膝上下10cm左右为宜）。

（6）鞋跟过高、过细、过尖；光脚（光腿）穿鞋。

四、实践训练

（一）实训内容

金融行业工作人员服饰礼仪实践训练——男女西装的穿着及丝巾/领带的系法。

（二）实训目标

1.素质目标：具备尊重他人的工作态度、关注细节的职业素养。

2.知识目标：能熟练地掌握职业正装的穿着及包袋、鞋袜、饰物的搭配方法。

3.能力目标：会根据服饰着装的原则，正确进行职业正装的穿搭。

（三）实训步骤

1.2～5人为一组，以小组为单位。请同学们提前整理自己的仪容，并穿着正装来到课堂。

2.各小组内对每位同学的仪表礼仪进行挑错，包括仪容与服饰两部分。重点检视正装穿着中出现的问题，并及时更正。

3.现场演练女士丝巾及男士领带的系法，组内互相帮助调整。

4.课堂展示与教师点评相结合。

项目小结

1.仪表，即人的外表，是一个人精神面貌、文化教养、气质内涵、审美品位的外在体现。仪表礼仪则是指一个人的仪表要与他的年龄、体型、职业和所在的场合吻合，表现出一种和谐的美感，以增进互相的好感。仪表礼仪由仪容礼仪与服饰礼仪组成。仪表礼仪的本质是内外兼修。金融行业仪表礼仪要求整洁大方、端庄得体、和谐自然、扬长避短。

2.仪容是一个人的外观容貌，它是由发式、面容以及所有未被服饰遮掩、暴露在外的肌肤构成。仪容礼仪是对自己的外在形象，如头部、脸部等进行整体形象设计和修饰。金融行业仪容礼仪就是金融行业员工对发、肤、容貌进行得体修饰的礼仪，包括男女员工发型要求、化妆要求、身体其他部分要求等内容。

3.金融行业员工服装与配饰穿戴应遵循TPO原则、和谐得体的原则等。金融行业男员工西装穿着及女员工套装穿着都有明确的礼仪规范，如男士西装应遵循"三个三"原则，女士应遵循"四不准"原则等。男女员工也应分别遵守西服/套装穿着的要领，从正装选择、饰物佩戴、穿着规范等各方面体现服饰礼仪，避免出现穿着不当、不宜、不雅或错误的情况。

4.男士领带与女士丝巾是搭配西服/套装的常用配饰。领带、丝巾具有不同的系法，从业者需要了解和适当掌握。

项目训练

■ 基础知识训练

一、单项选择题

1.正式场合下，女士的发型以（　　）为宜。

A.打结　　　　　　B.拧绳　　　　　　C.盘发　　　　　　D.发辫

2.男士应养成（　　）修面剃须的好习惯。

A.每天　　　　　　B.1～2天　　　　　C.2～3天　　　　　D.看情况

3.仪表礼仪要求男士以（　　　）字为原则，女士以（　　　）字为原则。

A.洁；雅　　　　　B.洁；丽　　　　　C.型；雅　　　　　D.型；丽

4.以下哪项满足金融行业工作人员的发型要求？（　　　）

A.不宜染发　　　　　　　　　　B.男士头发不宜超过7cm，可以剃光头

C.女士的烫发款式可以随意选择　　D.工作场合，女士可以披肩发

5.以下符合仪表礼仪要求的是（　　　）。

A.吃有刺激性气味的食品，如韭菜、大蒜

B.彩色的指甲

C.嘴唇干裂

D.室内不戴墨镜

6.穿着正装时，以下符合礼仪规范的是（　　　）。

A.女士佩戴大大的耳环　　　　　　B.男士领带长度超过腰带

C.衬衫袖子长于正装袖子约1.5cm　　D.女士光脚穿正装鞋

7.在商务礼仪中，男士西服如果是两粒扣子，那么扣的正确系法是（　　　）。

A.两粒都系　　　B.系上面第一粒　　　C.系下面一粒　　　D.随意系

8.金融行业女性员工在穿着正装时，应注意（　　　）。

A.鞋跟不要太高太细，高度3～5cm为宜

B.不能穿凉鞋，但是可以穿露脚趾的鞋

C.裙装应配肉色或者白色的长筒丝袜

D.正装裙可以穿得短一点

9.男士穿西装在国际要求中应遵守的"三一定律"是指（　　　）。

A.上衣、裤子、腰带同色　　　　　　B.领带、鞋子、袜子同色

C.鞋子、领带、公文包同色　　　　　D.鞋子、腰带、公文包同色

10.女性员工的职业装是从哪种衣服演化而来的？（　　　）

A.礼服　　　　　B.便装　　　　　C.男士西服　　　　　D.旗袍

11.男士穿着西装时，衬衫的第一颗扣子怎么系？（　　　）

A.戴领带的时候，必须系　　　　　　B.戴领带的时候，必须不能系

C.不戴领带的时候，必须系　　　　　D.不戴领带的时候，可系可不系

二、多项选择题

1.金融行业对男性员工的发型要求的"三不原则"指的是（　　　）。

A.前发不遮眉　　　B.侧发不掩耳　　　C.后发不及领　　　D.中发不过长

2.金融行业对男性员工仪容礼仪的要求包括（　　　）。

A.剃须修面　　　B.擦唇膏　　　C.擦口红　　　D.职业淡妆

3.服饰礼仪要求我们要遵守"TPO"原则，"TPO"指的是（　　　）。

A.时间　　　　　B.地点　　　　　C.身份　　　　　D.场合

4.商务交往中佩戴首饰的原则是（　　　）。

A.符合身份　　　B.以少为佳　　　C.同质同色　　　D.符合习俗

5.以下关于西装穿着的描述不符合金融行业工作人员礼仪规范的是（　　　）。

A.领带花型卡通

B.衬衫放在西裤外

C.三粒扣的西服，只扣最上面一粒

D.上装灰色西装套装，脚配白色皮鞋、肉色丝袜

E.西服的上衣袋内鼓鼓囊囊

三、判断题

1.金融行业女性员工需要化妆，浓妆淡妆根据工作场合而定。（　　）

2.金融行业女性员工在化职业妆的时候，为了提亮肤色，可以使用大红色的口红。（　　）

3.仪表礼仪本质是内外兼修。（　　）

4.仪表即人的外表，精神面貌、文化教养、气质内涵、审美品位的外在体现。（　　）

5.仪表由天然形象和外饰形象构成，即仪容、服饰两大部分。（　　）

6.穿着西装时，衬衣的下摆需要塞到裤腰里。（　　）

7.男士穿着西装时，袜子可以选择舒服的白色运动袜。（　　）

8.如果打领带，最好穿长袖衬衫，重要场合忌讳短袖衬衫配领带，会显得不够正式。（　　）

■ **实践操作训练**

【场景演练】仪表礼仪练习

某高校大三的多位学生在学校安排下到某银行实习，他们当中有男有女，小丽和小明被安排到同一网点实习，实习岗位是大堂经理。第一天上班，他们非常兴奋，小丽穿着正装短裙并画了一个美美的时尚妆容，小明也穿了正装，还穿了一双舒服的球鞋，他们就这样开始了一天的工作。晚上下班时，领导对他们说："你俩很刻苦，也很有灵性，但是请你们明天来上班的时候能够注意一下你们的仪表仪容。这是对顾客的尊重，也对你们实习有帮助"。小丽和小明知道是自己的着装不够规范，于是回到宿舍后，跟各自的室友开始了仪容服饰修饰的练习。

【演练说明】

目标：通过情景演练更好地训练学生遵守仪表礼仪规范，加深对仪容礼仪与服饰礼仪的印象。通过练习，熟练掌握金融行业员工的仪表礼仪规范，避免发生仪表礼仪的高频错误。

任务：（1）请参照以上案例情景进行仪容服饰礼仪的演练。

（2）互相观摩，互相分析与讨论，互相就化妆前后、着装前后给予评分。小组互评与教师点评相结合。

要求：（1）请每位同学积极参与，认真对待，以小组为单位，每组2～5人，分角色扮演。

（2）准备好职业淡妆所需的化妆品，准备好正装及配饰。

（3）对照镜子观察自己的面部及五官，完成适合的职业淡妆。

（4）化好妆，穿好衣服后，对照镜子进行仪表检视。

项目三
金融行业员工的仪态礼仪

学习目标

思政育人目标：

★培养文明、和谐的价值取向。

★培养学生良好的个人礼仪修养。

★培养学生的团队协作精神、创新精神；具备责任意识与效率意识。

★培养学生严于律己、关注细节的职业精神。

知识目标：

★理解仪态礼仪的含义及其在金融服务中的价值。

★掌握站姿、走姿、坐姿、蹲姿的标准及规范。

★掌握金融行业员工服务过程中手势的运用及规范。

★掌握金融行业员工表情礼仪的运用及规范。

技能目标：

★能够根据金融行业对员工站姿、走姿、坐姿、蹲姿及手势等的基本要求，调整好自己的仪态。

★能够优雅得体、正确地表达和运用仪态礼仪。

★能够掌握仪态的动作要领，纠正自己的不良姿态。

★能够学会运用眼神、目光和微笑。

项目思维导图

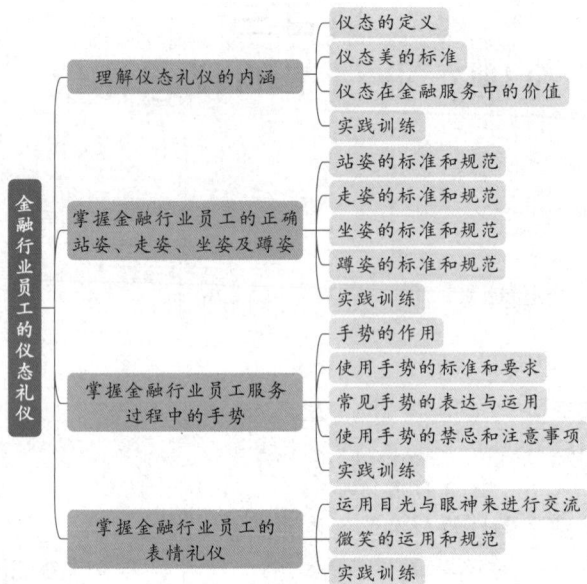

案例1：刘小敏和赵萌是××银行同期入职的实习生，目前主要是在大堂为客户提供业务引导和咨询等服务。刘小敏发现，顾客和行里的同事似乎都对赵萌青睐有加，赵萌每天都忙得不亦乐乎，而自己却备受冷落，不怎么受欢迎。于是，她向银行的师傅寻求帮助。

师傅微笑着对刘小敏说："你终于来问我了，我觉得问题可能出在你的站姿上，你在大堂站着的时候有些驼背，而且与客户对话时还喜欢倚着填单台，这样的站姿显得你无精打采，影响了你的职业形象。"刘小敏这才恍然大悟，决心要加强对自身仪态的管理。

（资料来源：王丹，曾磊. 金融服务礼仪［M］. 北京：经济科学出版社，2020.）

案例2：林洁是一家上市公司的财务经理，一天中午，她去单位附近的一家银行办理个人转账汇款业务。

可能由于是午休时间，银行只开了两个对私业务的窗口，暂时也没有顾客在办理业务。林洁看了一下，1号窗口是位女员工，正偷偷地对着镜子擦着自己的嘴，估计是刚吃过午饭，林洁不好意思上前打扰。来到2号窗口，她看到一位男员工，正悠着腿靠在工作椅上左右旋转，还不时扭动着脖子，貌似在做颈部运动。林洁说："您好，我想办理转账汇款业务。"只见那位男员工停止了转动，头也没抬，只是把手一伸说："身份证、银行卡。"林洁拿出了自己的身份证和银行卡……整个过程中，林洁注意到，这位男员工几乎没有抬头看过她一眼。匆匆办理完手续后，林洁心想：难怪最近部门里的出纳从银行回来之后总是不断地抱怨，以后公司的各项资金周转还是尽量少在这里办理吧。每天看着这样的柜员，心情也不会好啊。

（资料来源：王华. 金融服务礼仪［M］. 北京：高等教育出版社，2014.）

仪态是身体展示出的一种姿态，是一种无声的语言，让人们从视觉中感受信息。通过观察对方的肢体动作和表情，可以感受到对方的精神状态和内心世界。对金融工作人员来说，在日常工作中所展示出的仪态，如一面镜子，反映着个人的姿态和风度，展现着个人的涵养和职业形象。服务过程中的举手投足、一颦一笑都会被客户尽收眼底，构成客户对你的印象。因此金融工作人员应当做好仪态管理，通过良好的仪态展示，为自己赢得更多的信任和机会。本项目将围绕仪态礼仪的内涵，金融行业员工的正确站姿、走姿、坐姿及蹲姿，金融行业员工服务过程中的手势，金融行业员工的表情礼仪四个方面进行详细阐述。

任务一　　　　理解仪态礼仪的内涵

一、仪态的定义

仪态是指人在行为中的姿势和风度。姿势是人的身体所呈现的样子；风度则是人的气质的外部表现。这些外部表现就是个人在品质、知识、能力等方面的真实流露。简言之，仪态是人们在交往活动中所表现出来的各种姿态，有时候也称为举止、姿态，它包括站姿、走姿、坐姿、蹲姿、手势和表情。

仪态礼仪就是在日常工作、生活中，个人的行为举止应当遵循的原则和规范。不同国家、不同民族及不同的社会历史背景，对不同阶层、特殊群体的仪态都有着不同的要求和标准。不同场合对仪态也有着不同的要求和标准，甚至对性别、年龄、身份不同的人的仪态也有不同的要求和标准。本项目主要讨论的是金融行业工作人员的仪态礼仪规范。

二、仪态美的标准

1.文明得体

文明得体是指金融行业员工的仪态要讲究礼貌、体现修养，不要当着客户的面擤鼻涕、掏耳朵、剔牙齿、修指甲、打呵欠、咳嗽等。虽然是一些细节，但它们却能影响客户对你的总体印象。

2.自然大方

自然大方是指金融行业员工的仪态要具有亲和力，不装腔作势或矫揉造作。良好的仪态能够潜移默化地给人愉悦舒适的感受，从而对服务产生信赖之感。

3.体现尊重

体现尊重是指金融行业员工的仪态举止要能够传达对客户的尊重之情。讲究仪态的目的并不是让客户欣赏某个服务人员多么美丽，而是通过优雅得体的仪态举止让客户感受到被尊重。

4.男女有别

对男性和女性金融工作者的仪态要求是有所区别的。男性要体现阳刚之美，举止动作要有力度，能够展现出男性刚劲、自信、英勇的气概。女性则要体现阴柔之美，举止动作更强调优雅得体，能够展现出女性的端庄、温柔、轻盈、娴静之感。

思政小课堂

思政目标：具备良好的个人形象修养，培养严于律己、关注细节的职业精神。

思政案例：仪态美的典范——周恩来总理

周恩来总理堪称仪态美的典范。青年时代他在南开中学读书，南开中学教学楼的镜子上印着"镜铭"：面必净、发必理、衣必整、纽必结；头容正、肩容平、胸容宽、背容直；气象勿傲、勿暴、勿怠；颜色宜和、宜静、宜庄。

周恩来总理自年轻时就按"镜铭"上的要求去做，加强修养，努力做到仪态美，在半个多世纪的革命生涯中，形成了被称为"周恩来风格"的体态语，可谓"一颦一笑尽感人，举手投足皆潇洒"，给人以不可抗拒的吸引力。

英籍华裔女作家韩素音曾经赞美周恩来总理是十分富有魅力的领导人。美国前国务卿基辛格也称赞周恩来总理是既机智又具有个人魅力的人。

（资料来源：赵永生. 大学生礼仪［M］. 北京：冶金工业出版社，2008.有修改.）

思政意义及反思：

周总理的气质、风度、仪表和举止，传承了中华民族上下五千年优良的传统文化。周总理之所以具有这样的人格魅力，首先是由于他具有高尚的品德、卓越的思想和才华，以及他对中华人民共和国所做的杰出贡献。而他的风度、气质，以及他的仪表和言谈举止，也给世人留下了难以忘怀的记忆。党的二十大报告提出，"弘扬以伟大建党精神为源头的精神谱系"，"我们必须坚定历史自信、文化自信，坚持古为今用、推陈出新，把马克思主义思想精髓同中华优秀传统文化精华贯通起来、同人民群众日用而不觉的共同价值观念融通起来"。周恩来总理是中国共产党人的杰出楷模，是我们学习的榜样。

三、仪态在金融服务中的价值

（一）优雅的仪态提升服务品质

一个人的行为举止不仅能体现其美观与否，更重要的是能够体现出一个人的道德修养、文化水平、职业态度等。优雅得体的仪态能够给客户带来美的享受，提升服务质量。在一些强调服务品质和档次的企业，服务人员优雅的仪态尤为重要。

（二）得体的仪态能够弥补服务中的不足

在与客户的接触中，有时可能会因为一个小小的得体举止就会赢得客户的信赖和理解，即便是在业务办理中出现了一些小的失误，仍然能够获得客户的谅解，弥补服务中的不足。

回想本项目开篇第二个案例，当林洁走到2号窗口办理业务时，看到男性柜员跷着二郎腿坐在椅子上转圈、扭脖子，肯定会产生糟糕的印象，接下来办理业务的过程中，其实就是客户观察、寻找服务纰漏的过程，因为一开始已经感觉不舒服了，如果在接下来办理业务的过程中再出现瑕疵和错误，客户无论如何都不会谅解，这也正好给了客户一个表达不满的机会。

（三）恰当的仪态能够增进双方的沟通

恰当的仪态常常能够带给客户积极美好的暗示。例如，当客户经理引导客户进入会议室时，客户经理始终走在客户左前方 1.5 米处，走到会议室的门口，先推开会议室的门进去，然后用左手扶住门把手，右手用规范的前摆式手势邀请客户进入，想必客户会自然而然地感受到被尊重，带着这种愉快的心情继续沟通会令接下来的交流更加顺畅。

由此可见，仪态这种无声语言有时比有声语言更重要，视觉的影响力往往是非常大的。金融行业员工的举止会最先映入客户眼帘，形成一种深刻印象。因此，金融行业很重视员工仪态礼仪的培养，要求其正确地站、走、坐、蹲，使用规范的手势以及控制好面部表情。

四、实践训练

（一）实训内容

举例生活中你认为仪态美的人并说明原因。

（二）实训目标

1.素质目标：具备一定的审美能力，具有文明、和谐的价值取向和良好的个人礼仪修养。

2.知识目标：能掌握仪态美的标准。

3.能力目标：能够识别仪态美的特点，具备一定的鉴赏力。

（三）实训步骤

1.以小组为单位，8～10人为一组，举例生活中你认为仪态美的人并说明原因。

2.以小组为单位总结仪态美所具有的特点，派一名组员在班级内分享。

3.教师对汇报结果进行点评与总结。

知识拓展3-1

"站如松、坐如钟、行如风、卧如弓"的内涵

"站如松、坐如钟、行如风、卧如弓"，在中国传统文化中，这四种姿态也是被古人所称道的，体现在日常生活中，是善于养生、很有修养的样子；在修炼中，则体现出威仪肃穆、修炼有素的形象。

站如松，确切地讲，说的是站桩的要求，尤其是在道家的修炼功法中，便于弟子理解，站如松柏，立地有根基、挺拔、不动摇。

坐如钟，是指在打坐时的状态，像钟一样身体中间是空的，坐那儿还稳稳的。如何才能做到这一点呢？身体得保持挺直，坐着脊柱好像都感觉不到了，身体内似乎都空了，而全身还是松而不懈的状态。

行如风，则是指走路生风。同时也是说，修炼者要正道直行，目不斜视，不被五色五音所干扰。

卧如弓，即睡觉的时候像弓一样侧卧，不仅使肌肉得到了放松，身体的脉络也容易保持连通的状态，而仰卧时有些经脉则是不通的。孔子也说不尸卧。他把仰卧说成

是"尸卧"，像尸体一样躺着，听起来就感觉不好。而药王孙思邈也从养生的角度谈到了"屈膝侧卧，益人气力，胜正偃［yǎn］卧。按孔子不尸卧，故曰睡不厌蹙［cù］，觉不厌舒"。

　　资料来源：佚名．站如松坐如钟行如风卧如弓是什么意思？［EB/OL］［2020-09-14］．http：//www.coozhi.com/shenghuojiaju/shenghuochangshi/140255.html.

任务二　　掌握金融行业员工的正确站姿、走姿、坐姿及蹲姿

一、站姿的标准和规范

站姿是一种最基本的姿态，也是一种静态的姿态。站姿是优美仪态的起点，因此，无论在什么场合，金融行业员工都应当"站有站相"。

（一）标准站姿

标准站姿的要求是端正、庄重且具有稳定性。站立时，从正面看，应以鼻为点向地面做垂直线，人体在垂直线两侧对称，表情自然明朗。

具体要求：全身笔直，精神饱满，两眼平视前方，目不斜视，面带微笑，两肩平齐，两臂自然下垂，手掌轻贴大腿两侧，两脚跟并拢，两脚尖张开45°~60°，呈"V"字形，身体重心落于双腿正中，肌肉略有收缩感（如图3-1所示）；从侧面看，双眼平视，下颚微收，挺胸收腹，腰背挺直，中指贴裤缝，整个身体庄重挺拔（如图3-2所示）。

图3-1　标准站姿正面　　　　　　　　图3-2　标准站姿侧面

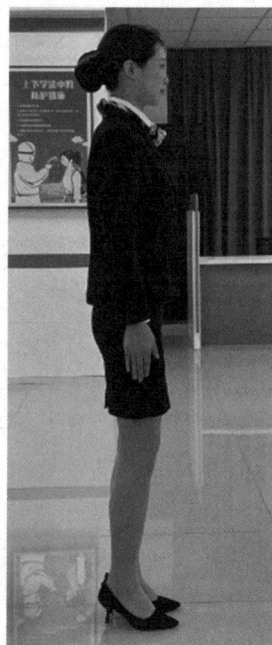

由于性别不同，男性员工和女性员工在站立时，展现出的美感是不同的，表现在其手位与脚位有时会存在一些不同。在金融行业中还可以根据不同的情境和场合，变换站姿，但同样需要遵循大方自然、端庄得体的原则，并且要符合自身的特点。

不同站姿所反映的心理特征

心理学测定得出：双腿并站立者，给人的印象是可靠、脚踏实地而且忠厚老实，但表面上有时显得有点冷漠；两腿分开尺余，脚尖略朝外的站姿，表现出站立者果断、任性，富有进取心，不装腔作势；双腿并脚站，一脚稍后，两脚平置地面，则体现出站立者有雄心，性格暴躁，是个积极进取、极富有冒险精神的人；站立时一脚直立，另一脚则弯置其后，以脚尖触地，则说明站立者情绪非常不稳定，变化多端，喜欢刺激与挑战。

资料来源：作者根据相关资料整理。

（二）女性站姿

女性员工在站立时，要注意表现出女性轻盈、娴静、典雅的韵味，要努力给人一种"静"的优美感。特别是女性在站立时双腿要尽量并拢，在任何时候都不能分腿站立。以下是在金融服务中，女性员工常见的几种站姿：

1.服务站姿

在标准站姿的基础上，手位可以变换成双手交叠放置的方式。具体来讲，在站立时，双手虎口相交叠放于小腹前（注意不要贴在小腹上），右手在前左手在后，手掌尽量舒展，双手呈自然的弧度，不能僵硬地叠放在一起，手指不能外翘（如图3-3所示）。脚位可以根据服务环境和情形采用"小八"字步或"丁"字步。"小八"字步的具体脚位是双脚跟并拢，脚尖分开夹角为15°~45°。"丁"字步是在"小八"字步的基础上，将左脚跟放在右脚左侧面1/2处，两脚之间的夹角为15°~45°（如图3-4所示）。

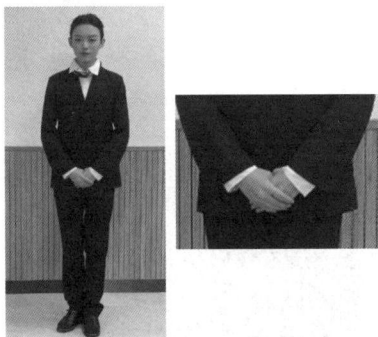

图3-3　女性服务站姿

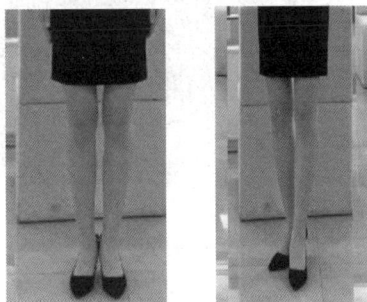

图3-4　女性"小八"字步和"丁"字步

2.礼宾站姿

在服务站姿的基础上，双手交叠式的手型保持不变，手位向上移，放于腰际，手指可以顶到肚脐处，双手贴成自然弧度、不僵硬；脚位可以采用"小八"字步或"丁"字步（如图3-5所示）。"丁"字步适合正式场合，因为站立时双腿中间不会有缝隙，完美地修饰了腿型，看上去会比较漂亮，所以礼宾站姿更推荐"丁"字步。

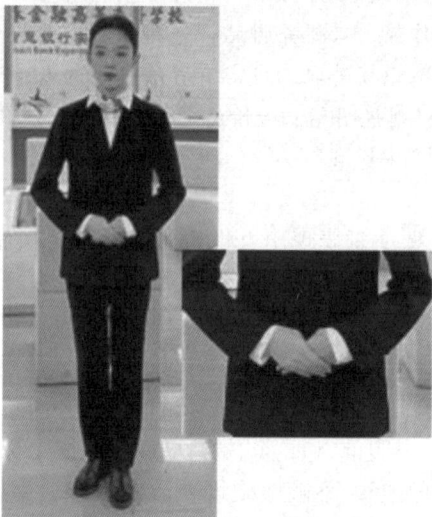

图3-5　女性礼宾站姿

3.交流站姿

在服务站姿或礼宾站姿的基础上，对手位进行调整，右手轻握左手放于腰际，手指自然弯曲，这样的站姿看上去比较轻松自然，但又不过分随意；脚位可采用"小八"字步，更显亲切自然（如图3-6所示）。

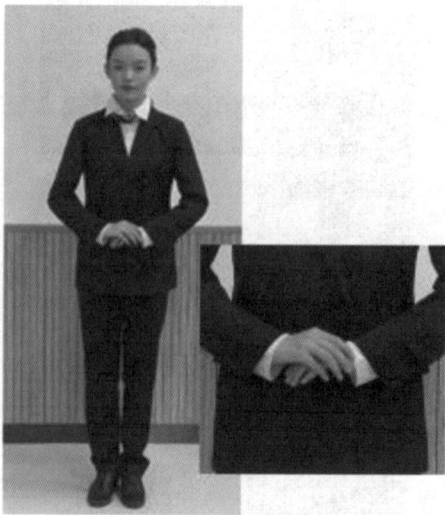

图3-6　女性交流站姿

（三）男性站姿

男性员工在站立时，要注意表现出男性刚健、潇洒、英武、强壮的风采，给人一种壮美感。男性员工在站立时根据不同的服务环境，双腿可打开一定的距离，但不能超过肩宽。以下是金融服务中男性员工常见的三种站姿：

1.服务站姿

男性的服务站姿与标准站姿相同，站立时脊柱、后背挺直，双肩下沉，双臂放松，自然下垂于体侧，五指并拢，中指与裤缝对准；双腿并拢，注意腿部肌肉收紧，双脚跟并拢，脚尖展开呈"V"字形，方能展现出男性的刚劲挺拔（如图3-7所示）。

2.礼宾站姿

在标准站姿的基础上，男性双手需在身后交叉，右手搭在左手上放置于腰际处，双腿分开，双脚平行放置，注意不要超过肩宽，脚尖向前（如图3-8所示）。

3.交流站姿

在礼宾站姿的基础上，保持双腿打开，双脚平行放置不变，左手握住右手手腕处放置于身体前方（如图3-9所示）。这种站姿会传达给人一种专业有素的感觉。

图3-7　男性服务站姿　　　图3-8　男性礼宾站姿　　　图3-9　男性交流站姿

（四）不良的站姿

金融行业员工在工作岗位上如果出现了不当的站姿，会有损个人形象，甚至会导致与客户交流受阻。因此，金融工作者应时刻严格要求自己，避免出现以下不良站姿：

1.含胸驼背

含胸驼背会给人一种萎靡不振的感觉。穿上再漂亮的衣服，站得不够挺拔，衣服看上去也不会好看，尤其穿职业装的时候，优美的体态配以职业的服装才能够相得益彰。站立时不要过于随便，驼背、塌腰、耸肩、含胸都将影响站姿的美观。

2.趴伏倚靠

在站立时，随便趴在一个地方，伏在某处左顾右盼，或是将身体倚靠在柱子、墙壁、桌子旁，都会显得精神涣散。除非身体情况不允许，否则不要借助外力站立，健康明朗的形象才符合客户的期待。

3.小动作不断

站立时要控制无意识的小动作。例如，一些女性员工喜欢在与客户交谈时不自觉地摆弄衣角、玩弄头发，殊不知这样的动作在工作场合会显得不够端庄和职业。再比如把双手抱在胸前，这样的动作往往有消极、防御等意思，很难让交谈对象感觉亲切放松。还有诸如玩笔、摆弄手指动作等，都会有损形象。

4.双腿大开

女性在站立时决不能将双腿分开，这种姿态不仅给人不拘小节、大大咧咧的印象，还会显得很没有职业素养。男性在站立时可将双腿分开，但要注意打开的距离不要过大，应不超过肩宽，同时需要注意脚尖向前，否则会给人一种放荡不羁的感觉。

5.浑身乱动

在站立时，是允许略作体位变动的，但不宜频繁地变动体位，尤其要避免出现抖动双腿或晃动身体的动作。浑身乱动、腿脚抖来抖去会使一个人的站姿变得十分难看。

知识拓展3-3

站姿训练的途径和方法

仪态是人们在成长过程和生活环境中长期形成的，具有习惯性的特点，而且一旦形成就很难改变，重视培养良好的习惯非常重要。而仪态的基础是站姿，良好的站姿可以使自己的仪态举止更加优雅。

通过科学、积极和循序渐进的方式形成良好仪态的方法有：

（1）采用靠墙站立和两人一组站立的方式，进行站立动作的持久性和稳定性练习。

①靠墙站立练习要求：脚跟、小腿、臀部、双肩、后脑勺都紧贴墙壁，每次坚持15～20分钟，练习站立动作的稳定性。

②两人一组练习要求：背靠背，双方的臀部、肩背、后脑勺为接触点，每次坚持15～20分钟，练习站立动作的稳定性。

（2）面对训练镜的练习是站姿的综合性训练，要求在正确的站姿基础上结合脸部表情练习（重点是微笑），通过训练镜完善整体站姿。在练习的过程中，要注意肌肉张弛的协调性，强调挺胸立腰，呼吸自然均衡，面带微笑。同时，注意站立时要以标准的站姿感觉为基础，进行整体规范动作训练。

在不良站姿的矫正过程中，应注意站立时保持身体挺拔，首先是身体肌肉做到既紧张又放松，如头顶上悬、肩下沉、腹肌与臀肌形成夹力，髋上提，脚趾等协调配合。

模拟演练3-1

站姿展示

任务：以小组为单位，对四种站姿（标准站姿、服务站姿、礼宾站姿和交流站姿）进行练习。

要求：通过实训，掌握四种站姿的具体规范，注意各种站姿手位和脚位的不同。自我检查与小组成员检查相结合，教师指导与点评。

二、走姿的标准和规范

走姿是站姿的延续，体现的是一种动态的美。我们对走姿的要求是"行如风"，即走起路来像风一样轻盈，行走动作连贯，从容稳健。工作中正确地运用标准走姿，是给人留下美好印象的关键之一。

（一）标准走姿

在行走时，上身基本保持站立的标准姿势，挺胸收腹，腰背笔直，面带微笑，双臂以肩关节为轴，前后自然摆动，前摆向里约35°，后摆向后约15°，肘关节略弯曲，手掌朝向体内，手指自然弯曲，起步时身子稍向前倾，重心落前脚掌，膝盖伸直，脚尖向正前方伸出，女士行走时线迹要成为一条线，而男士行走时线迹要成为两条平行线。除此之外，行走中，男性和女性员工的姿态和要求也有所不同。男女的差异主要体现为步幅、步高、步速的不同（如图3-10所示）。

图3-10　男女标准走姿正面

1.步幅

步幅一般是指前脚脚跟与后脚脚尖之间的距离，一般约为一个脚长，性别不同和身高不同会有一定差异。男士穿西服时，走路的步幅可略大些，以体现出挺拔、优雅的风度；女士着套裙、旗袍和中高跟鞋时，步幅宜小些，以免显得不雅（如图3-11

所示)。

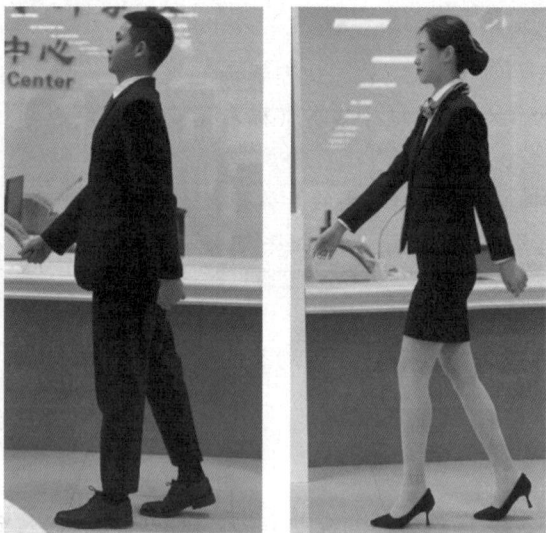

图3-11　男士和女士标准走姿侧面

2.步高

步高指行走时脚抬起的高度。行走时,脚不宜过高,也不宜过低。

3.步速

步速即行走速度,男士一般为110步/分钟左右,女士为120步/分钟左右。如遇急事,可加快步速,但不能奔跑。

(二) 不同场合走姿的变化

作为金融行业员工,在掌握标准走姿的基础上,还须掌握陪同引导、上下楼梯、变向行走、进出电梯、出入房门、搀扶帮助等不同场合的变化走姿(以下主要介绍前三种)。

1.陪同引导

陪同引导是指在陪伴别人一同行进的过程中为对方引路或带路。金融服务人员在自己的工作岗位上服务客户时,经常有陪同或引导客户的机会,陪同引导客户时,通常应注意以下四点:

(1) 自己所处方位。当客户不熟悉行进方向时,一般不应请其先行,同时也不应让其走在外侧。若双方并排行进,金融行业员工应居于左侧;若双方前后行进,则金融服务人员应居于左前方约一米的位置。

(2) 协调的行进速度。在陪同引导客人时,行进的速度须与对方相协调,切勿我行我素,走得太快或太慢。

(3) 及时地关照、提醒。陪同引导客户时,一定要处处以对方为中心。每当经过角、楼梯或照明欠佳之处时,须关照、提醒对方留意,绝不可以不吭一声,而让对方茫然无知或不知所措。

(4) 适时变换体位。陪同引导客人时,应灵活、适时地变换一些特殊体位。请对方开始行进时,应先面向对方,稍许欠身;在行进中与对方交谈或答复其提问时,应将头部、上身转向对方。

2.上下楼梯

上下比较高的楼梯时，金融行业员工应特别注意以下三点：

（1）要减少在楼梯上的停留时间。楼梯是人来人往之处，所以不要停在楼梯上休息、站在楼梯上与人交谈或是在楼梯上慢慢悠悠地行进。

（2）要坚持"右上右下"原则。上下楼梯时，均不准并排行走，而应当自右侧上及自右侧下。这样一来，有急事的人，便可以在左侧快速通过。

（3）要注意礼让客户。上下楼梯时，千万不要同服务对象抢行，出于礼貌，可请对方先行。当陪同引导客人时，上下楼梯则应自己先行。

3.变向行走

变向行走，指的就是在行进之中变换自己的方向。在行进时，金融行业员工应根据具体情况变换自己的行进方向。常见的变向行走主要包括后退、侧行、前行转身、后退转身等。

（1）后退。扭头就走是失礼的，可采用先面向交往对象后退几步方才转身离去的做法。通常面向他人宜至少退两三步。后退时步幅宜小，脚宜轻擦地面。转体时，应身先头后。先转头或头与身同时转向，均为不妥。

（2）侧行。在行进时，有两种情况需要侧身而行：一是与同行者交谈或引导来宾时，具体做法是，上身宜转向交谈对象，距对方较远一侧的肩部朝前，距对方较近一侧的肩部稍后，身体与对方身体之间保持一定的距离。二是与他人狭路相逢时，宜两肩一前一后，胸部转向对方，而不应背向对方，以示礼貌。

（3）前行转身，即在向前行进过程中转身而行。它分为两种：一是前行右转。在前行中向右转身，应以左脚掌为轴心，左右脚落地时，向右转体90°的同时迈出右脚。二是前行左转。与前行右转相反，在前行中向左转身，应以右脚掌为轴心，在右脚落地时，向左转体90°，同时迈出左脚。

（4）后退转身，即在后退过程中转身而行。它分为三种：一是后退右转。先退行几步后，以左脚掌为轴心，向右转体90°，同时向右迈出右脚。二是后退左转。先退行几步后，以右脚掌为轴心，向左转体90°，同时向左迈出左脚。三是后退后转。先退几步，以左脚为轴心，向右转体180°，然后迈出右脚；或是以右脚为轴心，向左转体180°，然后迈出左脚。

（三）不良的走姿

很多人认为走是一个运动过程，不像站、坐那么引人注目，因此常常忽视走路时的姿态。金融行业员工应始终严格要求自己，杜绝出现以下不良走姿：

1.手臂摆幅不当

走路时，要注意手臂摆动的幅度，不能夹着手臂走动。手臂摆动时，肩膀不要左右摇晃，也不要把手抱在胸前或是倒背着双手走路。

2.走路不抬脚

走路的时候不要不抬脚，脚步拖拉在地上，这是一种很消极的身体语言。如果在工作场合，做出这种消极的姿态很容易给同事或客户不良的感觉，使大家不愿意与你接近。同时，也不能低着头或是耷拉着眼皮走路，这同样不是一种积极的感觉。

3.脚步过重

走路时要因场地而及时调整脚步的轻重缓急，不能把地板踩得"咚咚"作响。无论遇到多么紧急的事情，也不能体现在脚步的重量上，可以用提高步伐频率的方法来加快速度。女性穿高跟鞋时尤其要注意，防止鞋跟踩在地面声音过大。

4.双腿叉开过大

女性不要叉开双腿走路，那样会显得很粗鲁，走路时应尽量走直线。在家练习时，可以地板的接缝作为参照线，双脚落在线的两边，并不是完全踩在线上，用脚的内侧贴近直线即可，速度要均匀，不能走得过快。

知识拓展3-4

走姿训练的途径和方法

通过镜前训练，掌握正确的行走方法，矫正不良的走姿并用头顶书本的方式练习，增强行走的稳定性，循序渐进地培养优美的走姿。

训练1：通过训练镜矫正不良走姿。

走路切忌内八字步和外八字步；忌弯腰驼背、歪肩膀。走路时不可大甩手，扭腰摆臀，大摇大摆，左顾右盼；双腿不要过于弯曲或走曲线；步子大小适宜，不要过大或过小；不要后脚跟拖在地面上或双手插在裤兜中行走。可以利用训练镜矫正以上不良走姿。

训练2：行走稳定性练习。

在保持正确站姿的基础上，两臂侧平举，头顶一本书，先慢后快地练习，增强行走的稳定性，并及时矫正不良的走姿。我们可以试着将一本书放在头顶上，放稳后再松手。接着把双手放在身体两侧，用前脚慢慢地从基本站立姿势起步走。这样虽有点不自然，但却是一种很有效的方法，关键是走路时要摆动大腿关节部位，而不是膝关节，这样才能使步伐轻盈。

训练3：通过训练镜练习，增强动作和表情的协调性。

加强练习者上下肢动作的协调配合，同时结合面部表情进行训练。在走姿练习过程中，无论朝哪个方向行走，都应注意形体的变化，应做到先转身、后转头，以达到整体动作的完美协调。

模拟演练3-2

不同场合的走姿展示

任务：以小组为单位，根据陪同引导、进出楼梯两个场景进行走姿的展示。

要求：通过实训，掌握走姿在不同场合的变化。自我检查与小组成员检查相结合，教师指导与点评。

视频 3-2

坐姿的标准
和规范

三、坐姿的标准和规范

坐姿是金融服务工作中非常重要的姿势和举止。坐的动作多种多样，不同的坐姿可以展现不同的形象。良好的坐姿给人以优雅、庄重的印象，让客户产生被尊重的感觉。端庄优美的坐姿会赋予人文雅、稳重、自然大方的美感。

（一）标准坐姿

1.坐姿的总体要求

坐姿是可以变化的，但原则上要端坐：上体自然垂直，双肩放松并保持水平，双臂自然弯曲，双手放在双腿上，掌心向下，挺胸、立腰，双腿弯曲，双膝并拢，双脚平落地上。当与客户交谈时，可以将上身略向前倾，体现出积极主动交流的意愿。男女因性别的不同，坐姿也是有所区别的。在正式场合，男士应保持"坐如钟"的姿势，给人一种四平八稳的感觉（如图3-12所示）。而女士的坐姿应随时保持阴柔之美，就座时要缓而轻，如清风徐来，给人以美感（如图3-13所示）。

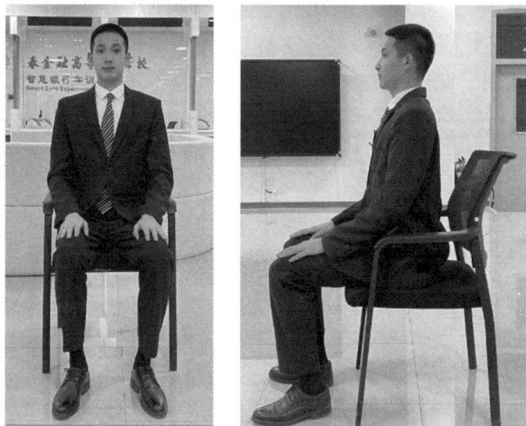

图3-12　男士标准坐姿

女士坐姿的基本要求：右手在上、左手在下，双手叠放于大腿上；大腿、小腿必须并拢、伸直（如图3-14所示）。若女性穿着裙装，应在就座前从后面抚顺一下裙子再坐下。

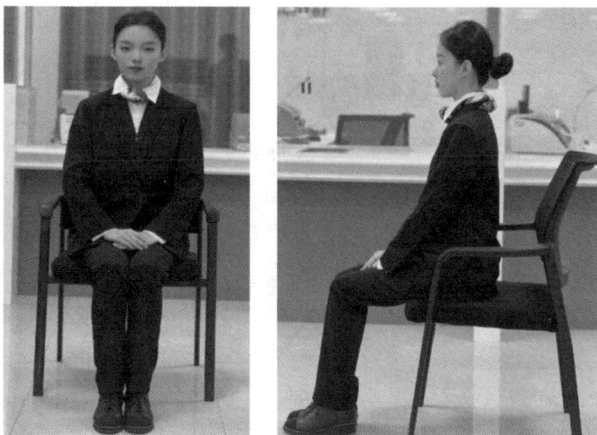

图3-13　女士标准坐姿

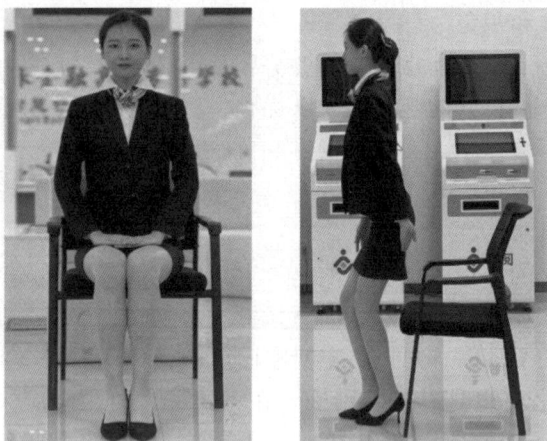

图3-14 女士穿着裙装就座

男士坐姿的基本要求：双腿之间可适当留有间隙，要略比肩窄；双腿自然弯曲，两脚平落地面，不宜前伸。在日常交往场合，男性可以适当跷腿，但不可跷得过高或抖动（如图3-15所示）。

图3-15 男士坐姿

坐姿还包括入座、离座等过程。

2.金融行业员工入座的要求

金融行业员工入座时应遵循以下规范：

（1）在他人之后就座。出于礼貌，应在他人之后入座，或与对方同时入座。若对方是自己的客户，一定要先请对方入座，切勿抢先入座。

（2）在合"礼"之处就座。与他人同时就座时，应当注意座位的尊卑，并且主动将上座让于人。在公共场合，要想坐在别人身旁，还须先征得对方的同意。

（3）从座位左侧就座。若条件允许，就座时最好从座椅的左侧入座。这样做是一种礼貌，而且易于就座。

（4）落座时要做到轻、缓、稳。落座时声音要轻，坐下的动作要缓，稳稳坐下，尽量不要使座椅乱响、噪声扰人。

（5）在座椅适当处就座。落座后，应坐在椅子的2/3处，不要坐满整个椅子，也不要坐在椅子边上。

（6）以背部接近座椅。在他人面前就座，最好背对着自己的座椅，这样就不至于背对着对方。得体的做法是：先侧身走近座椅，背对其站立，右腿后退一点，以小腿确认一下座椅的位置，然后随势坐下（如图3-16所示）。必要时，可以用一只手扶座椅的把手。

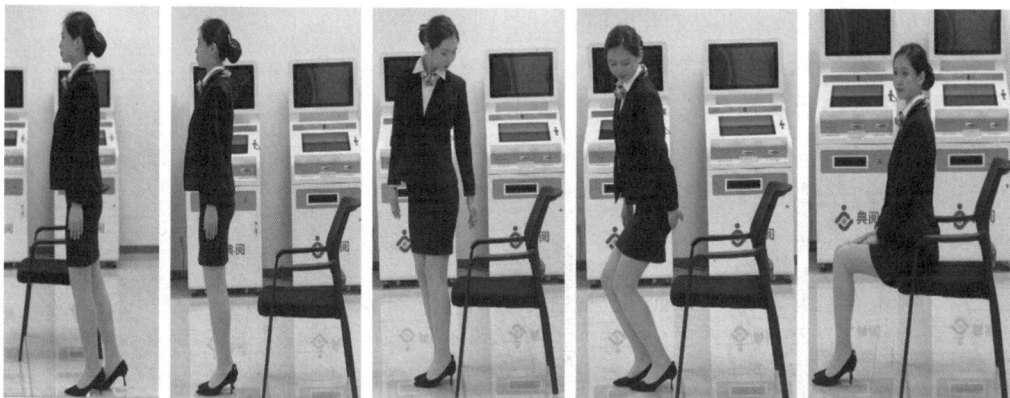

图3-16　入座流程

（7）坐下后调整体位。为使自己坐得舒适，可在坐下之后调整一下体位或整理一下衣服。但是这一动作不可与就座同时进行。

（8）落座后的手位。落座后，女性员工应右手在上、左手在下，叠放于大腿上；男性员工要将双手分别放在大腿上。如果体前有桌子，女性员工可以将双手叠放于桌子上（如图3-17所示），男性员工则可将双手十指交叉后放在桌面上（如图3-18所示）。需要注意的是，将小臂的1/2放于桌面上即可，放置桌面部分过多，会有趴伏的感觉。

3.金融行业员工离座的要求

（1）先有表示。离开座椅时，身旁如有人在座，须以语言或动作向其先示意，随后方可站起身来。突然站起来，有时会使旁人受到惊扰。

图3-17　女性员工桌面手位

图3-18　男性员工桌面手位

（2）注意先后。与他人同时离座，须注意起身的先后次序。地位低于对方时，应稍后离座；地位高于对方时，则可首先离座；双方身份相似时，可以同时起身离座。

（3）缓慢起身。起身离座时，最好动作轻缓，无声无息，尤其要避免"拖泥带水"，弄响座椅，或将椅垫、椅罩弄掉。

（4）站好再走。离开座椅后，先要采用"基本的站姿"。站定之后，方可离去。要是起身便跑，或是离座与走开同时进行，则会显得过于匆忙。

（5）从左离开。有可能时，起身后，宜从左侧离去。与左入一样，左出也是一种礼节（如图3-19所示）。

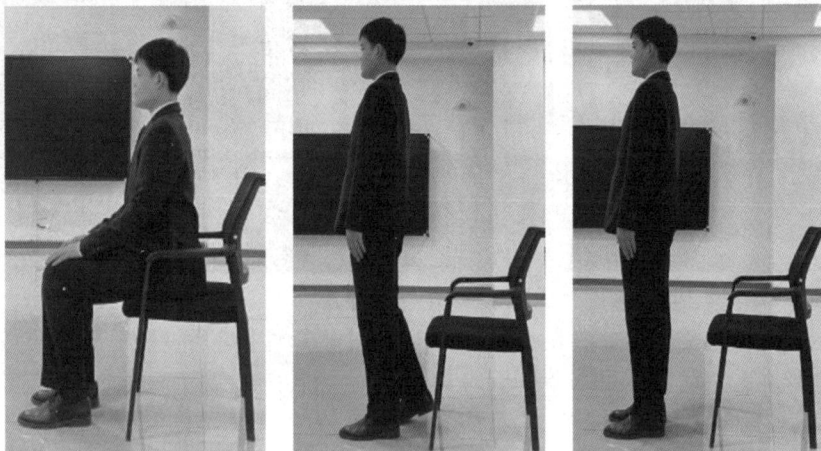

图3-19　离座流程

知识拓展3-5

不同坐姿所反映的心理特征

心理专家认为：坐时跷起一条腿的人显示出他相当自信，任何私人问题或烦恼都不能使其困扰，信心形之于外；坐时双腿并拢、双脚平放地上的人则表现出坦率、开放和诚实的特征，有守时的习惯，喜欢有规律的生活，按照时间表行事会觉得比较自在；坐时双腿前伸并在脚部交叉，则反映出坐者希望成为中心人物，比较保守，凡事喜欢求稳；坐时一脚盘在另一脚下，则显示出个性独特，喜欢受人注目，有创新力；坐时两腿并拢，两脚分开大半尺，则说明坐者对周围事物非常敏感，观察细致，深谙人情世故，能体贴别人，也能谅解别人；坐时双脚交叉，一脚勾在另一脚后，则显示出坐者招人喜爱，非常有人缘，个性好静，容易与别人相处，不善炫耀或虚饰；坐下后习惯摸下巴的人，往往情绪不安，猜疑心较重；坐下来就不断抓头发的人，性子较急，喜欢速战速决；坐下后喜欢由下往上摸额头的人，能言善辩，说服力强。了解由无声语言——"坐姿"所传递出的不同信息，将对我们产生不同的影响。

　　金融行业工作人员掌握坐姿所传递出的不同信息，有助于控制自己的不良举止和了解服务对象的心理状态。

（二）常见的几种变化坐姿及要领

1.正坐式

这是传统意义上的坐姿，适用于大部分场合，尤其是正规场合。

要领：上身与大腿、大腿与小腿、小腿与地面，都应当成直角。双膝、双脚按男女一般性坐姿要求适度放置（如图3-20所示）。

2.双腿斜放式

此坐姿适用于女性，适用场合非常广泛。

要领：双腿完全并拢，平行斜放至一侧，斜放后的腿部与地面约呈45°夹角，双手虎口相交轻握放在腿上（如图3-21所示）。

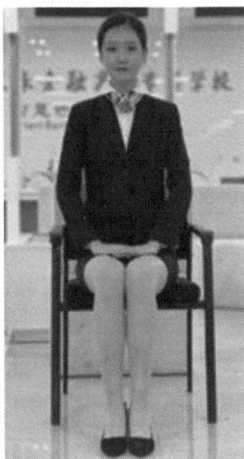

图3-20　正坐式　　　　　　　　　图3-21　双腿斜放式

3.前伸后屈式

这是男女均可采用的一种坐姿。

要领：双腿适度并拢，一腿向前伸出，另一腿向后收，两脚脚掌着地（如图3-22所示）。

4.双脚交叉式

这也是常用的一种坐姿。

要领：双脚交叉。交叉后的双脚可以内收，也可以斜放，但不宜向前方远远直伸出去（如图3-23所示）。

5.双腿叠放式

此坐姿一般适用于女性。女性着裙装时采用这种坐姿较为优雅。

要领：双腿一上一下交叠在一起，两腿之间没有间隙，双腿或斜放于左侧，或斜放于右侧，腿部与地面约呈45°夹角，叠放在上面的脚尖垂向地面（如图3-24所示）。

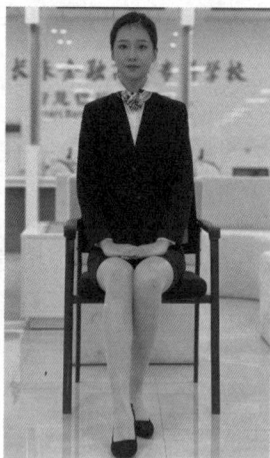

图3-22 前伸后屈式　　　图3-23 双脚交叉式　　　图3-24 双腿叠放式

（三）不良坐姿

就座时，金融行业员工一定要遵守律己敬人的基本规定，应避免以下几种不良坐姿：

1.双腿叉开过大

面对客户时，双腿如果叉开过大，不论是大腿叉开还是小腿叉开，都极其不雅。

2.架腿方式欠妥

落座后将一条小腿架在另一条大腿上，两者之间还留出大大的空隙，成为所谓的"架二郎腿"，就显得过于放肆了。

3.双腿直伸出去

坐下后，不宜将双腿直挺挺地伸向前方。那样做不仅可能有碍于人，而且有碍观瞻。身前若有桌子，双腿尽量不要伸到外面来。

4.将腿放在桌椅上

金融行业员工在工作岗位上要是将腿放在桌椅上，会给人留下极为不佳的印象。一条腿或双腿盘坐于座椅上，亦为不当的坐姿。

5.腿部抖动、摇晃

坐在别人面前，反复地抖动或摇晃自己的腿部，不仅会令他人心烦意乱，而且会给人以极不安稳的印象。

6.将手夹在两腿间

个别人坐下来之后，喜欢将双手夹在两腿之间，这一动作会令其显得胆怯或害羞。

知识拓展3-6

坐姿训练的途径和方法

1.背对训练镜，练习入座前的动作

入座时，走到座位前面再转身，之后右脚向后退半步，最后轻稳地落座。动作要求轻盈舒缓，从容自如。

2.面对训练镜，练习入座前的动作

以站在座位的左侧为例，先左脚向前迈出一步，右脚跟上并向右侧迈出一步到座位前，左腿并右腿，接着右脚向后退半步，轻稳落座；入座后右腿并左腿端坐，双手虎口处交叉，右手在上，轻放在一侧的大腿上。

3.练习入座后的端坐姿势

要求在保持正确坐姿的基础上，配合面部表情，体现坐姿的直立感、稳定性等（男女各按要求练习）。

4.坐姿腿部的造型训练

在上身姿势正确的基础上，练习腿部的造型，强调女性双腿不能分开，可以用一张小纸片夹在双膝间，做到起坐时不掉下。男士练习两腿开合动作；女士练习平行步、丁字步、小叠步的动作。要求动作变换轻、快、稳，给人以端庄大方、舒适自然之感。

5.离座动作训练

离座起立时，右腿先向后退半步，然后上体直立站起，收右腿。从左侧还原到入座前的位置。

模拟演练3-3

坐姿展示

任务：男女生分别以小组为单位，练习入座和离座的流程以及坐姿的变化。

要求：通过实训，掌握入座和离座的流程、注意事项以及不同坐姿手位和脚位的变化。自我检查与小组成员检查相结合，教师指导与点评。

四、蹲姿的标准和规范

蹲姿是由站立姿势变化而来的相对静止的体态。蹲姿是金融行业员工在比较特殊的情况下所采用的一种暂时性的体态，能体现出其教养和风度。蹲姿在工作和生活中虽用得不多，却最容易出错。想要不失优雅地蹲下身去，展现出自然、大方的形象，就要了解蹲姿的礼仪。

（一）标准蹲姿

1.蹲姿的总体要求

蹲姿要文雅，上体尽量保持正直，两腿合力支撑身体，靠紧向下蹲。保持"三平两直"，即头平、眼平、肩平；颈直、腰直。女士无论采取哪种蹲姿，都要将腿靠紧，绝不能留有缝隙。蹲下时，应举止自然、得体、大方、不造作（如图3-25所示）。

2.优雅蹲姿的要领

（1）捡拾地上的物品时，可站在所取物品的旁边，然后屈膝下蹲，物品在哪一侧就将哪一侧的腿放低，用这边的手去拾物品，另一侧的手放在同侧膝盖上。注意不要低头，也不要弓背，慢慢地将腰部低下；两腿合力支撑身体，掌握好身体的重心，臀部向下。

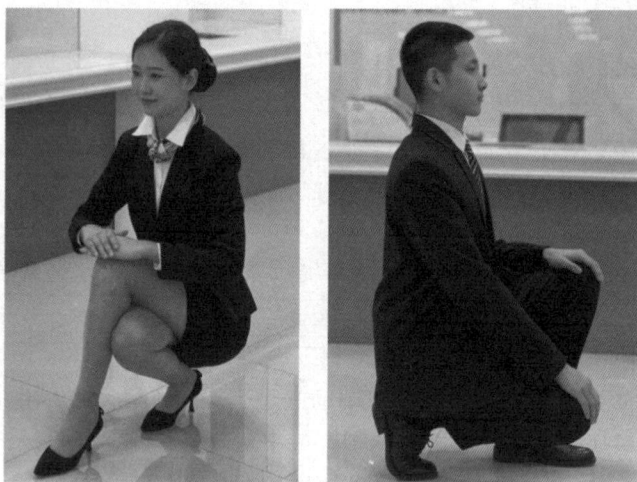

图3-25　男士和女士蹲姿

（2）一脚在前，一脚在后，两腿向下，前脚全着地，小腿基本垂直于地面，后脚跟提起，脚掌着地，臀部向下。男士两腿间可留有适当的缝隙，女士则要两腿并紧，穿旗袍或短裙时需更加留意。

（3）脊背保持挺直，臀部一定要向下，避免出现撅着臀部的姿势。特别是穿裙子时，如不注意，背后的上衣会自然上提，露出臀部皮肤和内衣是很不雅观的。即使穿着长裤，两腿展开平行下蹲，撅起臀部的姿态也不美观。

（二）几种常见的蹲姿

1.高低式蹲姿

蹲下时左脚在前，右脚稍后（不重叠），两腿靠紧向下。左脚全脚着地，右脚脚跟提起，脚掌着地。右膝低于左膝，右膝内侧靠于小腿内侧，形成左膝高右膝低的姿势；臀部向下，基本上以右腿支撑身体。男士选用这种蹲姿时，两腿之间可有适当距离（如图3-26所示）。

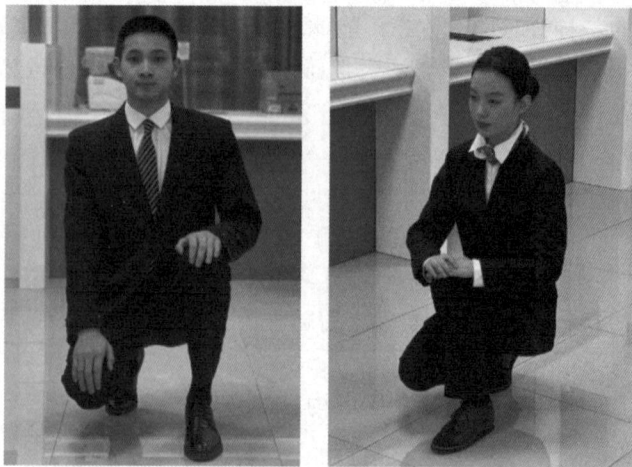

图3-26　高低式蹲姿

2.交叉式蹲姿

此蹲姿适用于女性，特别是女性穿裙装时，此蹲姿将腿缝收得很紧，不宜走光。下蹲时左脚在前，右脚在后，右小腿垂直于地面。右腿在后与左腿交叉重叠，右膝由后面伸向左侧，右脚跟抬起，脚掌着地。两腿前后靠紧，合力支撑身体。臀部向下，上身稍前倾（如图3-27所示）。

图3-27　交叉式蹲姿

图3-28　半跪式蹲姿

3.半跪式蹲姿

半跪式蹲姿又称为单跪式蹲姿，是一种非正式蹲姿，多用于蹲下时间较长或为了方便用力时。双腿一蹲一跪，下蹲后，改为一腿单膝点地，臀部坐在脚跟上，以脚尖着地。另外一条腿，应当全脚着地，小腿垂直于地面。双膝应同时向内，双腿应尽力靠拢（如图3-28所示）。

（三）蹲姿的注意事项

1.避免突然下蹲

蹲下时，目光要先有所示意，千万不要唐突蹲下，令对方不知所措。下蹲时的动作应保持一贯的频率，不能生硬下蹲，"蹲"的过程是优雅职业行为的展示。

2.避免面向对方下蹲

虽然高低式蹲姿两膝不能完全并拢，但女士的两腿要尽力并紧，并且下蹲时要避免双腿面向对方，应采取侧向对方的角度。

3.避免起身时用手撑腿

在由蹲姿变为站姿的时候，不要用手撑着大腿站起，给人以疲惫拖沓的印象，而是轻松自然地起身，即使需要腿部借力也应该从容地、隐蔽地撑腿用力，而不是用幅度较大的明显方式借力。

4.避免蹲下休息

如果因为拾取物品等情况需要下蹲，待完成后应尽快起身，长时间蹲在地上是不雅观的，蹲在地上休息更是不可取的。

案例3-1

你蹲下去的样子，真美

在一期《开学第一课》中，采访的对象是我国著名翻译家许渊冲老先生。先生腿脚不便，只能坐着接受采访。而董卿在与老先生交谈时，时而侧耳仔细倾听，时而蹲下身子，跪着只为仰视老人看向自己的目光。

这不是董卿第一次用蹲姿采访了。在现场采访的舞台上，面对负伤的警察、面对年幼残疾的孩子，她都会跪下身子去对话。有时是平等的高度，有时是仰望的姿态。无论当时是穿着长裤，还是不太方便的裙子，她首先考虑的不是自己，而是那个与自己对话的人。

资料来源：佚名. 董卿跪地采访，李思思蹲身给老人拭眼泪！你们有教养的样子，真美［EB/OL］.［2021-05-07］. https://www.sohu.com/a/465126308_121082835.节选.

案例解析：一个人的姿态，往往体现着一个人的教养。董卿用恰当的跪地蹲姿采访老人，既是对老人的尊重，也是对中国传统文化的尊重。在金融服务场合，如果见到坐轮椅的人，能蹲下来和他们讲话，对他们而言是莫大的尊重，没有什么比获得尊重更令人欣慰了。

模拟演练3-4

蹲姿展示

任务：男女生分别以小组为单位，进行蹲姿的练习。

要求：通过实训，掌握不同蹲姿的动作要领。自我检查与小组成员检查相结合，教师指导与点评。

视频3-3

综合礼仪
展示

五、实践训练

（一）实训内容

金融行业员工站姿、走姿、坐姿、蹲姿的实践训练。

（二）实训目标

1.素质目标：能拥有良好的个人仪态形象。

2.知识目标：能掌握站姿、走姿、坐姿、蹲姿的标准和规范。

3.能力目标：能根据正确的标准，调整自己在站、走、坐、蹲中的姿态。

（三）实训步骤

1.以小组为单位，4～6人为一组，来到讲台前分别展示不同的站姿、走姿、坐姿和蹲姿。

2.建议学生提前穿好正装。

3.自我检查和小组成员检查相结合。

4.小组互评与教师点评相结合。

任务三　　掌握金融行业员工服务过程中的手势

一、手势的作用

手是人体最富灵性的器官。如果说眼睛是心灵的窗户，那么手就是心灵的触角，是人的第二双眼睛。

手势是指表示某种意思时用手所做的动作，也是人们交往时不可缺少的动作，是一种表现力较强的"体态语言"，在传递信息、表达意图和情感方面发挥着重要作用。恰当地运用手势可以增强表情达意的效果，并给人以感染力，加深印象。手势在服务工作中也起着重要作用。

手势是金融行业员工在服务过程中经常用到的一种姿态，不仅能够传达丰富的服务内涵，还能够展现服务人员的职业形象。无论妆容多么规范，衣着多么得体，语言多么优美，在与客户交流时用一根手指戳戳点点，职业形象顿时大打折扣。

得体适度的手势，可增强感情的表达，起到锦上添花的作用。作为金融行业服务人员，手势的运用要给人一种庄重含蓄、彬彬有礼、优雅自如的感觉。

二、使用手势的标准和要求

（一）手势的规范标准

手势美是一种动态美，具体标准是：五指伸直并拢，指尖朝向所指方向，掌心斜向上方，腕关节伸直，手与前臂形成直线，以肘关节为轴，弯曲140°左右为宜，手掌与地面基本形成45°角（如图3-29所示）。

图3-29　标准手势

优雅规范的手势运用需要与目光和身体语言相配合，应该面带微笑，身体略微前倾，以表示对客户的尊重。

（二）使用手势的要求

手势使用的总体要求是准确、规范、适度。

1.手势的使用要准确

在实际生活中，手势使用不当会引发交际双方的沟通障碍甚至误解，因此必须注意手势运用的准确性。使用手势所表达的意思应与语言表达、当时情境的意思一致。

例如，鼓掌是一种手势，在欢迎客人到来、他人发言结束或观看体育比赛和文艺演出时，应用右手手掌拍左手掌心，但不要过分用力或时间过长。若使用不当，则有起哄、捣乱之嫌，让人尴尬。

2.手势的使用要规范

在一定的社会背景下，每一个手势如"介绍"的手势、"递名片"的手势、"请"的手势、"鼓掌"的手势等，都有其约定俗成的动作和要求，不能乱加使用，以免产生误解，引起麻烦。如介绍某人或为宾客引路指示方向时，应掌心向上，四指并拢，大拇指张开，以肘关节为轴，前臂自然上抬伸直。指示方向时，上体稍向前倾，面带微笑，看着目标方向，并兼顾宾客是否意会到目标。切忌用手指来指去，因为这样有教训人的意味，是不礼貌的。又如，在谈到自己时，可用右手掌轻按自己的左胸，那样会显得端庄、大方、自信。

3.手势的使用要适度

与人交谈时，可随谈话的内容做一定的手势，这样有助于双方的沟通，但手势动作的幅度不宜过大，一般手势高不过耳际，低不及腰部，横向宽度不超过80厘米，更不要手舞足蹈，以免适得其反，显得粗俗无修养。

同时，手势的使用应有所节制，并非多多益善。如果使用太多手势，会让人产生反感，尤其是手势与语言、面部表情以及身体其他部位动作不协调时，会给人一种装腔作势的感觉。

总之，手势的运用只有准确、规范、适度，才能给人一种优雅大方、彬彬有礼的感觉，才能真正体现出尊重和礼貌。

三、常见手势的表达和运用

在日常生活中，我们要善于根据他人的动作来猜测和判断对方的心理。如搓手，常表示对某一事物的焦急等待，跃跃欲试；背手，常显示一种权威，若伴以俯视、踱步，则表示深思；摊开双手，显示出一种真诚和坦率，或流露出某种无奈；握拳，显示出决心或表示愤怒、不满；不自觉地用手摸脸、擦眼、头，是在掩饰心中的不安；用虎口托下巴，说明老练或沉着；用食指指点对方，是在指责、数落对方；竖起大拇指，表示称赞；翘起小拇指，则是瞧不起；十指交叉，或放在胸前，或垂于胸前，常表示紧张、敌对或沮丧；双手指尖相抵，形成塔尖形，置于额下的动作，是向对方传递自己充满自信的信号，若再伴以身体后仰，则显得高傲；如果把"尖塔"倒过来移到腰部以下，这叫"倒尖塔行为"，意思就完全不同了，这个动作往往产生于心情比较平静、愿意虚心听取别人的意见或谈话内容的时候。

（一）金融行业员工几种常见的手势

1.横摆式

迎接来宾时，经常使用横摆式，表示"请""请进"的意思。

动作要领：右手从腹前抬起，以肘为轴轻缓地向右摆出，到腰部并与身体正面成45°时停止，五指并拢，手掌自然伸直，手心向上，肘微弯曲，手掌、手腕和小臂成一条直线。头部和上身微向伸出手的一侧倾斜，另一只手自然下垂，注视宾客，面带微笑，表現出對賓客的尊重和歡迎（如圖3-30所示）。

2. 斜臂式

請來賓就座、看商品等時常使用斜臂。

動作要領：右手先從身體的一側抬起，到高於腰部後，再向右側下擺，使大小臂成一斜線，指尖指向地面或具體位置，手指伸直併攏，手、手腕與小臂成一條直線，掌心略微傾斜（如圖3-31所示）。

3. 直臂式

給賓客指方向或做"請往前走"的手勢時常使用直臂式。

動作要領：右手自身前抬起到與肩同高的位置，手指併攏，掌伸直，指向來賓要去的方向，肘關節基本伸直（如圖3-32所示）。

图3-30　横摆式

图3-31　斜臂式

图3-32　直臂式

4. 曲臂式

當一手拿東西，同時又要做出"請"的動作或指示方向時使用曲臂式。

動作要領：在橫擺式的基礎上，右手從身體右側前方由下向上抬起，至上臂離開身體45°的高度時，以肘關節為軸，手臂由體側向體前左側擺動，距離身體20釐米處停住。掌心向上，手指尖指向左方，頭部隨客人由右轉向左方，面帶微笑（如圖3-33所示）。

5. 雙臂橫擺式

在舉行重大慶典活動時，向眾多來賓表示"請"的時候或指明方向，常使用雙臂橫擺式。

動作要領：雙手由前抬起到腹部，再向兩側擺到身體的側前方，面向來賓微微鞠躬；若是站在來賓側面，則兩手從體前抬起，同時向一側擺動，兩臂之間保持一定的距離（如圖3-34所示）。

使用這些手勢時都要有個擺動過程，規律是：欲揚先抑、欲左先右、欲上先下。同時，注意與面部表情和身體其他部位動作的配合，使賓客感受到這是一種投入感情的熱誠服務。

图3-33 曲臂式

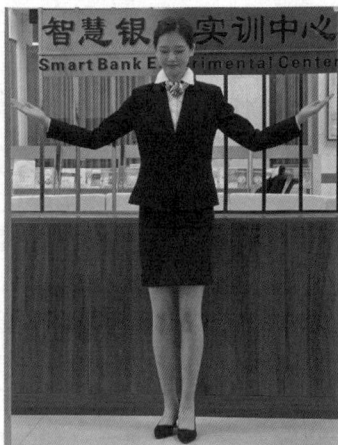

图3-34 双臂横摆式

（二）金融行业柜面人员的手势

1.举手示意客户

举手示意客户的手势常发生在银行柜面人员按下叫号器，叫号机叫号至本窗口时，引导客户到本窗口办理业务。

举手示意客户的手势为：左手自然平放，右手在身体右前方45°方位举起，手心朝向前方，五指并拢，前臂向上弯曲成90°。保持该姿势5秒左右等待客户走近（如图3-35所示）。

2.示意入座

在站立姿势的基础上，身体微微前倾15°，右手伸出，五指并拢，手心微微向上，引导客户在前方座椅坐下，并配合使用礼貌用语（如图3-36所示）。

图3-35 举手示意

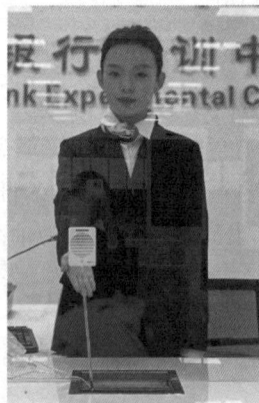

图3-36 示意入座

3.办理业务

与客户沟通交流时，眼睛需注视对方，表情自然亲切，微笑服务，交接单据应尽量使用双手（如图3-37所示）。

办理业务的过程中需要客户签字时，注意单据文字方向要面对客户，一手持单据一角，另一只手四指并拢，拇指微微张开，手心微微向上，指向单据中的签字处，配合礼貌用语"请您核对无误后，在单据的右下角签上您的名字"（如图3-38所示）。

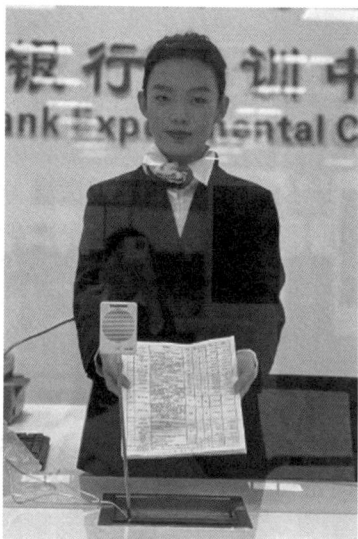

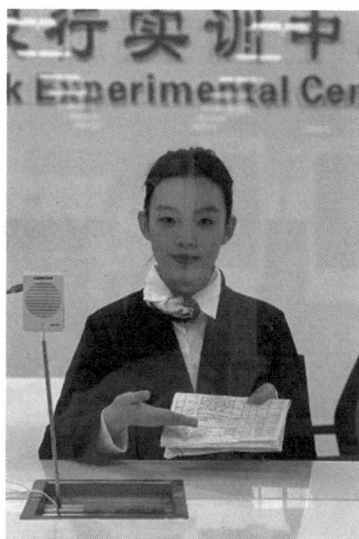

图3-37　双手接递　　　　　　　　　　　图3-38　示意签字

办理现金业务或其他需要客户输入密码的业务时，应使用规范用语和手势示意客户输入密码，如"请您输入密码"。

4.送别客户

客户要求的业务办理完毕后，双手将单据递出，同时微笑询问客户："请问您还需要办理其他业务吗？"若客户表示没有其他业务了，则伸出右手，五指并拢，手心微微向上为客户指出评价器的位置，请客户为自己的服务评分。

当客户起身要离开时，柜员要随着起立。送客姿势为：双手前握式，身体微微前倾30°，微笑并亲切道别。

（三）递、接物品的手势

1.递送文件

递送文件或单据给客户时，用双手递交，具体方式是拇指在上，其余四指稳妥捏拿住文件或单据，注意用目光示意，而后面带微笑递送到对方手里。需要对方签字或着重阅读某个部分时，应使用前伸式手势指示给对方，并用语言准确表达需要对方配合的事项，切勿用手指指点点。

2.递送尖锐物品

递送笔、剪刀给客户时，应尽量使用双手，并将物品的手柄或是易于对方接拿的一端朝向对方，将方便留给客户。如果物品较为锋利或是尖锐，应在递送前用语言提醒，如"剪刀比较锋利，请小心"。

3.递送零碎物品

递送曲别针等零碎物品给客户时，不能直接递给客户，应把散碎小物品放在一张纸或其他可承载的物品上双手递给客户。

4.递送水杯

递送水杯时，要将水杯放于对方的右前方，如果水杯带有杯耳，杯耳与对方的角度要形成45°角，这样比较便于对方持杯。

5.接取物品

接取客户递送的物品时，应走上前或前倾身体表达出"主动"的意愿，然后用双手接取。

递物、接物时，要主动走向客户，不能站在原地不动，否则会让对方觉得你不太热情。递物时，除水杯外，要争取递到客户手中，不要随便放在桌子上或其他地方。

四、使用手势的禁忌和注意事项

（一）使用手势的禁忌

1.易于误解的手势

易被他人误解的手势通常有两种：一是个人习惯，但不通用，不为他人理解。二是因为文化背景不同，被赋予了不同的含义。比如，伸起右臂，右手掌心外向，拇指与食指合成圆圈，其余手指伸直这一手势，在英美表示"OK"，在日本表示钱，在拉美则表示下流，不了解的人就很容易误会。

2.不卫生的手势

在他人面前搔头皮、掏耳朵、抹眼屎、挖鼻孔、剔牙齿、抓痒痒、咬指甲、修指甲、揉衣角、搓泥垢、摸脚丫等这样一些手势，均极不卫生，自然是不当之举。

3.不稳重的手势

在公共场合双手乱动、乱摸、乱举、乱扶、乱放，或是咬指尖、折衣角、抬胳膊、抱大腿、拢脑袋等，是应当禁止的不稳重的手势。

4.失敬于人的手势

掌心向下挥动手臂，勾动食指或除拇指外的其他四指招呼别人，用手指指点他人，都是失敬于人的手势。其中，食指指向他人，有指责、教训之意，尤为失礼。

（二）注意事项

与人交流，手势不宜太多，动作不宜太大，切忌"指手画脚"和"手舞足蹈"，这样会给对方忙乱、不稳重的感觉。

运用手势时，一定要考虑到地区的差异，同一手势在不同国家、不同地区和不同民族中具有不同的含义，切忌乱用，以免造成不良后果。

五、实践训练

（一）实训内容

金融服务过程中的手势运用实践训练。根据下列描述做出准确、恰当的手势：

1.示意入座。

2.交接凭证。

3.示意签字。

4.请喝茶。

5.洗手间在后面。

6.请慢走。

（二）实训目标

1.素质目标：能具备良好的个人礼仪素质。

2.知识目标：能掌握不同手势的标准和规范。

3.能力目标：能根据场景做出准确、恰当的手势。

（三）实训步骤

1.以小组为单位，6个人一组，来到讲台前根据上述描述分别展示不同的手势。

2.自我检查和小组成员检查相结合。

3.小组互评与教师点评相结合。

微课 3-1

站姿、走姿、坐姿、蹲姿及手势的规范

任务四　　掌握金融行业员工的表情礼仪

对金融行业来说，愉悦的表情无疑是最好的服务手段之一。它不需要额外花费任何成本，远胜过那些苍白、重复的语言，因为视觉的影响力在人际交往中是极其重要的。表情这种无声语言可以带来显而易见的直观影响力，一个愉悦的表情会使人有如沐春风的感觉，传递出友好的服务信息，会令接下来的服务变得顺畅、愉快。金融行业员工的表情应具备较强的自我约束力和控制力。在千变万化的表情中，眼神和微笑是具有传达力和表现力的有力武器。

微课 3-2

表情礼仪

一、运用目光与眼神来进行交流

人与人之间进行交流时，目光的交流总是处于最重要的地位。眼睛是人体传递信息最有效的器官，而且能表现最细微、最精妙的差异，显示出人类最明显、最准确的交际信号。

（一）目光语言的运用

1.会面场合

在金融行业大多数工作场合中，不论是见到熟悉的人还是初次见面的人，不论是偶然见面还是约定见面，首先都要以热情的目光正视对方片刻，面带微笑，表现出喜悦的神情。对初次见面的人，金融行业员工还应向其微微点头，行注目礼，表示出尊敬和礼貌。

2.交谈场合

在与人交谈时，应当不断地通过各种目光与对方交流，调整交谈的气氛。交谈中，应始终保持目光的接触，表示对话题很感兴趣。交谈中，随着话题、内容的变换，做出及时、恰当的反应。或喜或惊，或微笑或沉思，使整个交谈融洽、和谐、生动、有趣。但当对方缄默不语时，就不要再看着对方，以免加剧因无话题本来就显得不安的尴尬局面。当别人说错了话或显拘谨时，应马上转移视线，以免对方把自己的眼光误认为是对他（她）的嘲笑和讽刺（如图3-39所示）。

图3-39　目光的运用

3.谈判场合

在谈判中，也很讲究目光的运用。双目生辉、有神是心情愉快、充满信心的反映。在谈判中持这种眼神，有助于取得对方的信任和合作。相反，双眉紧锁、目光无神或不敢正视对方，会被对方认为无能，可能会出现对自己不利的结果。

4.集体场合

在集体场合发言讲话，开始发言前，应先用目光扫视全场，表示"我要开始讲了，请予注意"。当与多人交流时，要有意识地环视在场的所有客户，以避免使部分人产生被冷落和忽视的感觉。

5.送别场合

当交谈和会见结束时，眼睛要抬起，表示谈话结束。道别时，仍用目光注视对方的眼睛，表现出惜别的深情。送客时，要等客人走出一段路，不再回头张望时，才能转移目送客人的视线，以示尊重。

知识拓展3-7

梅兰芳的眼神是怎样练出来的？

水袖轻舞，霓裳惊现，梅兰芳华。

梅兰芳，中国表演艺术大师，四大名旦之一，梅派创始人。《贵妃醉酒》《太真外传》都是其代表作。梅兰芳先生一双充满魅力、神光四射的眼睛完全得益于青年时代放养鸽子。梅先生直到晚年都对鸽子有着深厚的感情。

梅兰芳先生幼年时身体并不结实，眼睛有些近视，眼皮下垂，迎风流泪，眼珠转动也不灵活。没有一双灵动的眼睛，自然脸上没戏，很难吃唱戏这碗饭。

对此，少年梅兰芳常常发愁，即使你的嗓子再好，脸上没戏，也难成为一名大演员啊。后来，不知听谁说起养鸽子可以锻炼眼神，抱着试一试的想法，17岁的梅兰芳养起了鸽子。

开始时是放养几只鸽子，后来发展到几十只。梅兰芳先生后来回忆起养鸽时说："养鸽子等于训练一个空军部队，没有组织能力是养不好的。我训练他们的方法是把鸽子买来，两个翅膀用线缝住，使它们仅能上房，不能高飞。为的是先让它们认识房子的部位方向。等过了大约一星期到十天，先拆去一个翅膀上的线，再过几天，两翅全拆，就可以练习起飞了。"

鸽子起飞，需要指挥，梅兰芳取一根长竹竿，上面挂着红绸，一挥动，是叫鸽子起飞的信号；竹竿上挂上绿旗，一挥动，是叫鸽子落下的信号。他先训练一部分熟悉的鸽子，使其能飞得高远并能返回，然后逐步加入一两只陌生的鸽子。他养的鸽子有几个种类，并有些珍品。每天天刚亮，大约五六点钟，梅兰芳就起床，洗漱完毕，打开鸽子窝，打扫卫生，然后给鸽子喂食、喂水。之后，就要开窝放鸽。

他先让飞行力量强的一队飞上天，过一会儿，再放第二队、第三队……望着天上飞翔的鸽子，主人的眼睛要随时追随它们，眼睛圆睁，眼球灵活转动，而且要极目远望，日久天长，梅兰芳眼皮下垂的毛病改过来了，迎风不再流泪，眼球转动灵活了。

演出时，人们看到梅先生眼睛异常有神，精气十足，即使坐在最后一排的观众，也能感受到梅先生的眼睛在注视着他。养鸽子，不仅训练了梅先生的眼神，也锻炼了其体力。每天举着竹竿挥动，使两臂的肌肉、腰腿都得到了锻炼。

这样，他在舞台上表演《霸王别姬》中的剑舞、《天女散花》中的红绸舞，都能得心应手。每天早起，呼吸新鲜空气，有益于肺活量的增加。这些都为梅派艺术的创立提供了身体条件。

资料来源：根据相关资料整理。

（二）学会读懂目光语言

在掌握并正确运用自己目光语言的同时，金融行业员工还应当学会"阅读"对方的目光语言。从对方的目光变化中，分析他的内心活动和意向。

目光（眼神）可以反映人们更深一层的情感，传递其他丰富的信息。假如某人一被人注视就将视线移开，大多有相形见绌之感和很强的自卑感；无法将视线集中在对方身上或很快收回视线的人，则多半有内向型性格；仰视对方，则一般有尊敬、信任之意，而俯视对方往往表示有意保持自己的尊严；频繁而急速地转眼，是一种反常的举动，常被用作掩饰的一种手段，或内疚，或恐惧，或撒谎，就需引起注意，根据情况做出判断；视线活动多且有规则，表明其在用心思考；听别人讲话时一面点头，一面却不将视线集中在谈话人身上，表明其对此题不感兴趣；说话时对方将视线集中在你身上，表明他渴望得到你的理解和支持；游移不定的目光传递出来的信息是心神不宁或心不在焉。

目光语言是千变万化的，但都是内心情感的流露。学会阅读、分析目光语言，对社交活动的进行和发展有着重要意义。因为在交往中，人们相互接触，大多数时间是处于对视状态的，这就给彼此提供了用眼神了解对方的机会。你可以通过目光了解客户的思想感情和真实意图，你还可以用目光传递你所要表达的信息。

目光（眼神）能传递出异常丰富的信息，但微妙的眼神有时是只可意会而不可言传的，只能靠我们在社会实践中用心观察、积累经验、努力把握，方能在社交和公务活动中灵活运用。

（三）眼神的礼仪规范

眼神是面部表情的核心。在交际中，要注意注视对方的时间、角度和部位。

1.注视的时间

注视对方时间的长短是十分有讲究的。金融行业员工与客户交流时要注意目光接触时间的长短，注意不要长时间凝视对方。与人交往的过程中，注视的时间一般应占整个交往过程的30%～60%，其他时间可注视对方脸部以外5～10厘米处。眼神要适度，要善用目光的变化，每次看对方的眼睛3～5秒，代表重视对方，然后把眼神放虚一点，不要聚焦，或短暂移开视线再回来，让对方感觉更自然。在社交场合，无意中与别人的目光相遇，不要马上移开，应自然对视1～2秒，然后慢慢离开对方。与异性目光对视时，不可超过2秒，否则将引起对方的无端猜测。因此，注视的时间要因注视的对象和场合进行把握。

2.注视的角度

注视别人时，目光的角度可以表示与交往对象的亲疏远近。

（1）平视。平视也称为正视，即视线呈水平状态，常用在普通场合与身份、地位平等的人进行交往时。

（2）侧视。侧视是平视的一种特殊情况，即位于交往对象的一侧，面向并平视对方。侧视的关键在于面向对方，若是斜视对方，即为失礼之举。

（3）俯视。俯视即目光向下注视他人，可表示对晚辈的宽容、怜爱，也表示对他人的轻慢、歧视，给人一种权威感和优越感。

（4）仰视。仰视即抬眼向上注视他人，表示尊重与期待，适用于面对尊长时。

（5）斜视。斜视即在保持头不动的情况下眼睛水平移动，瞟向一侧，表示厌恶、蔑视、挑衅或怀疑对方。

3.注视的部位

注视的部位应上至额头，下至衬衫第二颗纽扣，左右至两肩宽，为目光许可区。根据人与人之间的距离，有三种观看视角：远观全身，中观轮廓，近观三角。其中，近观又分为公务注视、社交注视和亲密注视。

（1）公务注视。在磋商、谈判等洽谈业务场合，眼睛应看着对方双眼或双眼与额头之间的区域，这样注视显得严肃、认真，公事公办，对方也会感受到诚意。

（2）社交注视。在茶话会、朋友聚会等场合，眼睛应看着对方双眼到唇中心这个三角区域，这样注视会使对方感到礼貌、舒适。

（3）亲密注视。在亲人、恋人和家庭成员之间，眼睛应注视对方的双眼到胸部第二粒纽扣之间的区域，这样表示亲近、友善。

二、微笑的运用和规范

微笑是人际交往活动中最具有吸引力的一种表情。它强大的感染力常常令接受者不知不觉地心境豁然开朗，并且不由自主地给予回报。我们常说"笑是世界上最美的语言""笑能化解尴尬""一笑泯恩仇"，笑容为更好地沟通与交往营造了良好的气氛。微笑不单是一个简单的表情，在金融服务中它具有举足轻重的作用，与良好的服务技巧相得益彰，给客户带来美好的服务体验。

（一）微笑的作用

1.微笑可以传递美好的信息

笑是一个人情绪积极时的表现，没有人不受它的感染和影响，姿色平庸的人也会因为脸上生动的微笑而变得漂亮。

微笑可以传递真诚，使客户感到舒心、舒服，并且产生信任感；微笑可以传递友善，使初次接触的客户感到亲近；微笑可以传递关切和关怀，抚平与客户交流时产生的误会，增进彼此间的坦诚和信赖（如图3-40所示）。

2.微笑是产生信赖的重要途径

微笑是一种最好的镇静剂，它能瞬间使人产生熟悉感和亲切感。有时客户会有本能的自我保护意识，所以来到

图3-40　笑容

陌生的场所很少主动微笑，常常以严肃的表情来掩饰内心的不安，因此，服务人员的主动微笑就是使他们对环境和人员产生信赖感的最好方法。

3.微笑是重要的服务技能

客户投诉由小到大的转变，也常常是因为处理投诉的人员态度冷漠、脸色难看，导致原本易于处理和解决的一般性投诉升级为难以处理的棘手投诉。因此，在进行服务技能培训时，应重点关注培养"微笑"这项重要的服务技能。通过主动使用"微笑"这一世界通用语言，服务常常会因此变得顺利，使其产生良好的效果。

4.微笑是不受限制的服务语汇

微笑有时能够超越一切有声的服务语汇，因为它不受距离的约束。当一个客户走入银行大堂时，由于相距较远，20米开外的大堂经理不便直接用语言打招呼，却可以用"微笑"这一方式致意，表示对客户的欢迎。

在语言不通或招呼不周时，微笑可以超越语言的限制，同样传达感情。

（二）合乎金融服务场合的微笑

笑容，即人们在笑的时候的面部表情。笑容可以消除彼此间的陌生感，打破交际障碍，为更好地沟通与交往营造良好的氛围。在金融服务场合，合乎礼仪的笑容有以下三种：

1.含笑

不出声、不露齿，只是面带笑意，表示接受对方，待人友善，适用的范围较广（如图3-41所示）。

2.微笑

唇部向上移动，略呈弧形，但牙齿不外露，表示自信、诚实、友好，适用范围最广。其多用于会见客户、向人打招呼等情况（如图3-42所示）。

3.轻笑

嘴巴微微张开一些，上齿显露在外，不发出声响，表示欣喜、愉快，多用于会见客户、向熟人打招呼等情况（如图3-43所示）。

图3-41　含笑　　　　　　　图3-42　微笑　　　　　　　图3-43　轻笑

（三）规范的微笑

金融服务行业的微笑不但要亲切、自然，带给客户如沐春风的感受，同时还要符合行业规范。

1.保持应有的职业形象

微笑应该出现在一个仪容大方、端庄，仪表整洁、得体，精神热情、饱满的人的脸上。因为"微笑"不仅仅是一种表情，更是一种高质量服务。

2.积极的身体语言

微笑时要神态自然、热情适度，呈现出积极的身体语言。当一个服务人员歪歪斜斜、吊儿郎当站立的时候，即使看到客户进来能够给予微笑，也一定是漫不经心、敷衍了事的笑容，无法打动人心。

3.主动微笑

如果在与同事或客户目光接触的同时、在你开口说话之前，首先微笑，你就营造了一种友好、热情、对自己有利的气氛和情境，肯定会赢得对方满意的回报。如果对方先对你微笑，你应该马上还以热情的微笑。

4.控制微笑时间

目光与对方接触的瞬间，就要目视对方展开微笑。但微笑的启动与收拢都必须做到自然，切忌突然用力启动或突然收拢。

如果是初次见面问候客户，微笑的最佳时长以不超过7秒钟为宜。时间过长会给人以傻笑的感觉，反而尽失微笑的美韵；过短则有敷衍了事的感觉。

（四）微笑遵循的原则

笑的共性是面露喜悦之色，表情轻松愉快。但是，若发笑的方法不对，要么笑得比哭还难看，要么会显得非常假，甚至显得很虚伪，因此还应做到：

1.发自内心

口眼结合，笑的时候要口到、眼到、神色到，自然大方、亲切，笑眼传神，这样的微笑才能使人愉悦。

2.声情并茂

笑的时候，要与语言相结合。语言和微笑都是传播信息的重要符号，只有使微笑与美好的语言相结合，声情并茂，相得益彰，表里如一，使笑容与自己的举止、谈吐有很好的呼应，微笑方能发挥出它应有的特殊功效。

3.气质优雅

笑的时候，应与神情、气质相结合，要笑得有情有神，做到精神饱满，神采奕奕；笑出感情，笑得亲切、甜美，反映美好的心灵；笑出谦逊、稳重、大方、典雅的气质。

4.表现和谐

从直观上看，笑是人们的眉、眼、鼻、口、齿以及面部肌肉和声音所进行的协调行为，笑与仪表、举止相协调；以笑助姿、以笑促姿，形成完整、统一、和谐的美。

5.笑的禁忌

在工作、社交场合笑的时候，严禁出现以下几种：大笑、假笑、冷笑、怪笑、媚笑、窃笑、怯笑、狞笑。

三、实践训练

（一）实训内容

金融服务过程中的表情训练。找到一种适合自己的微笑方法并进行练习。

微笑训练的基本方法可以有以下几种：

1.放松面部肌肉，然后使嘴角微微向上翘起，让嘴唇略呈弧形。然后在不牵动鼻子、不发出笑声、不露牙齿，尤其是不露出牙龈的前提下，轻轻一笑。

2.闭上眼睛，调动感情，并发挥想象力，或回忆美好的过去或展望美好的未来，使笑容源自内心，有感而发。

3.对着镜子练习，使眉、眼、面部肌肉与口型在笑时和谐统一。

4.当众练习法。按照要求当众练习，使微笑规范、自然、大方，克服胆怯的心理；也可以请观众评议后再对不足之处进行纠正。

（二）实训目标

1.素质目标：能具备良好的个人形象素质。

2.知识目标：能掌握微笑的方法。

3.能力目标：能够当众自如地展现微笑。

（三）实训步骤

1.以小组为单位，5~8个人为一组，自由练习微笑。

2.自我检查和小组成员检查相结合。

3.每组评选一个最美微笑，请选中的同学来到台前进行展示，教师进行点评和总结。

项目小结

1.仪态是人们在交往活动中所表现出来的各种姿态，包括站姿、走姿、坐姿、蹲姿、手势和表情。文明得体、自然大方、体现尊重、男女有别是仪态美的标准。仪态在金融服务中有着重要的价值，优雅的仪态能提升服务品质，得体的仪态能弥补服务中的不足，恰当的仪态能增进双方的沟通。

2.站姿是一种最基本的姿态，也是一种静态的姿态。站姿是优美仪态的起点，因此，在任何场合，金融行业员工都应当"站有站相"。

3.走姿是站姿的延续，体现的是一种动态的美。我们对走姿的要求是"行如风"，即走起路来像风一样轻盈，行走动作连贯，从容稳健。工作中正确地展现标准走姿，是给人留下美好印象的关键之一。

4.坐姿是金融服务工作中最重要的姿势和举止。端庄优美的坐姿会赋予人文雅、稳重、自然大方的美感；良好的坐姿给人以优雅、庄重的印象。

5.蹲姿是由站立姿势变化而来的相对静止的体态。蹲姿是金融行业员工在比较特殊的情况下所采用的一种暂时性的体态，能体现出其教养和风度。蹲下时，应展现出优雅、自然、大方的形象。

6.手势是一种表现力较强的"体态语言"，在传递信息、表达意图和情感方面发挥着重要作用。得体适度的手势，可增强感情的表达，起到锦上添花的作用。作为金融行业服务人员，手势的运用要给人一种庄重大方、彬彬有礼、优雅自如的感觉。

7.金融行业员工在服务的过程中，表情的表现力远胜过那些苍白、重复的语言，良好的表情会令接下来的服务变得顺畅、愉快。因此，金融行业员工应掌握目光与眼神、微笑的运用和规范，从而提高服务质量。

项目训练

■ 基础知识训练

一、单项选择题

1.最能体现自信、诚实、友好，且适用范围最广的笑是（　　　）。

A.含笑　　　　　　B.微笑　　　　　　C.轻笑　　　　　　D.大笑

2.女士行走的线迹应是（　　　）。

A.一条直线　　　　　　　　　　B.一条柔和的曲线

C.两条距离较大的平行线　　　　D.两条距离较小的平行线

3.金融服务人员在运用手势时应牢记（　　　）。

A.宜多忌少　　　　B.宜少忌多　　　　C.尽量不用　　　　D.每时每刻都用

4.眼睛看着对方双眼到唇中心这个三角区域，这样注视会使对方感到礼貌、舒适。这是指（　　　）。

A.公务注视　　　　B.亲密注视　　　　C.交流注视　　　　D.社交注视

5.服务人员招呼别人时，应该（　　　）。

A.掌心向下　　　　B.掌心向上　　　　C.手掌直立　　　　D.掌心向后

6.通常情况下，对客户表达恭敬的做法是坐满椅子的（　　　）。

A.1/2处　　　　　　B.1/3处　　　　　　C.2/3处　　　　　　D.全部

7.关于蹲姿，说法正确的是（　　　）。

A.蹲姿不雅观，所以不要蹲

B.蹲姿有益健康，应该多找机会蹲

C.在孩子面前蹲下与其交谈，会使孩子感到亲切

D.捡东西时，不用完全蹲下去

8.入座时，应从座位的（　　）侧就座。

A.左　　　　　　　B.右　　　　　　　C.前　　　　　　　D.后

二、多项选择题

1.金融行业员工的仪态是（　　）。

A.无声的语言　　　　　　　　　B.内在品质、知识、能力的流露

C.比较肤浅的表象　　　　　　　D.天生的，难以改变

2.以下坐姿男女皆可采用的有（　　）。

A.前伸后屈式　　　B.双腿斜放式　　　C.正坐式　　　D.双腿叠放式

3.递送物品时，服务人员应该（　　）。

A.双手为宜　　　B.递到手中　　　C.主动上前　　　D.方便接拿

4.在介绍来宾、引导客人时常用的手势有（　　）。

A.横摆式　　　　B.斜摆式　　　　C.直臂式　　　　D.曲臂式

5.金融行业员工行走时应做到（　　）。

A.大步流星　　　B.一路小跑　　　C.步伐大小适中　　　D.速度不紧不慢

三、判断题

1.如果是初次见面问候客户，微笑的最佳时长以不超过7秒钟为宜。　（　　）

2.递物时，除水杯外，要争取递到客户手中，不要随便放在桌子上或其他地方。
　（　　）

3.女性在站立时应以开放、大气为美。　（　　）

4.以手指指点他人是失敬于人的手势。　（　　）

5.两人并排坐时，可以斜视对方。　（　　）

6.在由蹲姿变为站姿的时候，不要用手撑着大腿站起。　（　　）

■ 实践操作训练

【服务场景演练】金融服务仪态综合展示

以小组为单位进行站姿、坐姿、走姿、蹲姿、手势等仪态展示。

【演练说明】

目标：通过仪态展示加强学生的仪态练习，加深对仪态规范的掌握，帮助学生提升形象和自信心，培养学生的团队意识。

任务：（1）以小组为单位完成上述仪态展示，时间控制在2～3分钟。

（2）注意灵活得体地结合微笑和眼神，展现出金融行业员工的风采。

（3）互相观摩，小组互评与教师点评相结合。

要求：（1）请每位同学积极参与，以小组为单位，每组6～10人。

（2）需穿着正装，女生需要化淡妆。可利用现场的桌椅设备，也可自行准备其他所需道具。

（3）请同学们认真练习，动作整齐划一，精神饱满。

（4）可自行调整仪态展示的顺序，可配背景音乐。

项目四
金融行业员工的语言礼仪

思政育人目标：

★培养学生文明的价值标准、平等的价值取向。

★培养学生勤勉履职、服务为本、严谨认真、善解人意的职业精神。

★培养学生真诚友善、热情主动、关注细节、宽容谦逊的思想态度与工作作风。

★培养学生的大局意识、学会为他人考虑的责任意识。

★让学生感受中国语言的艺术和魅力，并有意识地将其融入日常生活中。

知识目标：

★掌握金融行业礼貌用语和文明用语的使用规范和技巧。

★理解行业用语的含义、使用原则和禁忌。

★掌握书面用语的特点及基本规范。

★熟悉金融行业接打电话的基本流程及注意事项。

★掌握金融行业员工的语言艺术和沟通技巧。

技能目标：

★能够熟练使用文明礼貌用语。

★能够根据金融服务情境，用准确、恰当的语言与客户进行沟通。

★能够熟练掌握接打工作电话的方法和技巧。

★能够掌握语言沟通的技巧，有意识地优化自己的语言，从而进行艺术的表达。

项目思维导图

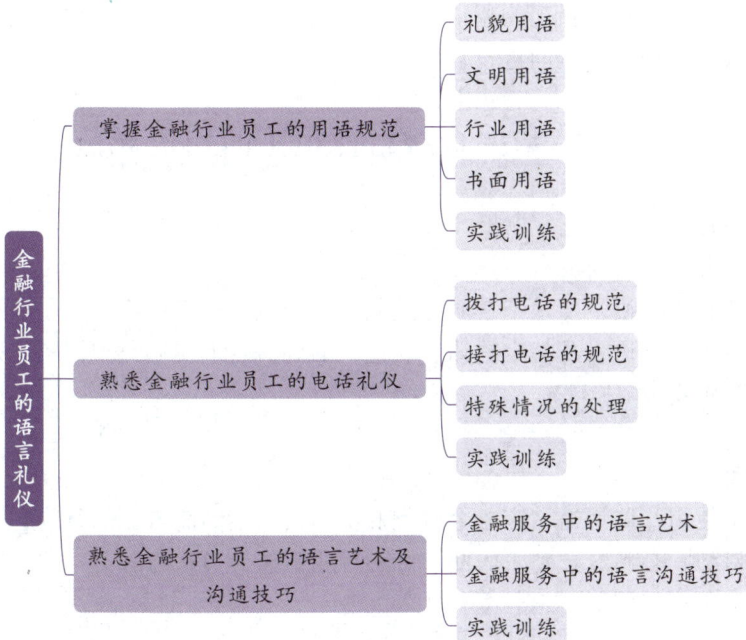

```
                              ┌─ 礼貌用语
                              ├─ 文明用语
         掌握金融行业员工的用语规范 ─┼─ 行业用语
                              ├─ 书面用语
金                             └─ 实践训练
融
行
业                            ┌─ 拨打电话的规范
员                            ├─ 接打电话的规范
工   熟悉金融行业员工的电话礼仪 ─┼─ 特殊情况的处理
的                            └─ 实践训练
语
言
礼                            ┌─ 金融服务中的语言艺术
仪   熟悉金融行业员工的语言艺术及 ─┼─ 金融服务中的语言沟通技巧
     沟通技巧                   └─ 实践训练
```

案例导入

　　孙硕是××银行的实习生，他自信满满、干劲十足地上岗工作了。他发现营业厅内一台自助机前排队的人很多，于是便冲着一列长长的队伍大声说："喂，队伍后边的，来这个机器办理业务！"等到一位老大妈过来后，他热情高声地问："你要办什么业务呀？"一上午结束了，孙硕的师傅把他叫到一边，让他下午上岗前先看看大堂经理林静是如何引导客户的。

　　下午，银行营业厅人很多，只见林静面带笑容、从容淡定地迎来送往客户："女士您好，请问您要办理什么业务？""这位先生，请问我有什么可以帮助您的？""大爷，您好，请随我来，这边也可以办理业务。""阿姨，这是您的手袋，请拿好，慢走！"孙硕在一旁看了半天，被林静礼貌得体的语言所感染，他脸上一阵泛红，深感自己上午在与客户沟通时语气生硬和用词不得体，也明白了师傅叫他观察林静的用意。于是，他调整好状态，回到营业厅内，面带微笑对刚进来的老大爷说了句："大爷，您好，请问……"

　　语言是人与人在沟通交流中不可或缺的重要工具。有时一句无心之谈会令对方深感受伤甚至激化矛盾，而有时一句关怀就会令人感觉如沐春风。良好的语言表达，不仅有助于提升个人形象，还能营造融洽的气氛，赢得对方的信赖。金融行业工作人员的语言礼仪，是指金融行业工作人员在语言的选择和使用中，表现出良好的文化修养和职业素养。准确地运用礼貌、文明、恰当的工作语言是金融服务礼仪的重要组成部分。金融行业工作人员掌握规范的语言礼仪是提高服务水平和服务质量的必经之路。本项目将围绕着金融行业员工的用语规范、金融行业员工的电话礼仪、金融行业员工的语言艺术及沟通技巧三方面进行详细阐述。

任务一　　　　　掌握金融行业员工的用语规范

微课4-1

金融行业工作
人员的礼貌用
语、文明用语
和行业用语

一、礼貌用语

（一）礼貌用语的含义

金融行业礼貌用语主要是指在服务过程中，金融行业工作人员表示自谦、恭敬之意的一些约定俗成的语言及特定的语言表达。准确恰当地使用礼貌用语，是金融行业工作人员的基本规范。

（二）礼貌用语的主要特点

1.主动性

在工作中使用礼貌用语，应是金融行业工作人员主动而自觉的行为，礼貌用语的使用应做到口到、心到、意到。因此，金融行业工作人员在与服务对象进行语言交流时，应率先使用礼貌用语。

2.约定性

在金融服务岗位上的工作人员所使用的礼貌用语，其内容和形式都是约定俗成、沿用已久、人人皆知的，因此，只需按照传统沿用即可，不宜"另辟蹊径"。

3.亲密性

在运用礼貌用语时，还需做到亲切而自然、诚心所致，让服务对象听在耳中，暖在心里，切不可甜言蜜语、巧言令色、阿谀奉承、落入俗套。

（三）礼貌用语的常见种类

1.问候语

见面时，根据时间、地点、对象、场合的不同使用不同的问候语。在服务岗位上，适宜使用问候语的主要时机有：一是主动服务他人时；二是他人有求于自己时；三是他人进入自己的服务区域时；四是他人与自己相距较近或有目光接触时；五是自己主动与他人联络时。具体的问候语有"您好""各位好""早上好""下午好""晚上好"等。

2.迎送语

迎送语一般是服务岗位上迎来送往服务对象时使用的语言。金融行业工作人员经常使用的迎送语有"欢迎光临""再见""欢迎再来""请慢走"，同时还可以行注目礼、点头、微笑、鞠躬等。

3.请托语

请托语常用于请求他人帮忙或是托付他人代劳等情况，核心语是"请"字，如"请问""请稍后""请在右下角签字""请输入密码"等。

4.致谢语

致谢语的应用范围较广，既可以用于表示感谢，也可以作为对表示感谢的应答，如"谢谢""多谢""客气了""这是我应该做的"等。

5.征询语

在服务过程中，金融行业工作人员需要用礼貌语言向服务对象进行征询，此时所使用的语言即征询语。在主动向服务对象提出帮助时，通常使用"您需要帮助吗？""我可以为您做点什么？"等征询语，金融行业工作人员也可以用封闭式或选择式的语言进行征询，如"这是我行推出的最新理财产品，您需要了解一下吗？"或"您选择半年期还是一年期？"

6.应答语

应答语是金融行业工作人员在岗位上回应服务对象的召唤或是答复询问时使用的语言，用语是否规范，直接反映了服务态度、技巧和质量。其通常有：肯定式应答，如"好的""是"；谦恭式应答，如"请不必客气""这是我们应该做的""您过奖了"；谅解式应答，如"不要紧""没关系"等。

7.道歉语

在工作中因为主观或客观原因导致差错或者考虑不周时，应诚恳致歉。致歉应实事求是，也应适度，让服务对象明白你内疚的心情和愿意把工作继续做好的诚意即可，通常使用"对不起""很抱歉""对此深表歉意"等。

8.祝贺语

在与客户的接触中，往往可以结合当时的情境适当地表示祝贺，如"祝您下午愉快！""祝您身体健康！""祝您新年快乐！""恭喜您！"等。

知识拓展4-1

礼貌用语的多样打开方式

与人相见说"您好"　问人姓氏说"贵姓"　问人住址说"府上"

仰慕已久说"久仰"　长期未见说"久违"　求人帮忙说"劳驾"

向人询问说"请问"　请人协助说"费心"　请人解答说"请教"

求人办事说"拜托"　麻烦别人说"打扰"　求人方便说"借光"

请改文章说"斧正"　接受好意说"领情"　求人指点说"赐教"

得人帮助说"谢谢"　祝人健康说"保重"　向人祝贺说"恭喜"

老人年龄说"高寿"　身体不适说"欠安"　看望别人说"拜访"

请人接受说"笑纳"　送人名片说"惠存"　欢迎购买说"惠顾"

希望照顾说"关照"　赞人见解说"高见"　归还物品说"奉还"

请人赴约说"赏光"　对方来信说"惠书"　自己住家说"寒舍"

需要考虑说"斟酌"　无法满足说"抱歉"　请人谅解说"包涵"

言行不妥"对不起"　慰问他人说"辛苦"　迎接客人说"欢迎"

宾客来到说"光临"　等候别人说"恭候"　没能迎接说"失迎"

客人入座说"请坐"　陪伴朋友说"奉陪"　临分别时说"再见"

中途先走说"失陪"　请人勿送说"留步"　送人远行说"平安"

模拟演练4-1

十字礼貌用语

在金融服务工作中，我们总结出了几个经常使用的礼貌词汇："您好""请""谢谢""对不起""再见"。不要小看这简单而普通的十字礼貌用语，使用得当同时配合恰当的语气和肢体动作，就会令我们的服务充满真诚与善意。

在日常工作中，我们可牢记一句顺口溜："您好"不离口，"请"字放前头，"对不起"时时有，"谢谢"跟后头，"再见"送客走。

任务：以小组为单位，练习十字礼貌用语，结合用语情境配合动作和表情。

要求：通过实训，掌握十字礼貌用语的表达，注意肢体动作、表情、语音和语调的协调。自我检查与小组成员检查相结合，教师指导与点评。

视频4-1

文明礼貌用
语展示

二、文明用语

（一）文明用语的含义

文明用语是指在语言的选择、使用中，能够表现出使用者良好的素养、认真的做事态度的一类语言。文明当先，是金融行业工作人员在工作岗位上使用语言时应当遵循的基本规范之一。

（二）文明用语的使用规范

1.称呼恰当

称呼是人与人之间交往时使用的称谓和呼语。金融行业工作人员对服务对象所使用的称呼是否恰当，直接影响其交际效果。恰当地使用称谓语，具体可从以下四方面入手：

（1）区分对象

金融行业工作人员的服务对象众多，不同客户的年龄、性别、身份、地位、民族等存在差异，一般来讲在工作中会用到的称呼有职务性称呼、职称性称呼、行业性称呼、性别性称呼、姓名性称呼。

（2）照顾习惯

在日常工作中，需综合考虑客户的语言习惯、文化层次、地方风俗等多项因素，并予以区别对待。

（3）分清主次

需要称呼对位客户时，一般要由主至次依次进行。在需要区分主次进行称呼时，可以遵循两条原则：一是由尊而卑，通常是先长后幼、先女后男、先上后下、先疏后亲。二是由近到远，先对离自己近的进行称呼，然后依次向远称呼他人。假如几位被呼唤者一同前来，可以进行统一称呼，如"各位来宾""女士们""先生们"等。

（4）禁用忌语

在需要称呼他人的时候，金融行业工作人员需要了解一些禁忌，以防出现不愉快的场面。其主要情况有：

① 不使用任何称呼。有的服务人员不使用任何称呼，而是使用"喂""嘿""下一个""那个谁"等，这是非常失礼的表现。

② 使用不雅的称呼。一些不雅的称呼，特别是含有人身侮辱和歧视之意的称呼，是一定要禁用的。

2.口齿清晰

（1）符合口语的特点

① 通俗活泼。浅显易懂、生动形象是口语最重要的特点。一般来讲，口语之中不该出现术语、典故等，忌讳故弄玄虚。

② 简明扼要，即简单明快、突出重点。口语交际时，大多使用短句，无须使用很多修饰语。

（2）合乎语言规范

① 用语标准。金融行业员工一定要会讲标准的普通话，同时对当地方言有所了解并具备一定的听说能力，这样才能为多元的客户群体提供周到的服务。

② 语气恰当。语气是人们说话时表现态度、倾向的口气。在人际交往中，语气往往会透露出谈话者的情感倾向等信息。因此，金融行业工作人员与客户交谈时，一定要在语气上表现出热情、亲切和耐心，注意不要让自己的语气显得急躁、生硬和轻慢。

模拟演练4-2

使用恰当语气说出服务用语

练习要求：全班同学以小组为单位，在5分钟内每位组员分别用不同的语气说出服务用语。

任务：以小组为单位，每位组员分别用不同的语气说"您好！请问要办理什么业务？"并比较哪一种语气最好。

要求：通过实训，掌握语气在文明用语中的应用，教师指导与点评。

3.用词文雅

用词文雅是指用词力求谦恭、尊敬、高雅，避免说粗话、脏话、黑话、怪话和废话。

（三）文明用语的使用技巧

在文明用语方面，金融行业员工应熟练掌握以下技巧：

1.称呼客户就高不就低

金融行业工作人员在接待客户或者拜访客户时，若知道客户的职务或职称，那么应该以对方最高、最受人尊敬的称谓称呼对方，并要牢记客户的相关信息，熟练地说出对方的姓名和头衔，以表示对客户的尊重。

2.使用文明用语时应有真情实感

礼仪讲究"心到""意到"。工作人员在接待客户时既不要过分热情，也不要显得冷淡。说话时应始终面带微笑，注视对方的眼睛，表情应与所处情境相符，要从内心表现出对客户的真诚与关心。

3.多使用敬语

敬语的使用让客户有被尊敬和重视之感。金融行业工作人员要习惯使用敬语。比如，比较一下"麻烦您，请出示一下证件"与"把你的证件拿来"这两句话给客户带来的感受。当客户在大厅排队等候时，比如其服务代码是17号，轮到其办理业务时，金融服务人员可称：17号、17号客户、17号贵宾。自然，客户更愿意接受17号贵宾的称呼，因为他感受到了尊敬。

4.文明用语的使用要符合当地人的语言习惯

各地语言习惯丰富多样，工作人员不要使用带有贬义色彩的词语，同时要注意用语的恰当与规范，以免引起歧义与误会。

案例4-1

迈出文明用语第一步——使用恰当的称呼

小王是北方人，今年刚毕业进入南方某家银行工作，目前主要是跟随师傅在大堂工作。小王是一个十分热情的小伙儿，工作也很积极主动。一天下午，一位约30岁的女士坐在等候区等待叫号，小王见她拿起了手边的理财产品宣传手册仔细端看，便笑脸相迎地走上前去说："大姐，这是我们银行新推出的几款理财产品，需要我帮您介绍一下吗？"听到这话，这位女士颇不满意地皱了皱眉头："我有那么老吗？"说完便转身离开。小王很纳闷，自己究竟哪里做错了？碰巧师傅看到了事情的整个经过，她告诉小王："在南方，只有对五六十岁的女性才能称其为大姐。这位女士这么年轻，你叫她大姐，她当然不高兴。"小王听后，委屈地说："在我们北方，称呼对方大哥、大姐是对他人的尊敬。"

（资料来源：王华. 金融服务礼仪 ［M］. 北京：高等教育出版社，2014.）

案例分析：在工作中，我们不免会遇到形形色色的客户。我们需要了解当地人的语言习惯，得体地使用文明用语，才能令对方感到被尊重。金融工作者在服务过程中，使用恰当的称呼是展现文明的第一步。

视频4-2

语言艺术及沟通技巧之残钞兑换情景展示

三、行业用语

（一）行业用语的含义

行业用语，又称行业语、行话，是指某一行业所使用的专门性用语，主要用于说明某些专业性、技术性问题。金融行业工作人员在服务过程中不仅需要通过使用行业用语展现自身的业务能力和职业素养，更要规范、恰到好处地使用这些行业用语，这样才能更好地赢得客户的理解与信任。

（二）使用金融行业用语的原则

1.准确原则

随着我国社会经济的发展，金融在支持产业、行业的发展过程中扮演着越来越重要的角色。这就要求金融行业从业人员不断更新自身的知识储备，注意选词和用词的恰当性，高效地向客户介绍各类金融产品和服务的相关情况，具体阐明"是什么、为什么、有哪些收益、有什么风险"等方面的问题。

2.高效原则

在生活节奏日益加快的今天，在最短的时间内为客户提供其需要的信息和服务是金融行业工作人员发展新客户、维系老客户的一项必备行业技能。这就要求金融行业工作人员能够在短时间内迅速判断客户对金融行业专业用语的接受能力和层次，从而结合自身的专业知识为对方提供服务。

3.宽容原则

金融行业服务人员在使用金融专业用语为客户进行介绍和解释时，应将心比心，站在客户的角度，设身处地地多为对方思考。如果发觉自己所使用的行业用语不被对方理解时，应立即加以调整，直到完全把自己的意思或对方的问题阐述和回答清楚为止。千万不要因为对方不理解而表现出不耐烦，嘲笑对方"怎么连这个都不懂"，也不能一如既往，不管对方是否理解，例行公事地讲完为止。

4.实事求是原则

金融行业从业人员在与客户沟通时要实事求是，客观、正确地使用行业用语。既不可以不懂装懂，随口胡诌，以似是而非的行业用语蒙人、骗人、唬人，更不可以随意编造，以假充真，向客户传达不真实、不准确的信息，造成对方的错误理解，产生纠纷。

5.适度原则

金融行业工作人员在使用行业用语时要掌握分寸、适宜适当，要切实考虑到客户的具体情况、客户的感受和需求等；使用行业用语时，以客户能听懂为度。

案例4-2

"专业术语"你用对了吗？

路遥是某高校刚毕业的研究生，刚应聘到一家银行工作，目前主要为客户提供理财咨询服务。有一天，一位客户前来咨询，路遥非常卖力地介绍各项理财产品，只见他眉飞色舞、滔滔不绝地说了一大堆"单位净值""非保本浮动收益""风险R3级"等专业术语，结果客户茫然地点了点头，悻悻地走了。路遥觉得很奇怪："我可是金融专业的硕士，我的介绍都非常专业，他怎么什么也不说就走了呢？"

案例分析：路遥之所以没有得到客户的青睐，是因为他没有在第一时间了解和判断客户的层次以及客户对专业术语的接受能力，而是自说自话地使用大量专业术语展现其专业性，反而弄巧成拙，使客户反感。因此，金融行业人员在使用专业术语时要掌握分寸、适宜适当，要切实考虑到客户的具体情况、客户的感受和需求等，使用专业术语时，以客户能听懂为度。遇到客户不理解的问题，应耐心地用浅显易懂的话语进行解释。

（三）金融行业用语的使用禁忌

金融行业工作人员在服务过程中，应避免使用服务忌语。使用服务忌语既出口伤人，又有损企业和自身形象。禁止使用服务忌语，是对广大金融服务人员使用语言的基本规范。

1.不尊重之语

在服务过程中，任何对客户缺乏尊重的语言，均不得为金融行业工作人员所使用。

2.不友好之语

粗暴的语言或者是对抗性的语言等都是不友好的语言。在任何情况下，金融行业工作人员都要牢记"和气生财"的古训，友善地对待每一位客户。

3.不耐烦之语

客户难免有不完全清楚和理解的时候。在业务办理过程中，工作人员要有良好的服务意识，在接待客户时表现出应有的热情和足够的耐心，努力做到有问必答、答必尽心，百问不烦、百问不厌，不分对象、始终如一。不论初衷是什么，都应避免使用不耐烦之语。

4.不客气之语

金融行业工作人员在工作中，有不少客气话是一定要说的，而不客气的话则一句都不应该说。比如，在劝阻客户不要动手乱碰时，不能说"瞎乱动什么""坏了你赔得起吗"之类的不客气之语；在服务对象提问时，不能和对方说"问这么多干什么""这不归我管"等。

在实际工作中，金融从业人员不用刻意去死记硬背服务忌语，重要的是要努力成为一个"有心人"。时刻牢记服务忌语的害处，多站在客户角度思考问题，多一些包容和理解，自然就不会使用服务忌语。

四、书面用语

（一）书面用语的含义

书面用语，简称书面语，主要指使用文字、符号书写出来的语言，是相对于口头用语而言的。金融行业工作人员在工作过程中，经常有需要书写的文字，小到便条、票据、通知，大到协议、合同、说明、介绍、电子函件等。使用书面用语时，如果不加以规范，往往会造成较大的影响。

（二）书面用语的主要特点

1.服务性

金融行业中所使用的书面用语，不管是传播信息、沟通联络、展业营销、介绍产品，还是作为凭据，主要以服务客户为目的，因此从其主要内容到具体表现形式，都有着极强的服务性质和浓厚的服务色彩。

2.凭据性

对客户而言，金融行业服务人员在服务时所使用的书面用语，经常会被对方视为一种具有一定信用性或约束力的证据而备受重视。所以，良好的书面用语表达，一方面有助于金融机构建立自己良好的信誉，使客户增强对自己的信任度、满意度；另一方面，倘若有朝一日金融机构与客户之间出现了纠纷，它还具有一定的法律证据作用。

3.缜密性

为更好地服务客户，更准确地为客户所理解，避免使自己陷入被动境地，或是出现法律纠纷，金融行业工作人员在具体使用书面用语时，应注意行文标准，用词恰当，表达周全，含义精准，一丝不苟。在任何情况下，服务人员在具体使用书面用语服务时，都必须深思熟虑，再三检查，防止笔误、歧义等情况出现。

4.严肃性

金融行业工作人员在服务过程中使用的书面用语，显然与私人交往中使用的书面用语有所不同。后者的做法一般是轻松、随意，无须过多地字斟句酌，而且可以不拘于常规。而金融行业中的书面用语，则必须以严肃、认真、规范为第一要旨。只有达到这一要求，才能使其更好地发挥作用，体现出金融行业从业人员良好的专业素养。

（三）书面用语的基本规范

金融行业的书面用语既有一般语言使用的共性要求，同时也有其自身特点所决定的一些特殊性要求。

1.准确无误

金融行业工作人员使用书面用语的首要要求是准确无误。在服务过程中，使用书面用语时稍有失误，如笔误或漏字，既有可能影响自己的服务质量，也有可能引起误会，甚至还有可能会授人以柄。金融行业工作人员在使用书面用语时必须审慎对待，一丝不苟。除了在思想上高度重视外，还必须注重具体的行文规范。行文规范有以下三点：

（1）书写正确

书写正确是使用书面用语最基本的要求。在使用汉语时，一般应采用标准的简化字，忌用繁体字、非标准的简化字或错别字。金融服务过程中经常有需要书写数目的情况，该用汉字还是该用阿拉伯数字，该大写还是小写，须依照有关规定书写。

（2）理解正确

在中文与外文里，每个词汇都有自己的本意与引申含义，或是约定俗成的表达方式。因此，金融工作者在使用书面用语遣词造句时，应避免不懂装懂，想当然地滥用词语。有时候个人理解上存在的偏差，会影响到书面用语使用的正确性。

（3）格式正确

书面用语在表达时，通常需要借助一定的具体格式。不同格式的行文，往往有各自具体的要求。比如，一般的中文行文要求段落首行需空两格字符，而英文则一般顶行行文，无须空格。

2.工整清晰

金融行业工作人员呈现给客户的单据、介绍材料等应努力做到书写工整清晰，让人容易辨认。工作人员字迹潦草的书面表达，不仅妨碍其效果，还会令对方感到工作人员的敷衍随意。因此，在使用书面用语时应注意工整清晰，具体应做到如下四点。

（1）一笔一画

在使用书面用语时，应避免字迹潦草的情况，因为这样会让人难以辨认。特别是涉及重要信息时，应一笔一画、按部就班地进行书写。

（2）大小适中

在使用书面用语的过程中，应注意书写字体的大小。字体过大，显得过于张扬；字迹过小，使人阅读困难。因此，在书写时，应在篇幅大小上对宏观布局进行把控，力求字体大小恰到好处。

（3）美观整洁

使用书面用语很重要的一点就是要保持书写之后的美观整洁。要做好这一点，下笔前需深思熟虑，行文中应专心致志，尽量避免笔误或墨迹斑斑。如书写中出现错别字、漏字或错句，少量的可以用修正笔等进行补正，若错误过多，应重新书写，不可随意在上面打叉、勾划、涂改，更不能将错就错。

（4）符合习惯

在选择具体的书写工具时，应符合一般的习惯做法。金融行业工作人员进行书写时，应尽可能使用黑色或深色中性碳素笔，而不应用圆珠笔、铅笔或是其他彩色墨水笔。黑色中性碳素笔既可在纸上保留较长时间，同时黑色和深色墨水又显得庄重，而圆珠笔保留时限较短，铅笔容易被更改，彩色墨水笔有失严肃。

3.内容完整

在工作场合，书面用语的表达完整与否，从某种意义上讲，往往比正确无误、工整清晰显得更为重要。只有书面用语表达内容完整，才能起到真正的作用。金融行业工作人员在具体写作时，需同时做到语句完整、结构完整和表达完整。三者相辅相成，相互关联，缺一不可。除此之外，在具体的应用中，还需注意以下两个问题。

（1）注意细节

在很多情况下，内容的不完整，往往不是因为写作者的水平不高，而是写作中的某些细枝末节的地方出现了问题。比如随意杜撰词语，错用标点符号，语句长短不当等。

（2）反复检查

完成写作之后，本着负责任的态度，一定要反复阅读检查所写内容以保证内容的完整性和正确性。有时，检查自己所写内容不易发现问题，对于可公开的内容也可以请他人帮忙检查。

4.简明扼要

金融行业工作人员在为客户服务时所使用的书面材料多以服务为目的。因此，金融工作者在具体使用书面用语时，应以服务为本、务实为重，语言要尽可能简明扼要，方便对方理解。要做到简明扼要，就要使书面用语简略、精炼，既抓住要点，又易于理解。同时，在书写时还应注意不该写的内容坚决不写，可不写的内容尽量不写，不准写的内容一律不写。

（模拟演练4-3）

设计定期存单宣传展示板

为了更好地宣传银行定期存单产品，主管给大堂经理布置了一个任务，让他在宣传小黑板上设计一个定期存单产品的介绍放在大厅醒目的位置。

任务：以小组为单位，结合案例描述合作设计一份定期存单宣传介绍。设计完成后，每组派一名代表进行简要说明。

要求：宣传介绍需要在A4纸上进行手写，文字不宜过多，重点突出产品名称和收益（符合现实情况，不要夸大），可以适当增加一些趣味设计。通过实训，掌握书面用语在金融服务中的应用，教师指导与点评。

五、实践训练

（一）实训内容

金融行业用语实践训练——理财产品转介绍模拟演示。

★场景描述★

一天，某客户到银行办理业务，当大堂经理了解到客户要存入大量现金后，为其安排了环境相对私密的柜台办理存款业务。柜员在清点现金的过程中了解到客户有想要理财的意愿，于是为其推介了一位理财经理。理财经理根据客户的资金情况及风险偏好，为客户推荐适合的理财产品。

（二）实训目标

1.素质目标：具备良好的语言表达能力，养成良好的用语习惯。

2.知识目标：能理解金融行业用语的应用及使用规范。

3.能力目标：能够根据场景灵活运用金融行业用语。

（三）实训步骤

1.以小组为单位，5~8人为一组，分角色表演案例中的场景，合理设计对话，注意文明礼貌用语、行业用语的使用。

2.小组内互换身份，轮流扮演，也可适当创新角色和对话。

3.小组互评与教师点评相结合。

任务二　　熟悉金融行业员工的电话礼仪

金融行业员工在工作过程中，经常需要通过电话与客户或是潜在客户进行交谈。电话交谈的质量不仅影响事情的沟通效果，还影响通话双方之间的关系。一位传播专家曾指出："不管是在公司还是在家里，只凭一个人在电话里讲话的方式，就可以判断出其教养水准。"由此可见，电话礼仪的重要性。金融行业工作人员在与客户通话时，应重视其在电话中的表现，符合电话礼仪的规范要求，做到彬彬有礼，语言得当，声音亲切自然，营造舒适的沟通氛围，给对方留下良好的印象。

微课4-2

金融行业工作人员的电话礼仪

一、拨打电话的规范

部分金融工作者可能会对拨打电话产生些许恐惧感。"恐惧"来源于害怕被拒绝、担心不能自如地应对突发状况等。因此，想要从容应对，学会"打电话"，就要提前做好准备，注意拨打电话的禁忌。

（一）打电话前的必要准备

1.核对客户相关信息

在联系客户之前，应核对客户的姓名、职务、职称、所在单位名称、电话号码，以便正确地称呼对方，更好地进行沟通。

2.梳理通话内容

联络对方之前，最好准备一份通话提纲，把需要沟通的内容罗列在纸上。这样在通话过程中，既可以做到简明扼要，条理清晰，又可以避免遗漏重要事项。

3.慎选通话时间

拨打电话所选的通话时间，应首先考虑对方是不是方便。一般情况下，不宜选择过早、过晚、午休或私人休息的时间。同时，还要考虑一些特殊情况，比如尽量避开周一上午，因为很多单位会选择在周一上午开会。如果打的是非本地客户的电话，还要考虑时差等因素。

案例4-3

不合时宜的电话

刘斌是北京某银行信贷部客户经理。某日，他需要与王姓客户沟通贷款事宜。早晨8点一上班，他就拨通了客户的电话。没想到客户把电话掐断了，听筒里传来了"您所拨打的电话正在通话中"的语音提示。没过多久，刘斌收到该客户发来的短信：我在新疆，还在休息，有事稍后联系。刘斌心想，8点了还没起床……那我下午再与他联系。下午2点上班后，刘斌再次拨通了客户的电话。没想到客户又掐断了电话，他回复消息说：我正在吃饭，等下给您回复。刘斌觉得难以理解，于是和自己的同事小张聊起这件事，小张说："新疆和北京有2个小时的时差呢！"刘斌这才恍然大悟。

（资料来源：王华. 金融服务礼仪 [M]. 2版. 北京：高等教育出版社，2019.）

案例分析：新疆时间与北京时间"差"两个小时。在新疆，人们一般10点上班，20点下班。刘斌两次打电话的时间分别是北京时间8：00和14：00，相对生活在新疆地区的人来说，正好是早晨6：00和中午12：00，因而会出现不方便接听电话的结果。因此，要充分考虑对方的生活作息、工作节奏后再决定打电话的时间。

4.准备好笔和纸

提前备好纸和笔，以便随时记录与客户电话交谈中的重要信息。

5.调整自己的情绪状态

打电话之前，很重要的一点就是要调整好自己的情绪，一个人的精神状态会直接影响他在电话中的表现。因此，金融工作者在联络客户前，应调整至饱满的精神状态，营造良好的沟通氛围。

（二）电话接通后的表现

进行通话时，通话双方虽然不能看到对方，但彼此之间在电话里的表现，却可以完全让对方感觉得到。作为拨打电话的一方，想要在第一时间给对方留下良好的印象，就要在通话过程中始终保持良好状态，注意自己的声音状态、说话态度及使用的词语。

1.熟练的开场白

熟练的开场白会让客户感受到金融工作者的自信和较强的业务能力。开场白的方式可以有两种情况：

（1）自报家门。如"罗女士，您好，我是××银行的理财经理×××。"

（2）询问对方或找人。如"您好，请问您是×××吗？""您好，请帮我找×××女士（先生）。""您好，请问是电力公司财务部吗？"

2.声音清楚自然

想要达到良好的通话效果，很重要的一点就是要声音清楚自然，这就需要注意以下几点：咬字清楚，音量、语速适中，语句简短。最好可以带着微笑说话，微笑可以带来亲切感，也会让声音变得悦耳。虽然对方看不到打电话人的表情，但却可以感受到微笑给语音语调带来的积极影响。

3.清楚简洁地陈述事实

电话中的语言应力求简洁有效，目标明确。因此，金融行业工作人员在拨打电话时要口齿清晰、简明扼要，让客户在短时间内能够理解你要表达的意思，切勿说话啰唆，铺垫过多。

4.经常性地使用一些提示语言

由于通话的双方看不到彼此，因此通话过程中尽量经常性地使用一些提示语言，向对方表明你正在听对方讲话。如"是的""我明白""好"之类的。

5.及时确认电话中的关键信息

通话过程中，为了确保重点内容被对方理解得准确无误，必要时应适当重复关键信息。当金融行业工作人员遇到自己认为的重点之处，可以说："请允许我重复一下"。

（三）通话告终时的规范

通话告终是通话的最后一个阶段，金融行业工作人员一定要善始善终，以礼相待，圆满结束通话。通话告终之时，主要涉及以下几个规范。

1.再次重复重点

在通话即将结束之际，拨打电话的一方在自认为必要的情况下，可将通话内容的重点再次向对方复述一遍。为避免给对方带来烦闷之感，在重复时应多采用礼貌用语。作为接听的一方，有时也可这样做。

2.暗示通话结束

准备结束通话前，一般拨打电话的一方可首先向对方发出结束通话的暗示。比如："请问您这边还有什么需要我解释的？""我要讲的就是这些。""您这边还有其他事情吗？"等。接听电话的一方也可根据情况先提出。

3.感谢对方帮助

通常情况下，作为一种礼貌的表达方式，拨打电话的一方应在通话结束前主动表示感谢，这种感谢可以是感谢对方的倾听或是占用了对方的时间，不一定是因为有求于对方或是对方直接给了一定帮助而表示感谢。

4.代向他人问候

如果通话双方已是旧交，那么在通话结束之前，双方还可相互问候一下对方的同事或家人。若是长期未谋面或通话，更应该这样做。

5.互相进行道别

结束通话的最后一句话，应当是通话双方互道"再见"。在任何情况下，这句话都不可以缺少，倘若不讲这句话，金融行业工作人员的电话礼仪水准就会大打折扣。一般来说，金融行业工作人员应先道一句"再见"，还可以在此基础上表示下次再联络。

（四）拨打电话的注意事项

1.通话要见机行事

打电话时，主动权一般掌握在拨打电话的一方。尽管如此，金融行业工作人员在拨打电话时亦应注意对方的反应，见机行事，切勿居高临下。倘若感到对方反应不够及时或不够积极，可询问对方此刻通话是否方便。必要时，可过一会儿再打。

2.拨错要及时道歉

万一因为误记、误拨等原因，而将电话打错了地方，在得到确认以后，一定要主动向对方致歉。不可若无其事地一声不吭，更不宜向对方发脾气。

3.时间要有所限制

正常情况下，拨打电话切勿时间过长。一般来说，每次通话的具体时间，以3~5分钟为宜。拨打电话时间过长，容易引起对方的反感。

4.话筒要轻轻挂上

金融行业工作者在挂断电话时，应先向通话对象暗示此意，再挂断电话。如果使用的是座机，需注意挂断电话时应将话筒轻轻放下。切勿挂断电话时一言不发，随手将话筒猛掷；或是在客户话音未落之时，挂断电话。

二、接听电话的规范

（一）接听电话的时机

一般来说，电话铃响时不应马上接听电话，最好在第三声铃响之前接听。如果一时未来得及接电话，电话响了许久，拿起电话时应先向对方致歉："抱歉，让您久等了。"

（二）电话接通后的常用语

电话接通后，金融行业工作人员应主动问好或略作自我介绍，切勿不做声或一直"喂"或是不客气地询问对方"你是谁"。常用的问好和自我介绍方式可以有："王女士，您好！""您好，××银行财富管理中心，我是××。""您好，××寿险为您服务。"

（三）挂电话的顺序

通话结束时谁先挂电话呢？一般来说，地位高者先挂电话。若双方地位平等，则拨打电话者先挂电话。因此，正常来说，金融行业工作人员无论作为拨打电话的一方还是接听电话的一方，都应让对方先挂电话。

（四）接听电话的注意事项

1.积极接听

电话铃响时，不应有意拖延时间，或是故意置之不理。服务礼仪要求，当电话铃声响起之后，应在铃响3次左右及时予以接听。在通话中如需对方等候，不宜长于1分钟。

2.全力呼应

金融行业工作人员在接听电话时，一定要全力呼应对方，切勿表现得漫不经心。当通话无故中断后，金融行业工作人员应立即拨打电话给对方，并从积极方面说明电话中断的原因，免得对方产生误会。

3.善解人意

碰到错打电话的情况，金融行业工作人员应耐心回应。有可能时，不妨协助对方核实或查找一下对方所要拨打的电话号码。因故不便接听客户电话时，须先向对方致歉并讲明原因，随后再在双方约定的时间里，主动而准时地打电话给对方。请对方一会打来的做法，不太妥当。

4.巧于中止

若在通话时无意将其继续下去，一般不宜直言相告。一个巧妙的方法，是告诉对方有客人到访，有人召唤自己，或有另外一个电话打了进来。万不得已打算这么做时，别忘了向对方道歉，并表示希望以后有机会再与对方畅叙。

案例4-4

经典的电话情境

行长助理：下午好，这里是行长办公室，很高兴为您服务，请讲。

客户：您好，麻烦您转接一下陈德胜行长。

行长助理：先生您好，很高兴为您服务，我姓张，是陈行长的新助理，请问该怎么称呼您？

客户：张助理，您好，我姓吴，是你们陈行长的老客户。

行长助理：吴先生，您好，请您稍等，我马上为您转接陈行长。

客户：好的，谢谢。

行长助理：吴先生，非常抱歉，陈行长的电话现在没有应答，吴先生，需要我帮您给陈行长留言吗？

客户：好的，您告诉他就说吴磊来过电话了。

行长助理：好的吴先生，需要我记录一下您的电话号码吗？

客户：他知道的，您说吴磊就可以了。

行长助理：好的吴先生，我已经记录下来了，我一定会尽快转告陈行长，吴磊吴先生给他来过电话了。吴先生，您还有其他的吩咐吗？

客户：没有了，谢谢您。

行长助理：不客气，吴先生，祝您下午愉快！吴先生，再见！

客户：谢谢，再见！

案例分析：这是一段经典的行长助理与客户电话沟通的情境，打电话的整个过程，新来的行长助理都非常礼貌地进行回应，在第一时间主动告知对方自己的身份。当客户要找的人不在时主动询问是否需要电话留言，整个过程处理得当，让人听着舒服愉快。

三、特殊情况的处理

（一）转接电话的处理

1.转接电话的一般处理方式

如果对方要求转接电话，应重复一遍以确认要转接给部门里的哪一位。如"×××对吗？这就为您转接，请稍等。"

2.转接的对象正在打电话

如果对方要找的人正在打电话，不要让对方一直等待，可以说："真不巧，他正在接别的电话，我能为您做些什么呢？"

3.转接的对象暂时离开

这时候可以不挂断电话，但最多可以让对方等1分钟。如果估计要等的时间比较长，可以说"对不起，可能还要一些时间，我会转告他一会儿给您回话。"，在确认对方的电话号码和姓名后暂时挂断电话。

（二）电话留言的处理

如果要接电话的人不在，应从积极的方面解释他不在的原因。一般来说，只需要告诉对方要找的人什么时候回来，而不需要特别解释为什么不在，去了哪里等。需要注意的是，在询问打电话的人的姓名之前，应先告诉对方要找的人不在。

金融行业工作人员还应主动询问客户是否需要为其留言。留言的内容一般应包括：客户的姓名、部门、公司名、电话号码及客户打电话的原因、打电话的时间及日期、客户要联络的人的名字等。写完之后，还应向对方核实留言的要点。

知识拓展4-2

电话记录的"六W"技巧

进行电话记录时，其内容应大致包含六个方面。因六个方面的关键词英文首字母均为W，因此简称"六W"。

1."Who"，即"什么人"。应当包括对方的姓名、单位、电话号码等信息。

2."When"，即"什么时间"。应当包括对方打电话的具体时间。必要时，还需记下通话所用的时长。

3."Where"，即"什么地方"。应当包括对方所在的地点，以及接听电话者所处的具体地点。

4."What"，即"什么事情"。应包括对方交代的事情以及通话时双方讨论的具体事情。

5. "Why"，即"什么原因"。应包括通话的主要原因或者双方所讨论的某些前因后果。

6. "Which"，即"什么处理方式"。应包括进行电话记录的一方事后对记录所做的处理。

（资料来源：金正昆. 服务礼仪 [M]. 北京：北京联合出版公司，2013.）

（三）投诉电话的处理

接待投诉电话要语言恰当，把握好分寸。语言的使用要体现出对客户的理解、尊重以及对问题处理的明确态度，避免激化矛盾。

1. 给客户提供解决方案

"您别着急。您详细描述一下具体经过（情况），好吗？"

"您看这个问题这样处理好不好？"

2. 承诺解决时效

"我能够理解您的心情，您提到的这个问题非常重要。后台需要进行核实，您看最晚今天下午四点前给您反馈，可以吗？"

"非常抱歉，因为您提到的问题比较复杂，我现在还无法给您明确答复。我马上去处理这件事情，尽快给您答复，最晚不超过明天下午，您看这样可以吗？"

四、实践训练

（一）实训内容

拨打工作电话实践训练——电话用语模拟演示。作为一名银行个人信贷客户经理，你需要给客户打电话沟通贷款事宜。

（二）实训目标

1. 素质目标：能具备良好的电话语言沟通能力。

2. 知识目标：能熟知接打电话的用语规范。

3. 能力目标：能够大方得体进行电话沟通。

（三）实训步骤

1. 以小组为单位，4～6人为一组，根据场景分角色表演，合理设计对话内容。

2. 小组内互换身份，轮流扮演客户经理和客户。

3. 小组互评与教师点评相结合。

任务三　　掌握金融行业员工的语言艺术及沟通技巧

一、金融服务中的语言艺术

金融行业员工在服务过程中，与客户进行沟通和交流，都是通过语言完成的。因此，语言是一种重要的服务方式。然而在实际工作中，同样的内容，只是语言表达的技巧不同，却能导致不同的效果，有的会让客户愤怒，有的会让客户愉悦。因此，学会艺术地说话，掌控语言的艺术在与客户的交往中必不可少。

（一）讲究礼貌

恰当地使用礼貌用语会提升语言的品质，同样的话语只要在前面加个"请"字，客户受尊重的感觉就会油然而生。比如"这边走"和"请往这边走"两句话同样是为客户指引方向，但客户听来的感觉却是不尽相同的。因此，金融行业工作人员在为客户进行服务时，不要吝惜使用礼貌用语，应将礼貌用语时刻挂在嘴边。

（二）声音优美

声音在服务过程中能够给予客户听觉享受，因此金融行业工作人员在与客户进行交谈时，应注意把握说话的语气、语调、语速和音量。

1.语气柔和

想要讲话语气柔和，首先要采用丹田呼吸法使腹部和丹田充满气息，为发音提供充足的"气"与"力"，从而奠定优美声音的基础。同时还要调整好讲与呼吸的关系，可以做如下的尝试：

（1）要尽可能轻松自如，吸气要迅速，呼气要缓慢、均匀，吸入的气量要适中。

（2）讲话时尽可能在自然停顿处换气，不要等讲完一个长句才大呼大吸，会显得说话很吃力。

（3）无论是站立还是坐着说话，都要抬头、舒肩、展背，胸部要稍向前倾，小腹自然内收。这样做才会让声音产生甜美、柔和的感觉。

2.语调恰当

在交谈中，要根据对象、事情、场合的不同合理地把握语调。一般来讲，在日常接待中，多数要使用升调，升调的语言会给对方带来温暖、舒适的感觉。而当谈到不愉快或是严肃的事情时要用降调。比如：金融工作者在使用"十字"礼貌用语时，除了"对不起"使用降调之外，"请、您好、谢谢、再见"一般都需要用升调来完成。

3.语速适当

在服务过程中，语速以客户听得清楚为基本原则，并能够针对不同的人、不同的事情灵活把握语速。比如：面对年事已高的老人，解答专业性较强的问题时，要将语速放慢些，以对方能听明白为主。而面对年轻人，解答比较简单的问题时，语速则可以快一些，表现出专业和自信。

4.音量适中

金融工作者在与客户交谈时，说话声音不能太小，使得客户听起来十分费劲，而且也有不愿为其服务之嫌，但又不能过于响亮。在讲话时声音要适中，既要保证客户可以听到，又不要妨碍其他客人之间的交流，既要保护客人的私密信息，又要达到服务的目的。

案例4-5

不合时宜的音量

一个客户到银行取款，业务办理完毕后，询问柜员："我的账户还有多少余额，您能帮我查查吗？"

"你手中的单子下面有余额。"

客户看了一遍没有找到说："没有啊。"

柜员有些不耐烦，大声说："就在下面，这不是很清楚吗，还有 30 万元。"响亮的声音在大堂里回荡，很多客户都扭头看。

客户十分不满，大声说："我要把所有的钱都转走！"

（资料来源：纪亚飞. 服务礼仪标准培训［M］. 北京：中国纺织出版社，2020.）

案例分析：账户信息是比较私密的信息，无论如何不能像放广播一般当众说出，可以采取手写的方式来传递信息。音量过大，往往会降低服务品质，并会引起客户的不满。

（三）语言规范

金融工作者在为客户提供服务时应注意语言的规范，尽量使用标准的普通话，不夹带土话、方言等。能够做到语音清晰准确，词语规范得体，表达通顺明了。另外，遣词造句要文雅、准确，不能使用一些比较粗俗的语言。

（四）把握分寸

金融工作者要找准自己的位置，在服务客户的过程中必须清楚：有些话可以说，有些话最好不说，要把握语言交流的分寸。

服务人员在工作中要确保自己的语言与服务有关，简明礼貌地表达服务内容即可，要把更多的空间留给客户，不要企图彰显自己的嘴皮子功夫，多言多语反而会产生不良的效果。

（五）及时周到

语言讲究时效性，在适当的时间用适当的语言是最有效的。请对比以下三种不同时机下问候的效果：

第一种，客户走进银行大堂，大堂经理正在整理单据，连忙放下手中的工作，走上前去与客人目光相对，并在距离三米左右的位置热情地问候："早上好，欢迎光临。"客户被这一声响亮的招呼所打动，心情也愉悦起来，立刻微笑回应："早上好。"

第二种，客户走进银行大堂，大堂经理看到了没有什么表示，把眼皮垂下继续整理手里的单据，直到客户走到眼前才说："早上好，欢迎光临。"客户什么也没说，像是没听见一样。

第三种，客户走进银行大堂，大堂经理正在整理单据，客户突然说："早上好。"大堂经理吓了一跳，连忙回应："早上好。"客户阴阳怪气地说："你们倒是挺牛的，还得客户主动问候你们。"转身就走了。

由此可见，及时周到的服务语言才能体现出服务的品质，错过了绝佳的时机再说会让效果大打折扣。

（六）考虑他人

说话时考虑他人就是站在他人的角度说话，这是人际交往中很重要的一点。站在他人角度说话，是指在不违反原则的前提下，根据对方的心理需求和实际需求说话，让对方感受到被尊重和理解，从而取得良好的沟通效果。

思政小课堂

思政目标：具备爱国、敬业的价值准则；具备较强的语言表达和与人沟通的能力；具备良好的中华文化素养与马克思主义理论素养。

思政案例：习近平的语言魅力

习近平新时代中国特色社会主义思想得到全党全国各族人民广泛认同和真心拥护，原因何在？除了这一思想体系具有科学性、真理性、革命性、实践性、时代性、民族性等重要特征外，也和该思想体系的主要创立者习近平总书记极具个性的语言风格和特色密切相关——这一特点使得习近平新时代中国特色社会主义思想更容易被理解和传播。

当前，在深入学习贯彻习近平新时代中国特色社会主义思想的同时，也要重视学习习近平总书记的语言风格和特色，提高表达水平，使语言准确生动地传达思想，推动党中央确定的各项任务顺利完成。

习近平总书记作为党的核心、军队统帅、人民领袖，在治国理政实践中发表了一系列重要讲话，形成了独具特色的语言风格。

简短精练，要言不烦。习近平总书记提倡并践行着"讲短话"的理念。党的十八大之后，针对如何解读十八大精神，习近平总书记明确指出："党的十八大精神，说一千道一万，归结为一点，就是坚持和发展中国特色社会主义。"其一语道破真谛，给学习研究宣传党的十八大精神指明了方向。

习近平总书记善于用高度凝练的字或关键词把思想浓缩其中，让人能听懂、记住。比如，他用"亲诚惠容"这"四字箴言"精辟概括多年来中国周边外交的实践；他用"真、实、亲、诚"四个字高度概括中非关系的发展。

通俗易懂，接"天"连"地"。领导干部讲话既要传达党的政策，又要在群众中收集民意，所以，要把党的政策表述转化为群众喜闻乐见的语言。通俗地说，就是既要有高度，又要接地气，以便于大家学习、理解和接受。

习近平总书记经常使用群众喜闻乐见的语言。"中国梦"成为凝聚13亿多人民力量的"最大公约数"，"小康不小康，关键看老乡"……这些语言既可以拉近与老百姓之间的距离，又起到了画龙点睛之效。

新颖别致，推陈出新。习近平总书记的讲话也很注重吸收为大众所接受和认同的新表达方式，不断推陈出新，做到新颖别致，从而影响更多受众。

2015年元旦，习近平总书记在新年贺词中说，"我们的各级干部也是蛮拼的""我要为我们伟大的人民点赞"。"蛮拼的""点赞"都是在网络上比较流行的富有时代气息的语言，习近平总书记用这些语言遣词造句，拨动了无数人民群众尤其是年轻人的心弦。2014年2月7日，习近平总书记在索契接受专访时感叹："你知道，承担我这样的工作，基本上没有自己的时间。今年春节期间，中国有一首歌，叫《时间都去哪儿了》。对我来说，问题在于我个人的时间都去哪儿了？当然是都被工作占去了。"这些富有时代气息的新鲜表达，直抒胸臆，拉近了与人民群众和时代的距离。

幽默生动，妙语天成。无论是在外交舞台上与国际友人交流，还是在国内基层考察调研时与普通百姓交谈，习近平总书记常会以幽默睿智的表达，将想法传递出去，给人以轻松愉悦的感觉。

2013年3月，习近平总书记访问俄罗斯，在会见中国驻俄使馆工作人员和中资机构代表时说："我不是痛并快乐着，是累并快乐着。"他幽默地借用和改造了"痛并快乐着"这一流行语，以此表达他对待工作和生活的乐观主义精神，让听众心领神会。

引经据典，诗情画意。为了更深刻地表达观点、见解和思想情感，习近平总书记经常引经据典，取得了引人入胜的效果。

他用《晏子春秋》里的"德莫高于爱民，行莫贱于害民"说明党员干部要牢记宗旨的重要性；用"勿以恶小而为之，勿以善小而不为"告诫党员干部要从细节琐事上提高自身拒腐防变的能力；以"些小吾曹州县吏，一枝一叶总关情"来说明党员干部要时刻摆正立场，培养对人民群众的真挚感情。

高瞻远瞩，纵横捭阖。习近平总书记高瞻远瞩，把中国的发展放在世界中来看，对人类历史的发展和世界各国人民的发展都给予了更多的关注，显示了卓越的世界眼光和领袖风范。

习近平总书记以博大的胸怀思考"世界怎么了？""人类怎么办？"等事关人类命运的问题，提出了一系列重要论断，引领世界发展的潮流。2013年3月，习近平总书记在莫斯科国际关系学院发表演讲，第一次向世界提出"命运共同体"理念。随后，"构建人类命运共同体"理念被写入联合国决议、安理会决议、联合国人权理事会决议。其日益凸显时代价值，显示出强大的国际影响力、感召力、塑造力。

资料来源：洪向华．习近平的语言魅力．［EB/OL］［2018-05-17］. https://baijiahao.baidu.com/s?id=1600696460453480790&wfr=spider&for=pc.有节选.

思政意义及反思：

习近平总书记独具标识和印记的语言风格的形成有着深厚的土壤和基础。其来自高深的马克思主义理论素养、丰富的工作经历、深厚的中华文化素养、治国理政的新实践等。党的二十大报告强调："马克思主义是我们立党立国、兴党兴国的根本指导思想""坚持和发展马克思主义，必须同中华优秀传统文化相结合。只有植根本国、本民族历史文化沃土，马克思主义真理之树才能根深叶茂""我们必须坚定历史自信、文化自信，坚持古为今用、推陈出新，把马克思主义思想精髓同中华优秀传统文化精华贯通起来、同人民群众日用而不觉的共同价值观念融通起来"。习近平总书记独具特色的语言表达方式给全体党员干部做出了榜样，除了广大党员干部，当代大学生也应向习近平总书记学习讲话的艺术，在学习生活中坚持用马克思主义中国化最新成果武装头脑，提升自身的中华文化素养，坚定文化自信。同时注重培养自身的语言表达能力、与人沟通能力；在未来的金融岗位工作中，注意文明礼貌用语及行业用语规范，与客户沟通时语言精练准确，通俗易懂；做到爱岗敬业，尊重他人，为全面建成社会主义现代化强国贡献力量。

二、金融服务中的语言沟通技巧

在日常工作中，金融工作者难免会遇到需要客户进行配合和理解自己工作的情况，这时可以使用一些语言沟通技巧，营造良好的交流氛围，降低一些话语的对抗性，使事情得以圆满解决，使工作效率和质量得以提高。

（一）说服他人的技巧

金融工作者在服务过程中，当遇到需要客户配合工作或客户不接受自己的主张的情况时，可以采用情感投入法、事实法和对比法等积极的方法说服对方。

1.用情感投入法说服客户

在说服他人时，如果彼此存在很强的对立情绪，即便再好的观点，也难免被对方漠视和拒绝。因此，金融工作者想要赢得客户的信任，需要真诚地站在对方的角度，形成情感共鸣，动之以情是非常好的做法。

2.用事实法说服客户

俗话说：事实胜于雄辩。金融工作者在说服客户接受自己的观点时，与其干巴巴地讲一番大道理，不如善用一些生动的实例，从中引出能为对方所领会和接受的道理，往往更具可信度和说服力。

案例4-6

一个说服客户的成功案例

一次，一位客户找到大堂经理，生气地说："等了很长时间也没听到叫我的号，可是比我晚来的人都已经办完业务走了。他们VIP是人，我们就不是人啦！"

大堂经理听后说道："其实，如果是我来办理业务，我也希望等待的时间越短越好，我非常理解您。银行之所以开通VIP窗口，其中的一个原因是这些客户的业务往往比较复杂，如果让他们和大家一起办理业务，会让后边的客户等待更长时间，所以，为了不让其影响更多的人，当然还有您，才开辟了针对他们的专用窗口。"

资料来源：吕艳芝，纪亚飞.银行服务礼仪标准培训[M].北京：中国纺织出版社，2014.

案例分析：柜面人员解释银行的任何规则，其背后都有客观原因的支持。在说服客户时告知对方原因，比告诉对方结论更重要。这就需要我们深入理解和重视规则背后的原因。

3.用对比法说服客户

说服一些不了解情况却坚持己见的客户时，金融工作者可以通过对比法让对方了解到自己的思想和做法有偏差和漏洞，最后在对比中权衡利弊，放弃自己的观点，改变自己的行为。

在运用说服的技巧时，要注意对方的感受，设身处地地为客户着想，这样才容易打动对方。同时，说服他人的语言要明确、神情要平和、语气要和蔼。要善于开导和启发，讲究方式方法。但无论使用哪种方法，都需要情感的投入，客户只有在心情比较好的情况下才有可能接受建议。因此，重视营造说服客户的氛围是成功说服客户的关键。

（二）拒绝他人的技巧

工作和生活中，任何人被拒绝，情绪上都多多少少会受到影响。当客户提出一些超出规定或权限的要求时，金融工作者不得不坚持原则拒绝对方，但生硬地拒绝可能会引起对方的怨怼甚至是愤怒。因此，金融工作者在拒绝他人时，要学会寻求科学的方法降低拒绝带来的伤害。

1.说明拒绝的原因，取得对方的谅解

事出必有因，拒绝对方总是有原因的，金融工作者在拒绝客户时应将拒绝的原因耐心地讲给对方，而不是不说明任何原因直接拒绝对方。对于一般通情达理的客户，讲明拒绝原因能较好地取得对方的谅解。

2.先肯定对方，后拒绝对方

卡耐基在《卡耐基成功之道》一书中写道："人际交往中，当给一个人吃颗药之前，要先给他吃一颗糖。这样做，对方苦的感觉会降低。"有时候，金融工作者在拒绝客户之前，如果能先肯定对方，往往能够减轻客户被拒绝后的负面情绪。在实际工作中，金融工作者在拒绝客户的要求时，可以巧妙地运用这个技巧。

案例4-7

让人接受的"拒绝"

情境一：××银行推出了一项办存单享优惠的活动，优惠期已过，一个客户前来询问优惠活动情况，客户经理回应："感谢您喜欢和支持这项优惠活动，如果这项活动没有结束就好了。不过，今后类似的活动一定还会有的，方便留一下您的电话吗？到时我会提前通知您的。"

情景二：面对已过下班时间来办理业务的客户，大堂经理巧妙地说道："阿姨！辛苦您了，已经过了下班时间，麻烦您明天来办理业务好吗？谢谢您啦！"

情境三：面对大额取现却没有携带身份证的客户，柜面人员耐心说道："您等了这么长时间，现在还要您回家去取身份证，实在是不好意思啊。"

（资料来源：吕艳芝，徐克茹，冯楠.公务礼仪标准［M］.北京：中国纺织出版社，2021.）

案例分析：如果因客观原因不得不拒绝客户，在表示拒绝前，应首先表达对对方的肯定，这样会让对方的负面情绪减轻一些。在实际工作中，我们应充分利用这一点。

3.提出合理的建议，表达真诚的态度

金融工作者拒绝客户的要求时，最好能够提出一些可行性建议或提供其他选择，真诚地为对方想一些办法。

柜面人员在办理客户没有携带证件的大额取现业务时，可根据情况为客户提供建议："您看您先在柜台取一部分，再在自助设备上取一部分可以吗？这样就不用特意跑回去取身份证了。"

（三）语言优化的技巧

在服务过程中，一些语言的表达容易给客户带来负面的情绪体验。一类是命令式语言，一类是否定式语言，这两类语言很容易让人产生排斥心理，是金融工作者一定要杜绝的语言。那么，如何恰当地表达呢？可以采用一些技巧进行优化。

1.优化命令式语言

命令式语言往往带给人高高在上、不平等的感觉。优化命令式语言可以采用这样两种方法：

（1）附加致歉式语言

银行柜面的打印机突然出现故障，对客户说："机器坏了，等会儿！"这会让客户产生怎样的想法呢？

客户可能会想："好不容易排到我了，机器又出现了问题，真烦！""什么意思，难道就该让我等着吗？""这银行条件怎么这么差！"在这样的思想支配下，客户往往会下意识地讲出过激的语言。

为了防止这种情况出现，可以换一种表达方式，如将"机器坏了，等会儿！"变为"非常抱歉！机器坏了，请您稍等一下"。我们可以发现，命令式语言在附加了"非常抱歉"这样致歉式的语言后，会让客户听起来更为舒服，加入致歉式语言降低了命令式语言的对抗性。

（2）附加商量式语言

同样还是"机器坏了，等会儿！"这句话，如果在附加致歉式语言的基础上再附加商量式语言，变成"非常抱歉！机器坏了，麻烦您稍等一下好吗？"这样商量式的请托语后，会给对方带来比较温馨的情绪体验，使客户乐于接受。

2.优化否定式语言

办理业务过程中，客户有时会有一些错误操作，如拿错证件、签名签错位置等，金融工作者不宜直言相告"你拿错证件了""你名字签错位置了"。否定式语言会给人一种被训斥、无能的感觉，可以尝试将这些否定式的句子转变为肯定式的句子。比如，将"你拿错证件了"转变为"请出示您的身份证"，将"你签字的位置是错误的"转变为"请在右下角签字"。

不难发现，将否定式的句子转变为肯定式的句子，其实就是将正确的做法是什么告诉客户。

3.优化语言要从转变意识开始

语言习惯来自人的思想意识，将自己置于和对方平等的位置时，我们的语言一定是平等的、商量式的、肯定式的。当我们期待自己的语言能给客户带来愉快的心情时，我们的语言会变得温馨和美好。

（1）平等对待客户

与客户进行交往时，既不要忘记自己的身份，也不得过分强调自己的身份；杜绝对客户冷言冷语、漠不关心、缺乏耐心，应做到待人真诚、热情服务、不厌其烦。

（2）关注客户的体验

热情的语言能给客户带来满足和快乐的情绪体验，指令式、否定式的语言会给对方带来不愉快或气愤的情绪体验。

将金融服务提高到关注"客户体验"这一高度，可以把服务做得更好。

> **模拟演练4-4**

优化带来负面情绪的语言

任务：以小组为单位，讨论以下生硬的语言如何进行优化（需自行设计情境）：

1."你理解错了!"

2."还没听明白呀!"

3."这不归我管。"

4."你的表格填错了，重新填吧!"

要求：通过实训，掌握不同情境下的语言优化技巧，小组互评与教师点评相结合。

三、实践训练

（一）实训内容

金融服务中的语言沟通技巧实践训练——处理客户抱怨。

★场景描述★

一天，一位客户来到××银行办理境外汇款业务，他边填单子边说："境外汇款填的单子真是麻烦!"

大堂经理笑着说道："非常抱歉! 其他客户也有这种反映。"

客户又说道："那么多客户反映，你们为什么不解决呢?"

大堂经理笑着回答："我明白您的意思，我们和上级领导已经做了汇报，在抓紧想办法解决。"

客户不依不饶地说道："你说你汇报了，你说在想办法，谁知道是真的还是假的!"

大堂经理继续笑着回答道："先生，我非常理解每次境外汇款填单给您带来的麻烦。您看，尽管填单很麻烦，可是您每次都能准确完成。"

客户听到这里也笑了起来，他说道："不说了，不说了，我也不想给你添麻烦，你们要真的抓紧想办法啊。"

（二）实训目标

1.素质目标：能有同理心和积极的金融服务意识。

2.知识目标：能掌握语言沟通技巧。

3.能力目标：能根据场景灵活运用语言沟通技巧。

（三）实训步骤

1.以小组为单位，4~6人一组，进行分角色模拟演示。

2.针对场景描述进行不同版本的演练：基于场景的直接模拟演示，注意语气和动作设计；基于场景进行设计与发挥，可以对情景内容及情节进行合理改动，适当设计语言及对话；体现出大堂经理良好的沟通技巧和处理问题的能力。

3.小组互评与教师点评相结合。

项目小结

1.文明礼貌用语是金融行业员工在服务过程中的必备语言，能够提升服务质量。金融行业员工在与客户沟通和联系时，应注意文明礼貌用语的使用，并自然融入话语中，以营造良好的沟通氛围，让客户始终感受到尊重。

2.金融行业人员在服务过程中不仅需要通过使用行业用语展示自身的业务能力和职业素养，更要规范、恰到好处地使用这些行业用语，并注意使用的禁忌，这样才能更好地赢得客户的理解与信任。

3.金融服务中的书面用语具有服务性、凭据性、缜密性、严肃性的特点，因此金融工作者在使用书面用语时，应注意其规范，避免产生不良的影响。

4.金融行业员工在日常工作中，经常需要利用电话同客户进行交谈。在与客户通话时，声音、态度和所使用的语言会直接影响通话效果。因此，金融工作者应重视其在电话中的表现，符合电话礼仪的规范要求，做到彬彬有礼，语言得当，声音亲切自然，营造舒适的沟通氛围，给客户留下良好的印象。

5.语言是一种重要的服务方式。同样的内容，只是语言表达的技巧不同，往往会产生不同的效果。因此，在与客户的交往中要学会使用艺术性语言，当遇到需要客户进行配合和理解自己工作的情况时，可以使用一些语言沟通技巧，营造良好的交流氛围，降低一些话语的对抗性，提高解决问题的效率和效果。

项目训练

■ **基础知识训练**

一、单项选择题

1.在服务过程中，金融行业工作人员表示自谦、恭敬的一些约定俗成的语言及其特定的语言表达方式属于（　　　）。

A.礼貌用语　　　　B.文明用语　　　　C.行业用语　　　　D.书面用语

2.一位客户在某银行办理业务时，态度非常蛮横，语言也不文明，并提出了许多不合理的要求，银行工作人员应该（　　　）。

A.拒绝客户的要求　　　　B.立即向领导汇报　　　　C.不理睬客户

D.坚持耐心地给客户解释并尽最大限度满足其要求

3.下列礼貌用语中，属于应答语的是（　　　）。

A.对不起　　　　B.不要紧　　　　C.请慢走　　　　D.下午好

4.金融行业员工在服务过程中展示自身的业务能力时，更要规范、恰到好处地使用行业用语。下列不属于行业用语使用原则的是（　　　）。

A.准确原则　　　　B.适度原则　　　　C.赞美原则　　　　D.高效原则

5.金融行业工作人员在工作过程中经常要使用书面用语，以下属于书面用语主要特点的是（　　　）。

A.活泼性　　　　　　　B.缜密性　　　　　　C.口语化　　　　　　D.个性化

6.电话接通后，金融工作者应当（　　　　）。

A.等待对方先说话　　　　　　　　　B.主动说："喂，喂！"

C.主动询问对方是谁　　　　　　　　D.主动问好或略作自我介绍

7.关于挂电话的顺序，下列说法正确的是（　　　　）。

A.地位高者后挂电话　　　　　　　　B.接电话的一方先挂电话

C.谁先挂电话都可以　　　　　　　　D.地位高者先挂电话

8.金融工作者在服务过程中，当遇到需要客户配合自己的工作或客户不接受自己的主张的情况时，比较无效的做法是（　　　　）。

A.用情感投入法说服客户　　　　　　B.用事实法说服客户

C.用对比法说服客户　　　　　　　　D.用硬性规定说服客户

二、多项选择题

1.下列说法中，符合金融服务语言规范具体要求的有（　　　　）。

A.多说俏皮话　　　　　　　　　　　B.不用忌语，语速适中

C.任何场合下都可以开玩笑　　　　　D.对客户的询问耐心回应

E.多使用专业术语

2.打电话前要仔细处理的信息有（　　　　）。

A.核对客户的所在单位　　　　　　　B.核对客户的电话号码

C.核对客户的姓名　　　　　　　　　D.核对客户的职务及职称

3.以下属于金融行业用语使用禁忌的有（　　　　）。

A.不尊重之语　　　B.不友好之语　　　C.不耐烦之语　　　D.不客气之语

4.金融行业员工在为客户服务时可以展现的语言艺术有（　　　　）。

A.讲究礼貌　　　　　B.及时周到　　　　C.考虑他人　　　　D.语音低沉

E.把握分寸

三、判断题

1.在电话中，对方看不到我，所以没有必要微笑着说话。　　　　　　（　　　）

2.金融行业人员相互交谈中，可以不注意文明用语。　　　　　　　　（　　　）

3.如果对方要求转接电话，应重复两遍以确认要转接的人。　　　　　（　　　）

4.金融工作者在拒绝客户时应将拒绝的原因耐心地讲给对方，而不是直接拒绝对方不说明任何原因。　　　　　　　　　　　　　　　　　　　　　　　　（　　　）

■ **实践操作训练**

【服务场景演练4-1】解决客户临时大额取现问题场景

又是一个繁忙的工作日，一位客户没有提前预约就来到银行柜台前要求取出21万元现金，柜员告知客户钱箱中没有足够的钱，大额取现需要提前预约，客户十分生气，大堂经理过来安抚客户并帮客户想办法。

【演练说明】

目标：通过情景演练锻炼学生的语言表达能力、应变能力和团队协作能力，体会语言艺术和沟通技巧在金融服务中的应用。

任务：（1）请参照以上案例情景进行银行服务场景的模拟演练。

（2）互相观摩并进行分析与讨论，小组互评与教师点评相结合。

要求：（1）请每位同学积极参与，以小组为单位，每组2～5人，分角色扮演。

（2）自行安排场景展示的上场人数及身份，可以对情景内容及情节进行合理改动，适当设计语言及对话。可利用现场的桌椅设备，也可自行准备其他所需的道具。

（3）请同学们认真对待，深入思考，并进行特色创新。

【服务场景演练4-2】日常客户电话沟通场景

一天，理财经理致电客户提醒他购买的一款理财产品即将到期，并与客户约定时间来自己的银行网点为其介绍新的理财产品。

【演练说明】

目标：通过情景演练培养学生的语言表达能力和电话沟通能力，使学生深入体会电话沟通的技巧和注意事项。

任务：（1）请参照以上案例情景进行电话场景的模拟演练。

（2）互相观摩并进行分析与讨论，小组互评与教师点评相结合。

（3）参照表4-1，对自己的电话表现进行评价。

表4-1　　　　　　　　　　　　　电话表现自测表

自测项目		自测结果（是/否）
个人形象	是否发出清晰悦耳的声音	
	是否微笑着说话	
	语速、语气、语调是否得当	
	是否传达出积极的情绪状态	
沟通过程	是否主动问好	
	是否感谢对方接听	
	是否自信地说出拜访的理由	
	是否条理清晰	
	是否将需要沟通的事宜说完整	
	是否及时向客户核实重要信息	
	是否及时恰当地使用了文明礼貌用语	

要求：（1）请每位同学积极参与，以小组为单位，每组2人，分角色扮演。

（2）可以对情景内容及情节进行合理改动，适当设计语言及对话。可利用现场的桌椅设备，也可自行准备其他所需的道具。

（3）请同学们认真对待，深入思考，并进行特色创新。

项目五
金融行业员工的日常交际礼仪

思政育人目标：

★培养文明、和谐的价值目标。

★培养学生真诚友善、善解人意、热情主动、宽容谦逊的待人接物的风格。

★培养学生良好的语言表达能力、与人沟通能力。

★培养学生分析和解决问题的能力、处理特殊事情的应变能力和较强的心理素质。

知识目标：

★熟知称呼礼仪的使用原则。

★掌握自我介绍和为他人介绍的礼仪规范。

★掌握递接名片的礼仪规范。

★掌握握手、鞠躬、致意等会面活动的礼仪规范和基本要求。

★了解电子邮件、社交软件在交际中的应用和规范。

技能目标：

★能够准确、恰当地称呼对方。

★能够根据不同场合进行自我介绍和他人介绍。

★能够抓住正确的时机和采用正确的方式递送名片。

★能够根据不同的场景得体地使用不同形式的见面礼节。

★能够正确地使用电子邮件和微信进行联络。

项目思维导图

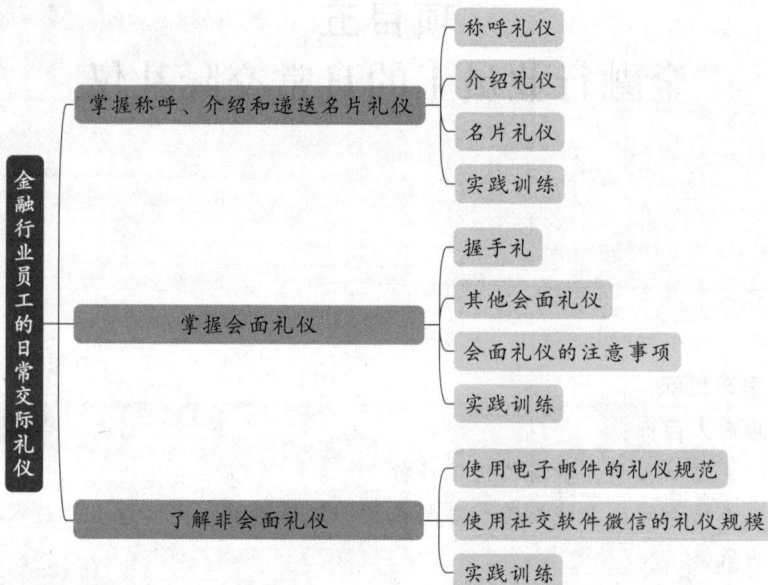

案例导入

　　客户经理张南一直在网点等候他的朋友，因为今天他的一位朋友要介绍一位客户给他，张南特意提前等在门口迎候。朋友的车停好后，张南立即上前打开车门迎接他们，朋友感觉很有面子，也很开心地介绍他们认识，张南随之进行了简单的自我介绍，并表示了欢迎之情，随后引导客户进入网点的会议室。张南用他真诚的自我介绍和热情周到的服务赢得首轮印象之后，接下来的交流也变得十分顺畅，很快赢得了客户的信任。

　　（资料来源：吕艳芝，纪亚飞. 银行服务礼仪标准培训［M］. 北京：中国纺织出版社，2014.）

　　对外日常交际是金融行业员工工作中必不可少的组成部分，它涉及称呼、介绍、递送名片、会面行礼、使用社交工具和软件交际等诸多内容。金融行业员工需要掌握各交际环节的礼仪和规范，给客户留下良好的印象，从而为后续的金融服务工作奠定良好的基础。本项目将围绕称呼、介绍和递送名片礼仪、会面礼仪以及非会面礼仪三个方面进行详细阐述。

任务一　　　掌握称呼、介绍和递送名片礼仪

微课 5-1

称呼礼仪

一、称呼礼仪

　　称呼是指人们在日常交往应酬之中，彼此之间所采用的称谓语。金融行业员工在工作中选择正确、适当的称呼，不仅体现对对方的尊重和重视，还体现出自身的修养

和素质。对客户或工作伙伴称呼不当往往会带来负面影响，甚至会影响后续的交往。因此，金融行业工作人员应当了解和掌握称呼在不同环境和场合的规范，恰当的称呼有助于社交活动的成功开展。

（一）称呼的基本功能

通常，称呼有以下三个基本功能：

1.引起对方注意

在日常交往中，通过呼唤引起对方注意。例如，一声"赵老师"，使被呼唤人了解到呼唤人欲与之交流的意愿，进而开展接下来的交流。

2.体现双方的关系

称呼他人时，呼唤人是对与被呼唤人之间关系的主动定位。例如，"刘行长"表示工作关系或表明上下级关系。

3.明确态度与情感

一个简单的称呼，很多时候蕴含着呼唤人对被呼唤人的态度与情感。例如，"杨红女士""杨红同志""杨红""小杨""红姐""红儿"等均是对杨红本人的称呼，这些不同的称呼方式，却能反映呼唤人对被呼唤人的不同态度和情感。

（二）称呼的种类和方式

1.工作场合的称呼

工作场合是一种典型的正式场合，要求人们在彼此相称时应注意称呼的正式、庄重和规范。

（1）职务称呼。职务称呼是一种常见的称呼方式。在工作中，为表示身份有别、敬意有加，往往以交往对象的职务相称，可以有以下四种称呼方式：

① 仅称职务，如"经理""处长"。

② 姓氏+职务，如"王经理""张处长"。

③ 名字不带姓氏+职务，如"凯伦经理""一帆处长"。

④ 姓名+职务，适用于极正式的场合，如"王凯伦经理""张一帆处长"。

（2）职称称呼。对于具有技术职称者，尤其是具有中高级职称者，在工作中可以直接以其职称相称，可以有以下三种称呼方式：

① 仅称职称，如"教授""工程师"。

② 姓氏+职称，如"李教授""刘工程师"。有时，有些职称也可适当简化，如"刘工程师"可以简化为"刘工"。

③ 姓名+职称，适用于极正式的场合，如"李严教授""刘尚工程师"。

（3）学衔称呼。工作中，以学衔作为称呼，可增加被呼唤者的权威性，有助于增强现场的学术氛围，可以有以下四种称呼方式：

① 仅称学衔，如"博士"。

② 姓氏+学衔，如"张博士"。

③ 姓名+学衔，适用于正式的场合，如"张阳博士"。

④ 将学衔具体到专业，适用于极正式的场合，如"生物学博士张阳"。

（4）职业称呼。对于从事某些特定职业的人，可以对方所从事的职业来进行称呼，有以下三种称呼方式：

① 仅称职业，如"老师""医生"。

② 姓氏+职称，如"李老师""王医生"。

③ 姓名+职称，适用于极正式的场合，如"李艳老师""王浩德医生"。

2.社交中的称呼

社会交往中的称呼既要符合社会环境、时代背景，又要符合国情民俗、民族习惯等因素；既要掌握称呼的一般规律，又要符合其特殊要求。

（1）性别称呼。

① 对于女性，有"女士""小姐""夫人"这几种称呼。女性无论婚否，均可称为"女士"，未婚女性可以称"小姐"，已婚女性还可以称"夫人"。通常的称呼方式，除了直接以性别称呼相称外，"女士""小姐"还可以冠以对方的姓氏或姓名，如"秦女士""唐爽小姐"，"夫人"要冠以丈夫的姓氏或姓名，如宋庆龄被尊称为"孙夫人""孙中山夫人"。

② 对于男性，最普通的称呼就是"先生"。有时也冠以姓氏、姓名、职称、衔称等，如"王先生""王浩先生""董事长先生"。

（2）姓名称呼。

姓名称呼一般用于称呼年龄相仿的交往对象，如同事、好友、熟人之间。长辈对晚辈也可以使用姓名称呼，但晚辈不可直呼长辈的姓名。姓名称呼可以有以下三种称呼方式：

① 全姓名称呼，如"赵子晟""孙文华"。

② 名字称呼，不带姓氏，适用场合比较广泛，通常用于同性之间、上级称呼下级、长辈称呼晚辈，以及亲友、同学、邻里之间，如"子晟""文华"。

③ "老""大""小"+姓氏，适用于比较熟悉的人之间，如"老张""大李""小王"。

（3）敬称与谦称。

① 使用频率最高的敬语"您"。用来称呼长辈、上级和不熟识的人，以示尊重。

② 称呼德高望重的年长者时，可用姓氏+"公"或"老"，如"张公""王老"。

③ 称呼自己，一般用谦词。在前辈面前自称"晚辈"，或在自己的姓氏前加"小"，如赵姓年轻人可自称"小赵"。

（4）特殊称呼。

特殊称呼主要指在一些涉外社交和特殊场合中，遵循交往对象的国情、身份标识的称呼。例如，对有爵位者，可称"阁下""爵士""公爵"等，对于宗教界人士，一般称"牧师""神父""传教士""住持""方丈""大师"等。

不同国家和地区，在称呼上会有些特殊规则和禁忌，在称呼时一定要注意。比如，欧美国家的女性，婚前、婚后姓不同，称呼便不一样；关系很亲密的人之间，只称其名，不称其姓；家人、亲友之间，称呼有时也使用爱称。

3.生活中的称呼

一个简单的称呼，很多时候却蕴含着呼唤人对被呼唤人的态度与情感。如"杨红女士""杨红同志""杨红""小杨""红姐""红儿"等均是对杨红本人的称呼，这些不同的称呼方式，却能反映呼唤人对被呼唤人的不同态度和情感。

（1）亲属性称呼。按照传统，称呼对方亲属，应采用敬称，而称呼自家亲属，多使用谦称。古人多在称呼前加"令"字，称呼对方亲属，如"令尊""令媛"；称呼对方长辈时，宜在称呼前加"尊"，如"尊母"；称呼平辈或晚辈时，宜在称呼前加"贤"字，如"贤侄"。面对外人，称呼自家长辈时，通常在称呼前加"家"字，如"家父"；称呼晚辈时，可在称呼前加"舍"字，如"舍妹"；称呼自己子女时，则在称呼前加"小"字，如"小儿"。

（2）亲近性称呼。日常生活中，对于邻居、熟人，可采用"大妈""大哥""小妹""老弟"等类似亲近性称呼，往往令人感到亲切。这类称呼也可在前面加上姓氏，如"张大妈""李老弟"。

案例5-1

谁惹了"大姐"

一位衣着时尚的女士走进银行，客户经理琳琳走上前来，问："大姐，您需要帮忙吗？"女士斜看了琳琳一眼，没有搭理她。琳琳以为女士没有听清楚，提高了声音又问："大姐，您需要帮忙吗？"这一次女士发话了："你是谁啊？"琳琳意识到自己没有穿制服，但还是热情地问："您需要帮忙吗？"女士说："我找这里的客户经理。"琳琳说："我就是。"女士转过头说"不用了"，随后走出了大厅。

（资料来源：王华. 金融服务礼仪［M］. 2版. 北京：高等教育出版社，2019.）

案例分析："大姐"一般是用于称呼上了年纪的邻居或熟人，对于女性的一般称呼可以统称"女士"。琳琳错误的称呼引起客户的不满，进而影响后续的交往。可见，一个得体的称呼多么重要！

（三）称呼的原则

1. 口齿清晰

称呼对方时，应面带微笑，口齿清楚，让对方清晰听到；称呼完毕，应停顿1~2秒，再谈论要说的事情，这样才能引起对方的注意，使其认真地听下去。切勿一带而过，以致对方没有听清或引起对方的误解，影响后来的交往。

2. 尊重习惯

称呼应符合对方的身份，既要符合对方的年龄、职业、性别，又要符合对方的国籍、民族、信仰等习惯。同时，应尊重对方个人习惯，按对方习惯的方式进行称呼。

（1）对外宾要用国际通用的称呼。"先生"一般用于称呼成年男性，但在一些国家，对有身份、有学位的女性也尊称"先生"。"老先生""老夫人"在我国是一种尊称，但在西方一些国家，人们忌说"老"，因此在称呼西方国家老年人时，不要带"老"字，以免引起不快。

（2）尊重神职人员的宗教信仰。称呼他们的宗教职位，如"牧师先生"。对有爵位者，应在称呼中加入爵位，如"某某阁下"。

（3）地区间差异化的称呼习惯。北京人喜欢称人"师傅"，山东人喜欢称人"伙计"，但在南方，"师傅"等于"出家人"，"伙计"等于"打工仔"。

3.区分场合

初次见面或在正式场合，尤其要注意称呼，应称呼姓氏+职务或职称，并一字一句说得特别清楚。还需注意的是，如果对方是副职，一般可忽略"副"字，但在某些地区则应谨慎；如果对方是"总经理""总会计师"等，则不能把"总"字去掉。

4.面面俱到

面对多位交往对象时，称呼应包含每一位人，切勿只称呼其中的几位，而忽略另外的几位。常见的做法有以下三种：

（1）由尊而卑。在进行称呼时，先长后幼，先女后男，先上后下，先疏后亲。

（2）由近及远。先对靠近自己者进行称呼，然后依次向下称呼他人。

（3）统一称呼。假如几位被呼唤者一起前来，可对对方一起加以称呼，而不必一一具体到每个人。例如，"各位""诸位""女士们""先生们"等。

5.注意分寸

对对方十分熟悉之后，千万不能因此而忽略了对方的称呼，在正式场合或是有其他人在场的情况下，还应以正式的称呼方式称呼对方。每个人都需要被尊重，越是朋友，越要彼此尊重。若因熟了就变得随便，在他人在场的情况下可能会令对方尴尬和难堪。

6.严防犯忌

在称呼时，应避免一些错误的做法。

（1）没有称呼。不使用称呼，或直接以"喂""哎"呼喊，是对他人的不尊重，也毫无保留地暴露了称呼者的低素质。

（2）错误的称呼。一般可能是因为不认识姓名中的字而念错对方的名字，或是对被呼唤人的年龄、辈分、婚否以及与其他人的关系做出了错误判断。

（3）不友好的称呼。称呼时应避免出现以下情况：可能引起误会的称呼；自作主张给对方起外号；低级庸俗的称呼；带有侮辱性的称呼；拿别人名字开玩笑等。

思政小课堂

思政目标：具备真诚友善、善解人意、热情主动、宽容谦逊的待人接物的风格。

思政案例：周恩来亲和得体的称呼技巧

周恩来的称呼技巧，于平凡中见神奇，值得我们深入学习。

一、对象不同，称呼有别

不同的对象，因其身份、年龄、职业、民俗等方面的差异，称呼应有差别，周恩来是十分注意的。

他常用的泛称有"同志""先生""女士""朋友""小朋友""老乡""工友"等。常用的特称，年龄小的是"小刘""小纪""小伙子""小娘"，年龄相仿的是"老杨"

"老李"，年龄大的是"老奶奶""老人家""张老"。

周恩来善于根据对象的工作、职业采用不同的称呼。称给自己当过向导的放牛女孩为"小桂花"，称自己的老师高盘之夫妇为"高老师""高师母"，称著名画家齐白石为"齐老先生"，称炊事员为"×师傅"等。这些不同的称呼都表现出周恩来对人民群众的尊重、爱护，表现出他的平易近人。

周恩来对毛泽东称"主席"，对刘少奇称"刘主席"，对朱德称"朱委员长"，表现了自己的谦逊和对领袖的敬重；对陈毅、贺龙称"老总"，表现了对老战友的亲切和尊重；对张澜称"张老"，对程潜称"程颂公"，对张治中称"文白先生"，表现了对党的老朋友的尊敬；对妻子邓颖超昵称"小超"，终生不变，伉俪情笃，感人至深。

二、身份变化，称呼不同

中华人民共和国成立之前，周恩来尊称宋庆龄为"孙夫人""宋庆龄先生"；当宋庆龄成为国家领导人之后，周恩来称她为"宋副主席""宋副委员长"；在向宋庆龄通报党内重要情况时，则亲切地称她为"庆龄同志"。

程砚秋是一位具有民族气节的著名表演艺术家，是京剧四大名旦之一。1949年夏天，周恩来在繁忙的国事中，挤出时间，亲自到北京四报子胡同程家拜访，尊称他为"砚秋先生"。后来，在周恩来的帮助下，程砚秋进步很快。1957年周恩来和贺龙介绍程砚秋加入了中国共产党。这时周恩来亲切地称他为"砚秋同志"。

称呼的与时俱进，反映了人际关系的变化，在微细处表现了周恩来高超的称呼技巧。

三、称呼寄情，心系人民

周恩来除了对自己家人的晚辈直呼其名之外，不论对熟人还是刚认识的人，总是很少直呼其名的。偶有直呼其名的情况，往往是他真情的急切流露。

1961年5月，周恩来到河北武安县伯延村搞调查研究，他深入到普通农家，真正了解到群众的疾苦。一次，他召开座谈会，村民张二延发言时心直口快，实话实说，周恩来听了非常高兴。会后，周恩来到张二延家，一进院子，就大声喊："二廷，二廷，在哪屋住呀？"张二延迎出来说："呦，这不是总理么！叫我的名儿，多么亲哪！"周恩来笑呵呵地说："哎，以后别叫我总理，叫我老周就行啦！"两人手拉手进了屋往炕头上一坐就拉起家常来。周恩来直呼"二廷"之名，表现了他对普通农民朋友发自内心的无比亲密之情。

呼名寄情，周恩来与人民"心有灵犀一点通"啊！

四、谦虚自称，平等待人

有的人做官，总喜欢别人称呼他的职务，否则就会感到不自在，甚至认为别人瞧不起他。周恩来身为国家总理，却从不是这样的。他最喜欢同志们、乡亲们称呼他"恩来""恩来同志""老周"。他称自己是"人民的勤务员""周某人"，他有一次对服务员同志说："我们都是服务员，都是同志，我是总服务员。"

（资料来源：佚名. 名人口才：周恩来亲和得体的称呼技巧［EB/OL］. ［2019-01-06］. http：//ishare.iask.sina.com.cn/f/1H40EIE1xugx.html？utm_source=sgsc.）

思政意义及反思：

周恩来是伟大的马克思主义者和伟大的无产阶级革命家、政治家、军事家和外交家，是中国共产党和中华人民共和国的卓越领导人，他的一生始终与中国共产党的建立、发展、壮大相伴随，同中国新民主主义革命的胜利、社会主义革命和建设的历史进程相联系，他无私地把自己的毕生精力奉献给了党和人民，直到生命的最后一刻。即使身居高位，周恩来却待人宽容谦逊，心始终与人民在一起，真正做到了党的二十大报告中指出的"树立群众观点，贯彻群众路线，尊重人民首创精神，坚持一切为了人民、一切依靠人民，从群众中来、到群众中去，始终保持同人民群众的血肉联系"。周恩来可以亲切地称呼普通群众的名字，也喜欢他人用朴实亲近的称谓称呼自己，还自称是"总服务员"，小小的称呼确可以看出他待人的态度和刻在骨子里的教养，也体现出坚持全心全意为人民服务的根本宗旨，值得我们致敬和学习。同时，当代大学生也要响应二十大精神"加强和改进未成年人思想道德建设，推动明大德、守公德、严私德，提高人民道德水准和文明素养"的指引，加强自身的道德水准与文明素养，以社会主义核心价值观为引领，做全面建设社会主义现代化国家中的新时代好青年。

二、介绍礼仪

介绍是金融行业工作者在日常生活和工作交往过程中与他人进行沟通、增进了解、建立联系的一种最基本、最常规的方式。在社会交往或金融服务场合，如能正确地利用介绍，不仅可以扩大自己的交际面，而且有助于自己企业的展示和宣传，还能在一定程度上消除人际交往中的误会，减少麻烦。介绍可以分为自我介绍、他人介绍和集体介绍。

（一）自我介绍

自我介绍是在没有他人引见的情况下，欲结识某个人或某些人，自己主动向对方说明自己的姓名、职务等相关信息，将自己介绍给对方。

1.自我介绍的时机

很多时候，从客观或主观上需要进行自我介绍，介绍的时机可以有：需要让他人了解、认识自己时；初次登门拜访不认识的人时；前往陌生单位，需要进行业务联系时；他人请求自己作自我介绍时；初次利用社交媒体，向公众进行自我推介、宣传时；遇到一位知晓或久仰的人士想要与之认识时；应聘求职时等。

2.自我介绍的方式

（1）应酬式介绍。应酬式介绍又称寒暄式介绍，主要适用于一些公共场合和一般的社交场合，介绍内容一般只包含姓名。例如，参加校友会时的自我介绍："您好，我叫王岩，是10级财会专业的。"

（2）工作式介绍。工作式介绍适用于工作场合，介绍内容包括姓名、单位以及部门、职务或从事的具体工作等。例如，参加工作性质的洽谈会时，可自我介绍："您好，我叫王岩，是吉林银行长春分行的客户经理。"

（3）交流式介绍。交流式介绍适用于社交活动中，往往是想寻求进一步的交流沟通，希望对方认识自己、与自己建立联系。介绍内容包括姓名、工作、学历、爱好以及与交往对象的某些熟人关系等。例如，在一次聚会中，可自我介绍："你好，我叫王岩，在吉林银行长春分行上班，我也是长春金融高等专科学校毕业的，同李阳是校友。"

（4）礼仪式介绍。礼仪式介绍适用于讲座、报告、演出、庆典和仪式等正规场合，介绍内容包括姓名、单位、职务等。自我介绍时，应加入一些适当的谦词和敬语，以示对对方的尊重。例如，"尊敬的各位来宾，大家好！欢迎来本公司参加业务洽谈。我叫王岩，是这个项目的负责人。请允许我代表本公司热忱欢迎大家的到来。在业务洽谈活动中，大家有什么问题，尽管找我，我愿竭诚为大家服务。"

（5）问答式介绍。问答式介绍适用于应试、应聘、公务交往等场合，需要根据对方的提问进行或繁或简的自我介绍，介绍内容包括姓名、籍贯、年龄、毕业学校及专业、校园活动、实习经历、荣誉奖励、特长爱好、应聘优势等。例如，参加银行面试时，可自我介绍："各位面试官好！我叫李爽，我是四川成都人，今年22岁，毕业于长春金融高等专科学校金融管理专业。"

> **知识拓展5-1**

面试：自我介绍的内容

面试中的自我介绍内容，可包括以下内容，根据需要适当添加或精简。

1.问候语

各位面试官/领导/评委，大家好/下午好/您们好！

2.自报家门

学校、专业、姓名、年龄、籍贯等。

3.过渡语

我是一个……的人，2年来担任班长等职务，很荣幸参加今天的面试……

4.技能、特长

专业技能：银行从业、证券从业、会计从业。

英语技能：英语四级等。

特长：钢琴十级，擅长民族舞、篮球、美术等。

5.荣誉与奖励

国家励志奖、国家助学金、学校奖学金、优秀团干部……

金融服务礼仪大赛/银行综合业务技能大赛一等奖……

6.学校活动经历及实习工作经历

介绍实习经历、学校活动经历时，要尽量使用数据，如完成了50篇的校园新闻报道等。

7.应聘优势

我具有以下方面的能力，……（学习能力良好、组织能力强、沟通能力较强、有亲和力、记忆力好等）。

注意：要体现自我价值，为什么这个工作适合我，我能做什么，而不是我想要得到什么。

8.结束语

结束语可以是我的格言、谦语、敬语，表达热情、愿景、感谢等。

3.自我介绍的要点

（1）把握时机。注意把握介绍的时机，如想要加入正在交谈的人中时，可利用对方说话间歇进行自我介绍，并表达打扰的歉意。

（2）控制时间。自我介绍时不宜长篇大论，内容要简洁，以半分钟为佳，如无特殊情况最好不要超过1分钟。可以用名片、介绍信加以辅助，节省介绍时间。

（3）讲究态度。进行自我介绍时，态度要自然、友善、亲切、随和，不卑不亢。

（4）善用体态。学会使用自己的身体语言：站姿端庄、点头致意、微笑自然，眼睛注视对方，善于用面目表情来表达渴望结识对方的热情。

（5）内容真实。自我介绍时应实事求是，不夸大其词、自吹自擂或过于谦虚。

（二）他人介绍

他人介绍是指第三方以中介人的身份为彼此不认识的双方引见、介绍的一种介绍方式。他人介绍通常是双向的，即对被介绍人双方各自均作一番介绍，为陌生人之间搭建认识和了解的桥梁。

1.他人介绍的时机

遇到下列情况，需要为双方进行介绍：

（1）在办公地点或家中接待了彼此不相识的客人。

（2）与家人外出，路遇家人不相识的同事或朋友。

（3）陪同上司、长者、来宾时，遇到其不认识者，而对方又跟自己打了招呼。

（4）打算推荐某人进入某一方面的交际圈。

（5）陪同亲友前去拜会亲友不认识的客人。

（6）受到为他人作介绍的邀请。

2.他人介绍的顺序

应遵循"尊者优先知情权"的原则，即进行他人介绍前，应先确定双方地位的尊卑，然后先介绍位卑者给位尊者，再介绍位尊者给位卑者。具体情况如下：

（1）先将职位低者介绍给职位高者。这种介绍顺序通常适用于政务、商务场合正式的介绍。

（2）先将男士介绍给女士。这种介绍顺序适用于同年龄、同地位的人士之间。

（3）先将晚辈介绍给长辈。这种介绍顺序适用于同性之间，或者年龄差别较大的人士之间。

（4）先将主人介绍给客人。这种介绍顺序适用于来宾较多的场合。当主客身份、地位悬殊较大时例外。

（5）先将家庭成员介绍给对方。在向他人介绍自己的家庭成员时，可谦和地说出家庭成员的名字。

（6）先将同事介绍给客户。这种介绍顺序适用于一般性的工作接待。

（7）先将未婚者介绍给已婚者。值得注意的是，如果介绍人对双方的情况不够清楚，则不存在先介绍谁的问题，可随意介绍。

在现实情况中，往往会出现身份交叉的情况，这时候先把谁介绍给谁，主要取决于当时场合下的尊卑。比如，一位男领导和一位女助理，在工作场合应以职位判定尊

卑，因此是先将女助理介绍给男领导，但在一些社交场合，多以性别来判定尊卑，则应当先将男领导介绍给女助理。

3.他人介绍的方式

不同的情境，为他人作介绍的方式也有所不同，通常可以有以下形式：

（1）简介式介绍。简介式介绍适用于一般性社交场合，这时候只需简单介绍双方名字即可，如："我来介绍一下，这位是张琳，这位是李健。"

（2）标准式介绍。标准式介绍适用于正式的商务场合，内容多以双方的单位、姓名、职务为主，如："我来介绍一下，这位是江阳公司的营销总监王凯先生，这位是星海集团总经理陈达先生。"

（3）推荐式介绍。推荐式介绍适用于比较正式的场合，特别是有意将某人推荐给另一个人，这时的介绍要有意识地介绍被推荐人的优点，如："这位是周峰先生，这位是我们公司的李华经理。周先生是管理方面的专业人士，具有多年的管理经验。李经理，上次您说想多认识一些这方面的人士，您可以和周先生好好交流一下。"

（4）引见式介绍。引见式介绍适用于介绍人对双方情况不是十分了解的时候，只是起到一个抛砖引玉的作用，如："两位认识一下吧，其实大家都是校友，只不过互相不认识，不如自报家门吧。"

（5）礼仪式介绍。礼仪式介绍多用于工作上的来往，适用于比较正式的场合，介绍时更应礼貌、谦恭，如："孙总，您好！请允许我把聚点公司的创意部经理徐斌介绍给您。徐经理，这位是启程公司业务部总经理孙敬东，孙总。"

4.他人介绍的注意事项

（1）注意介绍人的身份。在重要场合，介绍人的身份是很重要的。何人充当介绍人，体现了对被介绍人的尊重程度。一般是东道主、长者、活动的负责人或接待人员、熟悉双方的第三者等充当介绍人。

（2）为他人作介绍，要审时度势，熟悉双方情况。如果可能，在为他人作介绍前，最好先征求一下双方的意见，以免显得很唐突，让被介绍人措手不及，或为原来相识者或关系恶化者作介绍，造成不愉快。

（3）当介绍人询问被介绍人是否有意认识某人时，被介绍人一般不应拒绝，如实在不愿意，应说明理由。

（4）介绍完毕后，被介绍人双方应依照合乎礼仪的顺序握手，并且彼此问候双方，如"您好""幸会""久仰久仰"，必要时还可以进一步作自我介绍。

（5）介绍时避免使用易生歧义的简称，如把"范局长"介绍成"范局"，用"人大"代替"中国人民大学"等。

（6）不能在介绍时开玩笑、捉弄人。进行介绍时，应态度庄重、亲切，不应随意拿被介绍人开玩笑，或是故意让对方出洋相，如："这位是我的老熟人小胖李先生。"

模拟演练5—1

他人介绍的仪态

介绍人在具体介绍时，还应注意仪态。具体做法是：保持身体直立，站在被介绍人之间，手心向上，五指并拢，胳膊向外微伸，斜向被介绍人，向谁介绍，眼睛就要注视谁（如图5-1所示）。

图5-1　他人介绍的仪态

进行介绍时，介绍人和被介绍人除一些特殊情况一般都应起立，以示尊重和礼貌；待介绍人介绍完毕后，被介绍的双方应微笑点头示意或者握手致意，如中间有障碍物遮挡，也可举起右手致意，同时微笑点头致意。

任务：以小组为单位，练习他人介绍的仪态动作，注意眼神和微笑的运用。

要求：小组内互换身份，轮流扮演介绍人。通过实训，掌握他人介绍的仪态动作要领。自我检查与小组成员检查相结合，教师指导与点评。

（三）集体介绍

集体介绍是他人介绍的一种特殊形式，是指被介绍人在为他人介绍时，被介绍人其中一方或双方不止一人，甚至是许多人。集体介绍的顺序，原则上应参照他人介绍的顺序进行，但也有其特殊之处。

1.将一人或少数人介绍给人数多的一方

当被介绍人在地位、身份上大致相似时，或者难以确定时，应按照人数多少确定介绍顺序，先介绍一人或少数人给人数多的一方。在演讲、报告等场合，一般只将主角介绍给大家。会议主持介绍来宾时，应按位次尊卑进行。

2.将人数多的一方介绍给一人或少数人

当被介绍人在地位、身份上存在明显差异时，身份、地位为尊的一方即便是人数较少，甚至仅为一人，仍然应被置于尊贵的位置，最后加以介绍，而先介绍人数多的一方。

3.人数较多的双方介绍

被介绍双方均为多人时，应先介绍位卑的一方，后介绍位尊的一方；先介绍主方，后介绍客方。介绍各方人员时，则应由尊到卑，依次介绍。

4.人数较多的多方介绍

当被介绍人是多方时，应确定各方的尊卑，由尊而卑，按顺序介绍各方。介绍各方的成员时，也应按位次尊卑顺序进行介绍，由尊到卑依次介绍。

三、名片礼仪

当自我介绍或是被他人介绍时，往往要互呈名片，以示尊重。名片是现代社交活动中和金融工作中广泛使用的交际工具之一。一张小小的名片蕴含着多种功能，它不仅具有证明和介绍的功能，还有业务推广、信息存储、沟通联系、拜会他人等多种功能。因此，名片在商务活动、公务活动中具有重要的作用。每一个金融行业工作者都应备有名片，并且养成随时携带名片的好习惯。

（一）递送名片的礼仪

1.递送名片的时机

一般在自我介绍时，可同时向对方递送名片。除此之外，初次登门拜访、被介绍给对方、对方提议交换名片、对方索要名片时，都是递送名片的时机。

当出现以下情况时也可不必递送名片：对方是陌生人；不想认识对方；对方对自己并无兴趣；经常与之见面；双方之间地位、身份、年龄相差悬殊等。

2.递送名片的顺序

递送名片的顺序一般是：由地位低的人先向地位高者递送名片；年轻者先向年长者递送名片；男士先向女士递送名片；客人先向主人递送名片。若同时与多人交换名片，递送的顺序应由尊到卑依次递送，或由近到远依次递送。

3.递送名片的注意事项

（1）应事先将名片准备好。可将名片放在容易拿出的地方，以便需要时可迅速取出。男士可将名片放在西装上衣口袋或公文包内，女士可将名片放于手提包内。

（2）注意递送名片时的仪态。向他人递送名片时，动作应大方自然。具体做法是：起身站立，面带微笑，走上前去，用双手拇指和食指夹住名片的两个上角或右手持名片的上角，将名片正面文字朝向对方，以方便对方接后阅读。为表达对对方的尊敬，一般宜双手递送名片（如图5-2所示）。

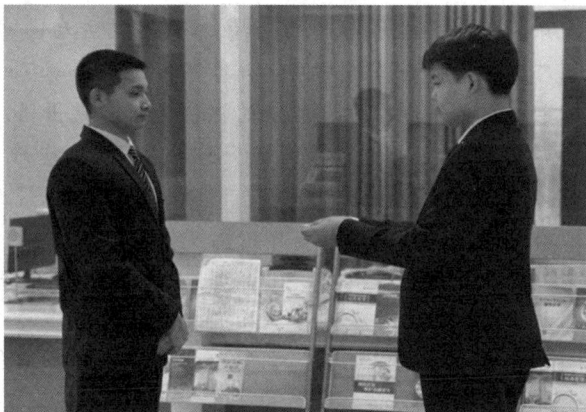

图5-2　递送名片手位

（3）搭配诚挚自然的语言。递送名片时，态度应从容自然，表情亲切谦恭，并用诚挚的语调说："这是我的名片，请多关照。"或者"这是我的名片，常联系。"

（4）注意递送名片的禁忌。递送名片时，还应严防犯忌。递送名片的禁忌有：忌没有事先准备；忌不按顺序，厚此薄彼；忌滥发名片；忌将名片背面面向对方；忌递名片手位过高或过低；忌向同一个人重复发名片，信息有变更的除外。

（二）接受名片的礼仪

1.接受名片的注意事项

（1）当他人递送名片给自己时，应停下手中事情，起身站立，面带微笑，目视对方。

（2）接受名片时，宜双手捧接，或以右手接过。

（3）接过名片后，应表达感谢，并从头到尾认真阅读名片的内容，以示对赠送名片者的尊重，切忌接过名片看都不看直接收起来（如图5-3所示）。

图5-3　接过名片并阅读

案例5-2

及时的介绍

客户经理王溇在一次营销酒会上认识了一位客户，便主动向对方问好并递送名片，客户礼貌地接过名片看了一下，想要阅读并寒暄，却又停顿了一下，王溇马上意识到可能是自己的名字中有生僻字对方可能不认识，为了避免出错，客户没有贸然开口。于是，王溇一边微笑一边热情地作了自我介绍："张总，您好，我是XX银行的客户经理王溇，很高兴认识您。"她话音刚落，就看见张总的脸上瞬间浮起了笑容。这样的自我介绍既体贴又得体，客户怎么会不开心呢。

（资料来源：吕艳芝，纪亚飞. 银行服务礼仪标准培训［M］. 北京：中国纺织出版社，2014.）

案例分析：当对方接过你的名片并阅读上面的文字时是对你的一种尊重，若名片上有生僻字应及时以恰当的方式进行说明，案例中的王溇及时介绍自己化解了尴尬。

2.名片的收存

（1）应将收到的名片妥善放置。宜将名片放入名片夹，再将名片夹放入随身携带的包内。如果没有名片夹，可将名片放进上衣口袋或手提包小口袋里，切勿用手把玩、乱扔乱放。

（2）及时把收到的名片加以分类整理收藏，以便日后使用。

（三）索取名片

如果没有必要，最好不要强行索要他人名片。若要索取他人名片，可行的方法如下：

1.交易法

所谓"将欲取之，必先予之"，就是想要他人名片时，最省事的办法就是先把自己的名片递给对方。"来而不往，非礼也"，当你把名片递给对方时，对方不回赠有失礼节，所以对方一般会回赠名片给你。

2.激将法

若交往对象地位身份比自己高，或者身为异性，难免有提防之心。这种情况下把自己的名片递给对方，对方很可能不会回赠名片。当遇到这种情况时，不妨在递名片时，略加诠释，如："张总，认识您我非常高兴，不知能不能有幸跟您交换一下名片？"这番说辞下，对方就不至于不回赠名片。即便他不想给，也会找适当的理由不让你很尴尬。

3.谦恭法

若对方地位很高，在索取对方名片之前，可稍作铺垫，以便索取名片。例如，见到一位专家可以说："认识您非常荣幸，虽然我也做过这类研究，但与您这样的专家相比真是自惭形秽，希望以后有机会能够继续向您请教，不知道以后如何向您请教比较方便？"通过前面一席话的铺垫，达到索取名片的目的。

4.联络法

面对平辈和晚辈，可以采用联络法。例如，可以说："认识您太高兴了，希望有机会能跟您保持联络，不知道怎么跟您联络比较方便？"

当他人向自己索取名片，而自己又不想给时，或者忘记携带名片时，可以说"对不起，我忘了带名片。"或者"抱歉，我的名片用完了。"如果自己名片真的没带或用完了，自然也可以这么说，不过不要忘记加上一句"改日一定补上"，以表诚意，并履行承诺，改天相见时一定要给对方。

四、实践训练

（一）实训内容

金融行业员工介绍礼仪实践训练——介绍及名片递送。根据下列情境，进行介绍和递送名片实训，注意介绍的方式、话术、仪态以及递送名片的礼仪规范。

★场景描述★

1.一位来访的客户经理在某公司前台向工作人员作自我介绍后递上名片，请求引见。

2.在公司联谊会上，一位年轻的客户经理欲结识某公司老总，主动作自我介绍，并递上名片。

3.甲为乙和丙进行介绍，乙随即递送名片给丙，丙回赠名片。

（二）实训目标

1.素质目标：具备良好的语言表达能力；具备真诚友善、宽容谦逊的工作态度。

2.知识目标：掌握介绍礼仪的礼节要求及递送名片的礼仪规范。

3.能力目标：能够根据情境合理地进行自我介绍或为他人作介绍并递送名片。

（三）实训步骤

1.以小组为单位，自行分配扮演的情境和角色，设计话术。

2.小组内互换身份，轮流扮演介绍人。

3.小组互评与教师点评相结合。

任务二　掌握会面礼仪

微课 5-4

会面礼仪

人与人交往的第一步就是见面。首次见面给对方留下的印象，会直接影响到后续的交往和沟通。金融行业工作者应力求在第一时间给对方留下美好的印象，取得金融活动或社交活动的成功，就应当掌握和遵守会面礼仪的规范，把握好分寸，准确地向交往对象表达尊敬、真诚、友好等。

随着社会的发展，见面礼节的形式也在不断变化、发展。常见的见面礼节有握手礼、鞠躬礼、致意礼、亲吻礼、拥抱礼等。

一、握手礼

握手是全世界各国接受程度最高的见面礼节，也是金融活动或社交活动中最常用的见面礼仪。握手的力量、姿势和时间长短往往能够表达出对握手对象不同的礼遇和态度，并显露自己的个性。

（一）握手礼的时机和场合

应当握手的时机和场合包括：遇到许久未见的朋友或同事，相见时可热情握手，以示问候、关切和高兴；在以本人作为东道主的社交场合，迎接来访者时握手，以示欢迎；被介绍与他人相识，双方互相问候时，应与对方握手，以示为相识而感到高兴；当对方获得新成绩、奖励，有喜事时，见面时应与之握手，以示祝贺；在领取奖状、奖品时，应与发奖者握手，以示感谢；当他人经历挫折或受到打击时，应与之握手，以示慰问；应邀参加社交活动，如宴会、舞会之前后，应与主人握手，以示谢意。

但在一些特殊情况和场合下，不必握手：对方所处的环境不适合握手；对方右手负伤或负重；对方忙于接听电话、用餐、喝饮料等。

案例 5-3

尴尬的小王

一次联谊会上，小王被朋友介绍给某公司的张小姐相识。当时朋友介绍说："这位是王先生，这位是张小姐。"小王赶紧把手伸向对方，但是没想到张小姐就是不伸手，假装没看见，不言语。结果小王悬在半空中的手收不回来了，挺了半天，只好搓了搓手，尴尬收回。

（资料来源：王华. 金融服务礼仪［M］. 2版. 北京：高等教育出版社，2019.）

案例分析：一般社交场合，握手的顺序应由女士先伸手，再由男士伸手相握。小王出手在先，有失礼之处。但张小姐的做法也有欠妥之处。一般而言，如果对方忽略了握手的先后顺序已经伸出了手，对方应积极给予回应。拒绝他人的握手也是失礼的。

（二）握手礼的顺序

握手礼的顺序一般遵循"尊者决定"的原则，即由身份尊贵的一方决定双方是否有握手的必要，也就是把握手的主动权交给尊者。

具体规则是：职位高者、年长者、女性、早到者和主人先伸手，职位低者、年轻者、男性、晚到者和客人应见面先问候，待对方伸手后再握手。如果对方不伸手，点头微笑示意即可。

如果双方身份是交叉的，要根据所在场合判断谁是尊者。例如，在职场中，上级先伸手；在社交场合，应由女士先伸手；在办公室、会客区或家里接待来访者时，应由主人先伸出手来与客人相握，以示欢迎；在客人告辞时，应由客人先伸出手来与主人相握，以示再见。

如果需要与多人握手，则按照由尊到卑或由近到远的顺序依次握手。若会面时人数较多，可以只跟相近的几个人握手，向其他人点头示意，或微微鞠躬即可。

需要注意的是，上述握手的先后次序不必过于严苛。如果自己是处于尊者地位，而位卑者抢先伸手时，最得体的做法就是配合对方，接受对方的握手，不要置之不理，使对方当众出丑。

（三）握手礼的要点

1.握手的姿态

握手时，应距离受礼者约1米远，双腿立正，上身微向前倾，伸出右手，四指并拢，拇指张开，掌心斜向上，伸向受礼者。回应对方的握手时，应握住对方整个手掌（如图5-4所示）。

图5-4　握手姿态

2.握手时的神态

握手时，应面带微笑，眼睛注视对方，传达出诚意和自信。

3.握手的力度

握手的力度应适度。握得太轻，如蜻蜓点水一般，对方会感觉你在敷衍；握得太重，对方不但感觉不适，而且会认为太粗暴。尤其在与异性以及初次相识者握手时，不可用力过猛，对待女士尤其要注意。

4.握手的时间

除了关系亲近的人可以长久地把手握在一起，一般情况下握手的时间以3秒为宜。上下动两三下，礼毕即松开。不可一触即放或一直握住不放。

5.握手时的寒暄

握手的同时，通常应相互问候"您好""很高兴认识你""久仰"等。

（四）握手礼的方式

1.平等式握手

与人握手时手掌垂直于地面最为适当。它表示自信、不卑不亢。

2.友善式握手

与人握手时掌心稍向上，表示谦恭、友善、谨慎。

3.控制式握手

与人握手时掌心向下，表示自我感觉甚佳，自高自大，有掌控欲。一般情况下不宜使用此种握手方式。

4.手套式握手

年轻者回应长者、尊者或上级的握手时，应稍微向前躬身，并以双手握住对方的手以示尊敬。此种握手方式不适用于初识者或异性，有可能会被理解为讨好或失态。

5.死鱼式握手

与人握手时毫不用力或毫无反应，会让对方感到缺乏诚意、怠慢无礼。忌讳使用此种握手方式。

（五）握手礼的注意事项

（1）无论什么人，如果忽略了握手礼的先后顺序而已经伸出了手，对方都应毫不迟疑地回应。拒绝他人的握手往往是失礼的。

（2）握手时不能使用左手，握手时左手不要插在衣服兜里或拿着东西。

（3）当多人同时握手时，不能交叉握手，应待别人握完再伸手。

（4）一般在握手前应先脱下手套，摘下帽子。女士身着礼服时戴的纱织手套可以除外。

（5）不要在握手时面无表情、不置一词或者长篇大论、点头哈腰、过分客套，双方握手时应互相注视、微笑、问候、致意，双目不能斜视或环视其他，以免显得心不在焉。

（6）不要在握手时把对方拉过来推过去，或者上下左右抖个没完。

（7）不要用湿手、脏手同他人握手。若手出汗湿了或者手弄脏了，要和对方解释一下，如可以说："对不起，我现在不太方便握手。"以免造成不必要的误会。

（8）切忌握手后揩拭自己的手掌。

（9）军人戴军帽与对方握手，应先行举手礼，再行握手礼。

模拟演练5-2

握手礼练习

任务：按照握手礼的基本要求，起身与周围的同学进行握手，感受不同人握手的力度和角度。

要求：通过实训，掌握握手礼的动作要领和基本要求。自我检查与小组成员检查相结合，教师指导与点评。

二、其他会面礼仪

（一）鞠躬礼

随着社会文明程度的提高，鞠躬礼在社交、商业服务中的使用越来越频繁，常用以表达对他人的敬意、欢迎或感激之情。金融行业工作者在服务过程中也可以使用鞠躬礼向客户表示敬意和歉意。比如，客户光临时，可行鞠躬礼表示欢迎；在服务过程中出现了差错，可用鞠躬礼向客户赔礼道歉等。一般情况下，应由地位、职务、年龄较低的或提供服务的一方，先向地位、职务、年龄较高的或接受服务的一方鞠躬。

1.鞠躬礼的基本要求

（1）一般情况下，鞠躬时必须脱帽。

（2）双腿立正，保持身体端正，目光注视受礼者，距受礼者约1.5米。

（3）男性双手放在身体两侧，女性双手相握放在腹前。

（4）鞠躬时，以臀部为轴心，将上身挺直地向前倾斜，目光也随着身体倾斜。鞠躬时目光向下，表示一种谦恭的态度。

（5）问候"您好""欢迎光临"等敬语。声音要热情、亲切，并与动作协调。

（6）鞠躬的动作静止二三秒，鞠躬完毕，恢复站姿，目光再回到对方脸上。

2.鞠躬礼的种类

一般而言，根据场合和想要表达的情感程度，鞠躬礼可以分为90°、30°至45°、15°三种类型。

（1）15°鞠躬礼，适用于一般的应酬，如问候、介绍、握手、递物、让座、让路等。

（2）30°至45°鞠躬礼，通常用于下级向上级、学生向老师、晚辈向长辈、服务人员向来宾表示致意。45°鞠躬礼也可用于向对方表示感谢或表达恳切和歉意（如图5-5所示）。

（3）90°鞠躬礼，一般用于感谢、谢恩或悔过、谢罪、追悼，或者用于三鞠躬等特殊情况，属于最高礼节。

图5-5　30°至45°鞠躬礼

模拟演练5-3

鞠躬礼练习

任务：以小组为单位，练习15°、30°至45°鞠躬礼动作，感受不同角度的鞠躬礼。

要求：通过实训，掌握鞠躬礼的动作要领和基本要求。自我检查与小组成员检查相结合，教师指导与点评。

（二）致意礼

致意是一种常见的交际礼仪，常用于相识的人之间在各种场合招呼示意，以表问候。一般情况下，致意的顺序为：男士先向女士致意；年轻者先向年长者致意；学生先向老师致意；下级先向上级致意。

图5-6 举手致意

1.致意礼的方式

（1）起立致意，常用于重要来宾到场或离场时的致敬。学生在老师授课前后，应起立致敬；坐着的下级、晚辈在上级与长辈进出时，应起立致敬；服务工作人员在宾客进门或离开时，应起立致敬。

（2）举手致意，适用于距离较远时的致敬。一般不必出声，右手抬起，掌心向着对方，指头并拢，轻轻向左右摆动一两下即可（如图5-6所示）。

（3）点头致意，适用于不宜交谈场合的致敬。例如，在会议、会谈进行之中，与相识者在同一地点多次见面，或与仅有一面之交者在社交场合相逢，都可以点头示意。

（4）微笑致意，适用于不便交谈时的致敬，也可用于一般交际场合的示意。目视对方，微微一笑，表达尊重、友善与问候。

（5）欠身致意，适用于不便起立时的致敬。上体微微向前，表示对他人的恭敬。

（6）脱帽致意。见面时若戴着有檐的帽子，则应脱帽致意。其方法是用一只手脱下帽子，放到大约与肩平行的位置或胸前，同时微笑问好。若是迎面而过，可只轻掀一下帽子。若戴的是无檐帽，则不必脱帽。

致意的方式，往往同时使用两种，微笑致意经常搭配其他致意方式使用，如点头与微笑并用或起立与微笑并用。

2.致意礼的注意事项

（1）致意的顺序不像介绍和握手规定的那么严格，有时也可以破例。

（2）致意的距离一般在三四步远，若距离较远时，不可大声呼叫。

（3）遇到对方向自己致意，应以同样的方式向对方致意，毫无反应则是失礼。致意时，动作不可以马虎或满不在乎，必须是认认真真的、富有真情实感的，才能充分显示对对方的尊重。

（4）对于在同一场合已多次见面的相识者，可简化为点头和微笑致意。

（5）行致意礼时，切不可口叼香烟或嚼口香糖，也不能把手插在衣裤兜里。

模拟演练5-4

致意礼练习

任务：以小组为单位，练习上述几种致意礼动作，注意表情的控制及手势的变化。

要求：通过实训，掌握致意礼的动作要领和基本要求。自我检查与小组成员检查相结合，教师指导与点评。

（三）亲吻礼、拥抱礼

1.亲吻礼

依据双方关系的亲疏程度，互相亲吻的部位是不同的。父母及长辈与子女、晚辈之间一般互吻额头；朋友、同事之间一般吻左右面颊；只有情侣或夫妻之间才亲吻对方的嘴唇，以示爱慕之心。在公共场合，男女间礼节性地互贴面颊，同性间拥抱并互吻面颊。

2.拥抱礼

拥抱礼多用于欧美国家，通常与亲吻礼同时进行。在迎宾、祝贺、感谢等隆重场合，无论是官方或民间的仪式中都经常采用。

拥抱礼的方式为：两人正面相对站立，各自抬起右臂，将右手搭在对方左肩后面；左臂下垂，左手扶住对方右腰后侧。首先各向对方左侧拥抱，然后各向对方右侧拥抱，最后再一次各向对方左侧拥抱，一共拥抱三次。在普通场合行此礼，不必如此讲究，次数也不必如此严格。

当遇到对方按照自己本地风俗想要施亲吻礼和拥抱礼时，要入乡随俗，跟着照做即可，切勿拒绝对方或表现得扭扭捏捏。

三、会面礼仪的注意事项

见面时除了要施以正确的会面礼节之外，还有一些细节同样值得关注。

（一）注重形象

容貌端庄大方、衣着整洁得体不仅反映了金融工作者对客户的尊重程度，而且还代表着金融企业的形象，会给对方留下深刻印象。见面之前，应适当修饰容貌、整理自己的衣着，具体包括：头发梳理好；面容整洁并做适当修饰；牙齿整洁；口气清新；指甲修剪好；衣帽鞋袜保持整洁、搭配得体；衣裤扣子扣好，鞋带系好，以免见面时出现状况，影响自己的形象。蓬头垢面、衣冠不整的形象不但影响对方见面时的心情，还会令对方觉得不受重视，直接影响后续的交往。

（二）遵守时间

现实生活中，一些会面是偶然的，还有一些会面往往是双方提前约定的。对于约定的会面，作为金融行业工作者一定要守时守约，切不可让对方等待，这将令后续的交往变得被动。

一般来说，到达会面地点的时间要争取比约定的时间提前10分钟，但是也不宜过早，特别是见面的地点是在对方的主场地如家里、公司等，太早到对方可能有尚未处理妥当的事情，会令对方措手不及。如果见面的地方都不是对方的主场地，可以提前到了熟悉一下环境，挑一个相对安静舒适的位置耐心等待。若会面的地点在自己的公司，对于重要的客人，最好提前到门口等待，第一时间迎接对方。如果手头还有未完成的工作，应提前向有关人员打好招呼，如门口保安、前台等，或安排其他同事迎接，确保对方能够顺利找到自己。

（三）适宜的问候

金融行业工作者在和客户见面时，要在第一时间打招呼问候。问候的方式一般有"您好，很高兴为您服务！""您好！请问有什么可以帮助到您？"等。与熟悉的客户见面时，用语可以更显亲切、具体一些，如"王姐，好长时间没见了！""张哥，您今天过来啦！"还可以使用一些称赞语，如"您今天气色真不错！""您真是越来越年轻了！"等，如此亲近的问候会令对方心情愉悦，有助于后续的沟通交流。

问候作为一种见面后的联系用语，不一定要有实质性的内容，但需要灵活多变，最重要的是要把握好分寸，需要因人、因时、因地而异。问候语要简洁，要达到尊重对方、传达友好之意的目的，因此应避免过多程式化的问候语和敷衍了事的问候语。

（四）告别礼节

一个好的会面一定是善始善终，始终令对方感到被尊重的，因此会面结束时的告别礼节绝不可缺少。一般情况下，在告别时双方会以见面时所用的握手礼、鞠躬礼、致意礼、拥抱礼、亲吻礼等表示感谢，并且是以做客一方先行施礼。当金融行业工作者到客户那里拜访时，若在见面时客户主动握手，那么在告别时应由金融行业工作者主动握手表达感谢。

通常在来宾离去之际，出于礼貌，应陪着对方一同行走一段路程，或者特意前往来宾启程返还之处，与之告别，并看着对方离去。例如，金融行业工作者最好将客户送到大门口，并看着对方离开，切勿在对方还未出视线时自己就扭头走开了。若金融行业工作者作为客人上门拜访，在辞行时则应向主人表达感谢并请主人就此留步，不可让对方送自己出门。

四、实践训练

（一）实训内容

金融行业工作者的会面礼仪实践训练——握手礼。根据下列场景，进行会面礼仪实训，注意介绍和握手礼的顺序及相关礼仪规范。

★场景描述★

A公司的副总经理李楠、财务部经理张建前往某银行拜访孙庆云行长。该银行对公部客户经理崔鹏安排双方见面并做介绍人，介绍完后双方行握手礼并坐下洽谈贷款事宜。

（二）实训目标

1.素质目标：具备良好的语言表达能力，团队沟通和协作能力。

2.知识目标：掌握他人介绍礼仪规范及握手礼节。

3.能力目标：能够准确地为他人作介绍、规范地行握手礼。

（三）实训步骤

1.以小组为单位，自行分配扮演的角色，合理设计对话内容，重点突出会面礼节。

2.小组内互换身份，轮流练习介绍语言及握手礼。

3.小组互评与教师点评相结合。

任务三　　　了解非会面礼仪

金融行业工作者在日常工作中，除了与客户进行面对面的沟通交流，还会借助一些工具和社交软件与客户或他人进行非面对面的接触，如电子邮件、电话、微信、传真等。非会面礼仪同样需要被重视。下面主要介绍使用电子邮件和微信的礼仪，因电话礼仪已经在项目四语言礼仪中详细介绍，这里不再赘述。

一、使用电子邮件的礼仪规范

电子邮件是通过互联网与特定对象进行文字信息交换的一种联络工具。它既具有传统纸质介绍函的写作特点，又有信息时代闪电般的传递速度，既高效方便，又不受时间限制，是现代人不可缺少的沟通手段。

（一）电子邮件的书写

1.主题明确

每封电子邮件都应有一个主题。主题鲜明的邮件能够使收件人迅速了解邮件涉及的事项和讨论的内容，快速判断邮件内容的轻重缓急，决定处理顺序。例如，使用"关于新一期保险产品介绍"这一主题就比"保险产品"明确、具体很多。

2.语言流畅

电子邮件也属于信函的一种，因此需要注意语言流畅、表达准确、称呼与问候恰当、落款完整。当下流行的网络语言和符号表情不宜在正式场合沟通使用的电子邮件中出现。

3.内容简洁

电子邮件应尽量控制在数行之内，简洁切题。如果有较长的文件，可以将其整理成格式规范的文档形式，然后作为"附件"发给对方。如果事情复杂，最好列清段落进行明确说明，保持每个段落简短不冗长。

4.用好附件

附件不仅可以发送文档，还可以发送照片、音频、视频等。使用附件时，应在邮件正文中对附件进行简要说明，以便收件人进行阅读和整理。附件数目一般不超过4个，数目较多时应打包压缩成一个文件。如果附件是特殊格式文件，应在正文中说明打开方式，以免影响收件人查看。

5.合理提示

通常电子邮件正文的中文用宋体或新宋体，英文用Verdana或Arial Unicode MS字体，字号用五号或10磅字即可。这是经研究证明最适合在线阅读的字体和字号。不要轻易使用大写字母、粗体、斜体、颜色字体、加大字号等手段对一些信息进行提示。最好不用背景信纸。合理的提示是必要的，但过多的提示则会让人抓不住重点，影响阅读。必要时，可利用图片、表格等形式来辅助阐述。

（二）电子邮件的发送

1.确认邮件发送

邮件发送后要确认发送是否成功，可以通过检查"已发送"邮件箱，或几分钟后检查个人邮箱中有无系统退信邮件，来确认邮件是否已发送。最好在一封邮件中将所有信息交代完整，不要发完邮件之后才想起还有事情没说，再发一封或多封邮件补充或更正。这样会给人留下办事毛躁的印象，甚至令人反感。

2.重要邮件处理

重要邮件发送后，一定要打电话或发短信确认收件人是否收到并阅读了电子邮件，以免耽误重要事情。

（三）电子邮件的回复

1.及时回复邮件

收到他人的重要电子邮件后，及时快速回复对方是对他人的尊重，理想的回复时间是2小时内，特别是对一些紧急的邮件。对于一些优先级低的邮件可集中在特定的时间处理，但一般不要超过24小时。

2.特殊情况

如果事情复杂，无法及时确切回复，至少应该及时通知对方邮件已经收到，或正在商量处理等，不能让对方久等；如果正在出差或休假，应该设定自动回复功能，提示发件人，以免影响工作。另外，只回复"是的""对""谢谢""已知道"等，是非常不礼貌的。除了要及时、准备回复邮件外，还可以根据回复的内容更改标题。

二、使用社交软件微信的礼仪规范

移动互联网的发展让社交变得更便捷，特别是微信等社交软件的出现和普及极大地丰富了人们的生活方式和交流方式，演变成了一种十分重要的联络方式。因此，金融行业工作者了解和掌握微信社交礼仪规范是十分必要的。

（一）微信聊天的礼仪

1.礼貌添加微信好友

不要一见面就要求添加微信好友，一般应礼貌地说明加微信好友的原因，如可以说："您好！能加一下您的微信吗？方便以后给您发最新产品介绍。"加别人为好友时，最好备注上自己的身份，不仅是对自己的尊重，也是对别人的尊重。如果不是面对面地加微信好友，先请求加微信的一方要先自报家门，用简单的方式介绍自己，有时还要说明自己添加对方好友的原因。切忌没有任何介绍和说明，这样多半会被对方拒绝添加好友。

2.沟通直奔主题

使用移动社交软件沟通时，要讲究效率、直奔主题，尤其是相对熟悉的人之间，直接留言说明事情，不要一味地打招呼和问询，如"你好，在吗？""老师在吗？"等。当对方回复"在"的时候，你却不能及时回答，反复几次，就是无效沟通，会浪费时间。

3.及时回复他人的微信

如有可能，争取做到一分钟内回复，最好不让信息隔夜，晚上睡觉之前把所有微信信息回复完毕，不拖延到明天，这是尊重对方的表现。如果没能及时回复，也要在方便的时候向对方解释原因并表示歉意。如果你有事要离开，则应告诉对方，以免对方久等。

4.能打字的尽量别发语音

如不是很紧急的情况，尽量不要发语音，一是你不知道对方是否方便听语音，二是即使语音能够转换成文字也可能存在错误，影响信息的传递。若实在需要发语音，最好先用文字向对方说明一下，然后尽量在安静的环境里发语音，以免对方听不清。录语音之前先想清楚说什么、怎么说。不要发了信息后觉得不对再撤回，这会让人猜疑撤回的是什么，容易让人觉得你办事毛躁不踏实。切忌语音冗长、条数过多，如果要说的事情比较多，则建议打电话沟通。

5.注意发送的内容

不要加入转发链接；不要转发那些恐吓性的或耸人听闻的内容；不宜转发过分低俗的内容和图片；不随意转发未经他人同意、带有个人隐私性质的内容和图片，以免侵犯人权和肖像权；不要转发带有明显政治色彩的内容和图片；不造谣、不传谣、不信谣，不煽动他人情绪，坚决远离不良信息；不要宣传违法、违规信息；不论何种原因，都不要在微信里和别人吵架、爆粗口；尽量不向客户求赞、求转、求投票、发广告。

6.巧用表情符号

聊天时适当添加表情符号，会让人产生亲近感，可以更直观地表达自己的情绪。虽然表情符号可以有效活跃气氛，但要注意适度，千万别刷屏。群聊中尽量不要发消耗流量多和占用储存空间大的表情、图片和视频。

7.懂得网络专属语气含义

有些字词是带有网络专属语气含义的，如"哦哦""呵呵"等。如果与他人聊天时对方总回复"哦"或者"嗯"，表明对方很可能有其他事，没有专注和你聊天，或者对方不想继续与你聊下去，要懂得适可而止。很多时候，单字的语气词会给人冷漠的感觉，多打一个字，会产生完全不同的效果。比如，好=我同意了，好哒=我开心地同意了；嗯=我知道了，嗯嗯=我愉快地知道了。

8.巧用标点符号表情达意

微信交流的过程中，标点符号的使用也有讲究，一句话的结尾可以不加句号，以免显得生硬，可以选择用符号"~"或表情符号来代替。比如，"你在做什么呢~""在吃饭，有事吗?"后面的回答就会让人觉得冷淡而生硬。另外，不要加太多感叹号，会让人感觉你是个比较情绪化的人，或者当时的情绪比较激动。破折号、省略号偶尔加一下可以，但要适度，否则容易让人感觉你说话吞吞吐吐。

9.以尊重为本

不要随意拉微信好友进微信群，因为有些人并不愿意和陌生人建立联系。没有征求微信好友的同意前，不要把好友的微信号给其他人，也不要把微信好友的聊天截图分享到朋友圈。不要不停地用扬声器播放自己的微信语音或视频，以免对其他人造成听觉污染。

10.注意发信息的时间

不要在早上七点以前和晚上十点以后发微信，在别人休息时间时不要发信息，消息提示音会打扰对方休息，同时在这个时候发信息对方也不一定会及时回复你。如果对方不回信息，不要连续发送信息。如果真的有重要的事情非说不可，请在一条微信的篇幅里说完，避免手机连续震动打扰对方。对方回复比较迟时不要谴责对方，因为不是任何人在任何时间都有条件看手机的。

11.不轻易视频通话

除非工作需要，金融行业工作者尽量不要跟客户视频通话。若必须视频通话，则应提前向对方打招呼。不要突然发起邀请，要先询问对方是否方便。若对方拒绝了，则表明对方此刻不方便通话，可再找合适的时机联系。

（二）微信朋友圈的礼仪

金融行业工作者要学会管理朋友圈和客户群。

1.朋友圈评论及时回复，适时点赞

朋友圈评论要及时回复、点赞，可以根据内容适当点赞、评论或安慰。当所发朋友圈内容有微信好友评论时，多用"回复×××"这种方式回复，因为这样就不会打扰其他人。

2.不要轻易拉黑别人

不喜欢一个人在朋友圈中的信息，不需要删除，可在"设置朋友圈权限"中选择"不看其朋友圈"就可以了，注意尽量不要选择"加入黑名单"，当对方发消息给你，系统提示需要验证时，对方会明白你把他/她加入了黑名单，从而损害了你们之间的友谊。

3.注意发朋友圈的内容

朋友圈发布的内容反映了你的生活、品味、性格。因此，在发朋友圈时，应注重内容的选择，不要发一些庸俗、未经证实的信息，不要经常发泄负面情绪，也不要一次性发太多信息霸屏别人的朋友圈。

4.转发礼节

看到别人发布的精彩文段和图片意欲转发时，应先"赞"后转，这是礼貌，也是涵养。如果是原创内容，须征得创作者本人同意后方能转发，一般应注明出处。

（三）微信群聊的礼仪

1.能私聊的不群聊

微信群交流时，如果两个人对话较多，不要当着其他群员的面持续交流，可以互加好友私聊，避免扰众。

2.少发语音多用文字

微信群交流尽量用文字不用语音，因为没有多少人会点开语音想听你讲什么，或者将语音转换成文字。

3.内容要精简

在微信群里尽量不要发太长的、需要多个屏幕才能看完的文字，想看其他人说了什么，还需要费力越过这些文字才行，这样容易引起他人的反感。

4.不要连续发送表情包

群聊时切忌连续发送表情包，也不要"斗图"。微信群是多人聊天的社交场合，不是个人情绪的发泄场所。

知识拓展 5-2

如何选好头像

在网络时代，头像是我们展现给大家的名片，所以选择好的头像也是有考究的。

一、适宜选择的头像

（一）自己照片

自身的彩色照片是适宜作为头像使用的，而且这种方法普遍适用。但是头像最好是喜悦的照片，适宜用正面照，当然肯定需要漂亮整洁的照片，给人以积极向上的状态。

（二）山水画

山水画也是适宜作为头像使用的，是最能体现自己气质的头像。在传统文化中，就有"山主人丁，水主财"这样的说法，这句话在这儿同样适用，山是指人脉，而水是指财，所以山水画适宜当作头像。

（三）喜庆字帖

喜庆和吉祥的字能够给自己带来正能量，喜庆对联、福字、祝福的话语等，都能提升自己的人际关系，给人以吉祥喜庆的感觉，因为大家都是对这些物品有美好记忆的，所以自然对有这样头像的人也有好感。

（四）吉祥物

吉祥物往往带有美好的寓意。招财猫是我们日常生活中较为常见的吉祥物之一。在民间流传着，招财猫举左手是招福，举右手是招财，所以可以用招财猫当作头像。

头像、聊天背景应保证清晰明亮，忌用乌云、阴雨等图片，否则容易导致心情郁闷。聊天背景清晰明亮，寓意着有发展空间、前途光明，会得到贵人的扶持和帮助。

二、不适宜选择的头像

（一）金钱的头像

很多人喜欢用金银、人民币或者奢侈品的照片当作自己的头像，希望用此招来财富。但却忽视了"财不外露"这一祖辈传下来的规矩，所以不建议使用。

（二）荒山野岭

可用一些风景优美的山水图当作头像，忌用荒漠、干枯的河流、萧条的景象等图片，这会加重内心负能量，整天看着这些萧条的景象，人能不忧愁吗？

（三）明星照片

最好不要用明星照片当作头像，特别是已故的明星，也不建议使用黑白照片，应多用积极向上的正能量头像。

（资料来源：佚名. 如何选好头像［EB/OL］.［2022-06-09］. https://new.qq.com/rain/a/20220609A0D1D200.）

三、实践训练

（一）实训内容

反思和总结自己或他人在使用微信中存在的礼仪规范问题并提出改进意见。

（二）实训目标

1.素质目标：具备良好的思考能力和复盘能力。

2.知识目标：掌握微信礼仪规范。

3.能力目标：能够规范使用微信等社交软件。

（三）实训步骤

1.以小组为单位，5人为一组，每人分享两条自己或他人在使用微信中存在的礼仪规范问题并提出改进意见。

2.每组挑出3条比较有特点的问题或有疑问的内容，并派1名组员在班级内进行分享。

3.小组互评与教师点评相结合。

项目小结

1.日常生活和工作中，正确称呼别人是最基本的交往礼仪，它是进一步交往的敲门砖。在交往中，双方见面时如何称呼对方，直接反映了双方之间的亲疏、了解程度，尊重与否及个人修养等。金融行业工作者称呼客户时要庄重、恰当、规范，让对方感受到尊重。

2.介绍是金融行业工作者在日常生活和工作交往过程中与他人进行沟通、增进了解、建立联系的一种最基本、最常规的方式。如果金融行业工作者在社交中能够正确地利用介绍，不仅可以扩大自己的交际面，而且有助于企业的展示和宣传，可以在一定程度上消除人际交往中的误会，减少麻烦。介绍可以分为自我介绍、他人介绍和集体介绍。

3.随着社会的发展，见面礼节的形式也在不断变化、发展。常见的见面礼节有握手礼、鞠躬礼、致意礼、亲吻礼、拥抱礼等。握手是全世界各国接受程度最高的见面礼节，也是金融活动或社交活动中最常用的见面礼仪。握手的力量、姿势和时间长短往往能够表达出对握手对象不同的礼遇和态度，并显露自己的个性。

4.随着社会的发展，金融行业工作者在日常工作中，还会借助一些工具和社交软件与客户或他人进行非面对面的接触，如电子邮件、电话、微信、传真等方式。非会面的礼仪和规范同样需要被重视。

项目训练

■ **基础知识训练**

一、单项选择题

1.他人介绍的顺序规则中错误的是（　　　）。

A.尊者优先了解情况　　　　　　　　B.先将女士介绍给男士

C.先将职位低者介绍给职位高者　　　D.先将年轻者介绍给年长者

2.下列不属于职务性称呼的是（　　　）。

A.孙总　　　　　　B.张经理　　　　　C.刘处长　　　　　D.王教授

3.适用于远距离的致意礼是（　　　）。

A.起立致意　　　　B.点头致意　　　　C.举手致意　　　　D.鞠躬致意

4.关于握手的描述，以下说法中正确的是（　　　）。

A.握手时可以戴手套　　　　　　　　B.不应用脏手、湿手同他人握手

C.左利手可以用左手握手　　　　　　D.为了方便，可以交叉握手

5.根据礼仪规范，在握手时，首先伸出手"发起"握手的是（　　　）。

A.年轻者　　　　　B.职位低者　　　　C.尊者　　　　　　D.晚辈

6.行鞠躬礼时，双腿立正，目光要注视受礼者，距受礼者约（　　　）米。

A.1　　　　　　　　B.1.5　　　　　　　C.2　　　　　　　　D.2.5

7.关于收发电子邮件，以下说法错误的是（　　　）。

A.每封电子邮件都应设有一个主题　　B.书写电子邮件时不用注意篇幅

C.邮件的理想回复时间是2小时内　　D.邮件发送后要确认是否发送成功

8.在会议进行中，不宜交谈时应采用（　　　）。

A.欠身致意　　　　B.举手致意　　　　C.点头致意　　　　D.起立致意

9.以下递送名片的时机，不适宜的有（　　　）。

A.初次登门拜访　　B.被介绍给对方时　C.个人信息变更时　D.对方是陌生人

二、多项选择题

1.关于微信聊天礼仪，以下说法正确的是（　　　）。

A.一见面时就应提出加微信好友的邀请　B.聊天直奔主题

C.可以多请求别人点赞，增加互动　　　D.能打字的尽量别发语音

2.自我介绍时，应注意的有（　　　）。

A.先介绍再递名片　　　　　　　　　B.初次见面不宜介绍时间太久

C.先递名片再作介绍　　　　　　　　D.态度一定要自然、友善

3.在日常交往中，使用称呼时应注意的是（　　　）。

A.称呼自己亲友可以用谦词　　　　　B.就低不就高

C.对方是副总经理，一般可省略"副"字　D.就高不就低

4.关于握手的礼仪，描述正确的是（　　　）。

A.握手时应脱帽，摘掉墨镜　　　　　B.拜访结束后，客人先伸手

C.不管什么状况，都应握手　　　　　D.先伸手者为地位高者

5.下列关于鞠躬礼，说法正确的有（　　　）。

A.90°鞠躬礼属于最高礼节　　　　　B.鞠躬时，要抬眼看向对方

C.一般情况下，鞠躬时必须脱帽　　　D.15°鞠躬可用于问候、介绍、握手时

三、判断题

1.任何情况下，女性都不能被称为先生。　　　　　　　　　　　　　（　　　）

2.递送名片时，应双手递交，并且名片文字正面应面向自己。 （ ）

3.对方是总经理，在称呼时可以省略"总"字。 （ ）

4.在微信群内进行交流时，如果两个人的对话较多，不要当着其他成员的面持续交流，可以互相加好友私聊，避免扰众。 （ ）

5.拥抱礼多用于欧美国家，常与亲吻礼同时进行。 （ ）

6.重要来宾到场或离场时，点头或微笑致意即可。 （ ）

■ 实践操作训练

【服务场景演练5-1】银行大堂经理日常接待展示

模拟银行大堂经理接待各种客户的情境，可自行设计客户性别、年龄、是否是VIP客户、新客户还是老客户。

【演练说明】

目标：通过模拟大堂经理与客户会面的场景，使学生正确而熟练地运用日常工作交际礼仪，加深对日常交际礼仪规范的理解，帮助学生提升自信心，培养学生的团队意识。

任务：（1）请以小组为单位完成上述场景演练，包括称呼客户、回答咨询、引领、介绍、礼貌退出、致谢、送别，时间控制在3分钟内。

（2）互相观摩学习，小组互评与教师点评相结合。

要求：（1）请每位同学积极参与，以小组为单位，每组4~6人，分角色扮演。

（2）自行安排场景展示的上场人数及身份，可以对情景内容及情节合理设计语言及对话。可利用现场的桌椅设备，或自行准备其他所需道具。

（3）请同学们认真对待，深入思考，特色创新。

【服务场景演练5-2】证券公司群面招聘场景展示

一天上午，某家证券公司招聘客户经理岗位，对若干通过笔试的面试者进行群面。除了需要每位面试者进行1分钟的自我介绍，还针对部分面试者进行了提问。

【演练说明】

目标：通过模拟证券公司群面招聘场景，锻炼学生自我介绍的语言表达能力和应变能力。

任务：（1）请以小组为单位完成上述场景演练，时间控制在5分钟内。

（2）互相观摩学习，小组互评与教师点评相结合。

要求：（1）请每位同学积极参与，以小组为单位，每组4~6人，分角色扮演，面试官不多于2人。

（2）自行安排场景展示的上场人数及身份，合理设计面试官的提问。可利用现场的桌椅设备，或自行准备其他所需道具。

（3）请同学们认真对待，深入思考，特色创新。

项目六
银行岗位服务礼仪

思政育人目标：

★促进学生具备爱国、敬业、诚信、友善的价值准则。

★培养学生具备求实的工作作风、尊重他人的工作态度。

★培养学生具备遵守公德、真诚友善、关注细节、善解人意、热情主动、宽容谦逊的职业素养。

★培养学生具备较强的语言表达能力、与人沟通的能力、分析和解决问题的能力、处理特殊情况的应变能力、较强的心理素质。

知识目标：

★了解岗位礼仪的概念、内容。

★掌握金融行业服务岗位礼仪基本要求。

★掌握岗前准备的内容与要求。

★掌握不同岗位服务礼仪规范与岗位业务活动规范化的内容。

★了解客户投诉处理的流程与规范。

技能目标：

★能够掌握仪表仪态规范、晨会流程内容、营业厅内部环境准备，按照要求进行岗前准备工作。

★能够掌握金融行业具体岗位工作中的礼仪规范要求。

★能够按照银行柜面服务、大堂服务、客户经理服务、投诉处理等礼仪规范进行相关操作。

★能够熟练掌握客户接待、分流引导、客户咨询、假币收缴、残钞兑换、纠纷处理等业务活动的技巧与规范。

项目思维导图

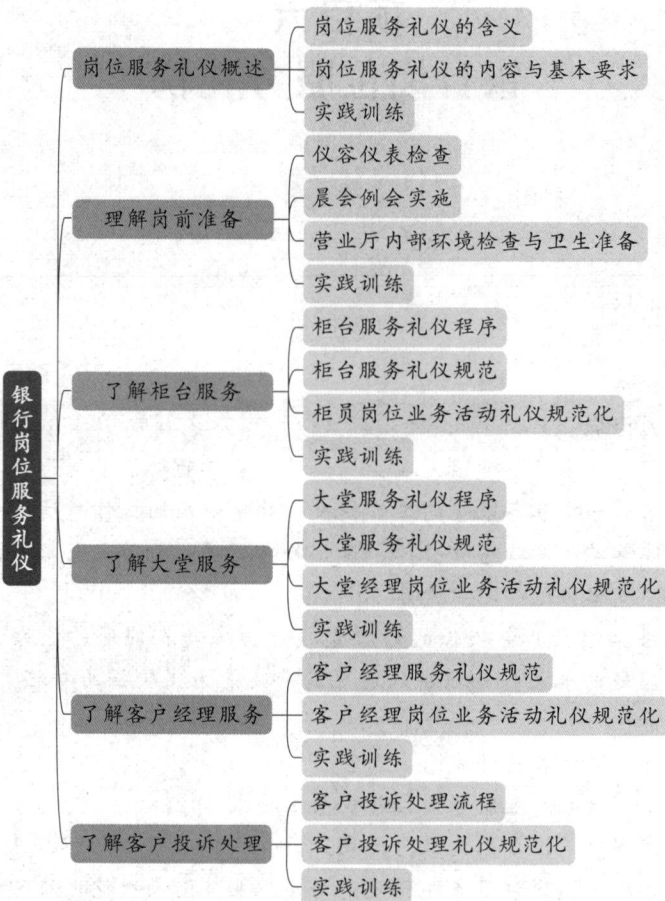

```
                                  ┌── 岗位服务礼仪的含义
                   ┌─ 岗位服务礼仪概述 ─┼── 岗位服务礼仪的内容与基本要求
                   │              └── 实践训练
                   │
                   │              ┌── 仪容仪表检查
                   │              ├── 晨会例会实施
                   ├─ 理解岗前准备 ──┼── 营业厅内部环境检查与卫生准备
                   │              └── 实践训练
                   │
                   │              ┌── 柜台服务礼仪程序
        银          │              ├── 柜台服务礼仪规范
        行          ├─ 了解柜台服务 ──┼── 柜员岗位业务活动礼仪规范化
        岗          │              └── 实践训练
        位          │
        服          │              ┌── 大堂服务礼仪程序
        务          │              ├── 大堂服务礼仪规范
        礼          ├─ 了解大堂服务 ──┼── 大堂经理岗位业务活动礼仪规范化
        仪          │              └── 实践训练
                   │
                   │               ┌── 客户经理服务礼仪规范
                   ├─ 了解客户经理服务 ┼── 客户经理岗位业务活动礼仪规范化
                   │               └── 实践训练
                   │
                   │               ┌── 客户投诉处理流程
                   └─ 了解客户投诉处理 ┼── 客户投诉处理礼仪规范化
                                   └── 实践训练
```

案例导入

　　王明是某行支行的大堂经理，今天他被邀请回学校给学弟学妹们分享工作经验。他说，大专毕业的他分外珍惜这份工作。工作三年来，他对自己严格要求，上岗时保持恰当站姿，持续关注进出门口的客户。如果不能做到对每位客户进行问候，也尽可能在第一时间与客户有目光接触，点头示意并微笑。若客户进入网点，他尽可能第一时间上前热情询问。若发现熟悉的贵宾客户，则在第一时间上前，并能够正确称呼客户。他会对进入银行的客户进行准确有效的分流，并对客户进行有效的识别与推介。由于他业务熟练、服务到位，赢得了很多客户的信任，工作绩效越来越高，今年还被评为了"服务明星"，不但获得了颇丰的奖金，还被推荐参加了客户经理的遴选。他给自己和家人买了礼物，非常开心。王明说，每个岗位都可以做出每个岗位的精彩，要相信念念不忘，必有回响，付出总有回报，鼓励大家要好好学习，好好积累。学弟学妹们听了王明的分享后，纷纷点头，进一步明确了努力的方向。

　　银行岗位服务礼仪作为金融服务礼仪的重要内容之一，是做好银行具体岗位服务的前提，也是为客户带来良好客户体验、服务客户的集中呈现，因此能否做好岗位服务礼仪规范对银行或其他金融企业有着重要的影响。本项目以银行为例进行金融行业岗位服务礼仪的学习，围绕岗位服务礼仪概述、岗前准备、银行柜台服务、银行大堂服务、客户经理服务、客户投诉处理六个方面的内容进行详细阐述。

任务一　　　　　　　了解岗位服务礼仪

一、岗位服务礼仪的含义

　　金融行业员工在其具体工作岗位上都有其对应的服务规范，即岗位服务礼仪。本项目以银行岗位服务礼仪为例展示金融行业员工的岗位服务礼仪。银行岗位服务礼仪是指银行员工在岗前准备、柜台服务、客户接待、纠纷处理等环节履行岗位职责时，以约定俗成的规范程序、方式来表现的律己敬人、优质服务的完整行为。银行岗位服务礼仪的实施，有利于塑造银行员工及银行自身形象，有利于夯实银行核心竞争力，有利于区别银行之间产品的同质化，有利于提升客户的满意度与忠诚度。

　　随着银行岗位服务礼仪的重要性的日益凸显，银行员工更应将岗位服务礼仪的实施作为自己的主要职责，坚决贯彻执行。银行岗位按照与客户的接触程度由多到少来划分主要有三大类：一是临柜岗位和大堂经理；二是客户经理岗位；三是内部管理岗位。其中，较为常见的柜员岗、大堂经理岗、客户经理岗、理财经理岗等都是客户感受一家银行企业文化与服务水平的重要渠道，也是银行岗位服务礼仪最关键的呈现者。这些岗位中体现出来的临柜服务或营业过程表现的礼仪行为可归集为临柜礼仪，也称柜面服务礼仪或营业礼仪。

　　银行服务是综合了机能性服务与情绪性服务的复合性服务，既包含客户通过ATM机完成业务的机能性服务，又包含了客户与柜面人员、大堂经理、客户经理的接触，这些工作人员的表情、眼神、语言、声音、仪态等会影响客户的情绪和感受，从而带来的情绪性服务。不争的事实告诉我们，使用不同银行的自助机器很难带来难忘的好评，而不同银行员工为客户提供的情绪性服务则会给客户带来深刻的印象或良好的体验，甚至是期待。银行员工工作压力较大，有时间压力与精神压力等，但如果银行员工还停留在一味的"5+2"与"白+黑"的辛苦中，而忽视了岗位工作中对客户心理进行理性分析与提供良好情绪体验的服务行为，那么"拥有忠诚客户"及"完成销售任务"等目标便会越发不易实现。

二、岗位服务礼仪的内容与基本要求

　　金融行业岗位服务礼仪的内容包括金融行业员工的礼仪基础理论、仪表礼仪、仪态礼仪、语言礼仪、日常交际礼仪等，是以上礼仪规范在具体工作岗位上的完整呈现，是更加立体化、综合性的实践。而岗位服务礼仪的基本要求是在金融服务礼仪基本要求的基础上，针对银行具体岗位的更加细化的说明与阐释，包括以下五点内容：

微课6-1

岗位服务礼仪基本要求及内容

（一）主动热情

主动热情要求银行员工在服务客户时精神饱满，满腔热情地为客户提供良好的服务。作为柜员，主动热情体现在从标准主动的招迎手势开始，到热情为客户服务，为客户高效准确办理业务，还体现在从热情为有需要的客户推荐理财产品或理财经理，到热情做好末轮效应的补充服务及送别。作为大堂经理，主动热情体现在从客户进门开始的问候微笑，到客户咨询与分流时的专业、准确，还体现在从主动为高峰时未照顾到而自行落座等候的客户提供补充询问，到主动识别并热情为潜在理财客户提供介绍与推介。作为客户经理，主动热情体现在从主动迎接客户到热情接待客户咨询，还体现在从平日注重客户维护，主动提供及时、有效的客户关心的信息，到为客户办理完成相关业务。

案例6-1

主动热情服务环卫工人

寒冬的一个周末，天很冷，马路上行人稀少，环卫工人穿梭在寒风中工作的身影分外显眼。

此时，某银行营业厅还没有到营业时间，做好营业前准备工作的柜面人员小钟透过玻璃门发现一位负责环卫工作的阿姨在网点门前徘徊，并不时地向里面张望着。

小钟上前询问道："阿姨，有什么需要帮助的吗？"

这位阿姨回答道："天太冷了，我想找你们要点热水。"

因为还没有到营业时间，小钟不便请阿姨进入营业厅，便请她在门外等候。之后，他接了一杯热水，还用自己的热水瓶灌了满满一瓶水，一起递给了阿姨。他说道："阿姨，这是给您打的热水，这个瓶子您也拿着。这样既可以喝上热水，也可以暖暖手了。"

阿姨听小钟这样说，先是愣在了那里，之后感激地连声说："谢谢，谢谢！"

几个星期之后，阿姨居然回来找到小钟，说是带着钱来开户的。

阿姨说道："我要将家里的所有存款都放在你们这里。"

阿姨真实、质朴的一句话让在场的工作人员都非常感动，同时大家也体会到了惊喜的滋味。

（资料来源：吕艳芝，纪亚飞．银行服务礼仪标准培训［M］．北京：中国纺织出版社，2014.）

案例分析：柜面人员的行为真实体现了主动且热情的服务，所谓"予人玫瑰，手有余香"，在客户或潜在客户开口之前，把感情投入到一举一动、一人一事的服务中、真正地从内心理解客户、关心客户，会使得礼仪行为更具人情味，让人倍感亲切，因此也更容易打动客户。

（二）周到细致

周到细致的服务往往是打动客户的关键，是从客户的角度出发考虑问题，提供有针对性的、细致入微的具体服务。银行员工需要具备的是周到细致，多做一点的意识与行动。周到细致是不但能做好共性、规范的服务，而且能做好特色服务——"多做一点"的智慧，体现在多一次微笑、多说一句话、多出现一个行为，多给出一个建议等，面对银行之间激烈的竞争，周到细致的"多做一点"会争取到更多的客户。

案例6-2

"多一个行为"的周到

一位柜面人员在客户取现后，根据对方取现的额度，为对方提供了信封。客户看着柜面人员双手递过来的信封，非常开心地答谢道："我还没有开口找你要信封，你就将信封递给了我，你想得真周到，谢谢你了。"

案例6-3

"多说一句话"的周到

银行马上要发售电子国债了，一位客户通过新闻知道了这一消息。她特意跑到银行来确认，大堂经理在答复这一消息属实后，并没有让客户离开，而是询问对方道："阿姨，您以前买过电子国债吗？"

客户回答道："没有，还真的没买过。"

大堂经理笑着说道："阿姨，您有银行的借记卡吗？"

客户回答道："也没有，你问这些做什么？"

大堂经理马上回答道："阿姨，如果您要购买3天后发行的电子国债，建议您今天先开立一张借记卡并开通国债账户，这样就能将钱存入卡中，3天后您就可以直接购买电子国债了。如果在当天开立借记卡，可能会耽误您的购买时间。"

客户听后笑着说道："太感谢你了，我这就回家取证件和钱，抓紧办理开户手续。"

3天后，客户如愿购买了电子国债，她非常感谢大堂经理的提醒。

（资料来源：吕艳芝，纪亚飞. 银行服务礼仪标准培训［M］. 北京：中国纺织出版社，2014.）

案例分析：上面两个案例分别从柜员的"多一个行为"与大堂经理的"多说一句话"两个方面体现了银行员工对客户周到细致的服务，"多做一点"的智慧是银行员工为客户留下良好体验甚至是深刻印象的关键，也是客户与银行员工建立沟通的纽带，甚至成为银行员工"粉丝"的重要一步。

（三）"四心"待人

岗位服务礼仪要求银行员工在服务中做到"四心"，即诚心、热心、细心、耐心。"诚心"强调以诚相待，包括真诚待客，真诚致歉，真诚听取意见，态度真诚，仪态真诚，语气真诚。"热心"强调"一团火"的精神，主动热情地为客户服务。"细心"强调除了周到细致以外，还要保有足够的警惕性，及时识别假币、假票据及金融诈骗活动，保证银行及客户资金财产安全。"耐心"强调服务客户时无论遇到何种复杂的情况或对不理解的客户都要冷静克制，百问不烦，百问不厌，做好业务的同时，做好宣传解释工作。

案例6-4

细心员工慧眼识破绽

一个普通的营业日上午，吴大妈老两口和女儿走进银行营业厅要拜访行长。见到年轻的行长，吴大妈立刻给行长深鞠一躬，说道："行长，感谢您培养出好员工，让我免受了损失。我们全家感谢您！"行长也认出了吴大妈，忙把她扶起来。吴大妈让女儿拿出一面锦旗，上面写道"慧眼识破绽，储户保平安"，双手递交到行长手里，说道："这面锦旗一是感谢您，二是感谢柜面的小陈和大堂经理小赵。没有她们，我的钱就没了，病也治不了了。"行长请大家都坐下，说道："谢谢您全家对我们的信任，这也是我们应该做的。客户平安了，银行的资金才安全，只是您以后一定要提高警惕，有事和儿女商量，不给骗子可乘之机。"这一切还得从一周前说起。

吴大妈是银行营业网点的老客户了，年纪有70多岁，两个孩子都很忙，不在身边。老两口身体不大好，儿女给的钱也舍不得花，说还是留着看病吧。一周前，吴大妈到银行营业网点来非要开个银行卡，大堂经理小赵问："大妈，您不嫌麻烦了？没关系，您用存折存单就可以。"原来吴大妈经常来银行，小赵建议她开卡取钱方便，却一直没能说服她。这次吴大妈主动要开卡并且还开网银，小赵觉得有些可疑，70多岁的老人很少用网银的。"大妈您得小心，现在骗子可多了。谁要用网银呢？"小赵提醒说。"哦，是我的侄女要买房子，想用我的钱周转一下。年轻人非要我开的，说是方便汇款。"大堂经理小赵一听也有道理，就帮她填写好单据。到了柜面，员工小陈受理吴大妈的业务，发现她要把3张存单共计25万元全部提支存到新开立的银行卡里，小陈联想到近来的电信诈骗案，就多问了一句："您的定期存单提支了可都是活期利息，多可惜啊！"吴大妈说："是，我知道，这不孩子着急买房嘛。""那您开网银会用吗？现在诈骗可多了，您得让孩子陪您用啊！""好好，我知道了。你快办吧！"小陈仍然觉得不妥，因为吴大妈平时省吃俭用，除了看病很少有大额支出。她一边受理业务，一边到后台迅速和同事沟通了一下。"大妈，您的孩子知道这事吗？她平常用网银吗？"吴大妈甚至有点不耐烦了，"你快办吧，别给我耽误了。"边说边看手机。

10多分钟后，社区的片警来了，小陈故意给吴大妈拖延办理，才刚开了卡，还没存入25万元。经过询问，吴大妈接到陌生电话声称是"社保中心"，她的社保卡被冻结了，原因是涉嫌洗钱，让她先开个户把自己的钱转到安全账户内，必须开网银，而且骗银行说是给侄女买房用。经过警察和银行人员的详细分析，吴大妈才恍然大悟：如果把钱存进去，骗子问了网银的密码，钱立刻就没了。吴大妈在银行坐了很久，对柜面的小陈千谢万谢后回家了。一周后就有了送锦旗的一幕。

（资料来源：吕艳芝，纪亚飞. 银行服务礼仪标准培训［M］. 北京：中国纺织出版社，2014.）

案例分析：本案例中，银行员工诚心对待客户，热心提示吴大妈防止金融诈骗，细心发现漏洞，耐心拖延时间并详细向大妈分析情况，不同岗位的员工分别在自己的工作环节中对大妈进行提示与帮助，既体现了岗位服务礼仪的规范，又体现了对客户的负责及对特殊客户的关怀。本案例也提示银行员工及客户，要擦亮双眼，谨防金融诈骗，不给骗子可乘之机。

（四）语言文明

语言文明是银行各类岗位员工都需要遵守的准则，对银行员工而言，文明的语言从文明礼貌十字用语做起，即"您好、请、谢谢、对不起、再见"，尤其注意"请"字在前头，"您"字不离口。广泛使用"三声"，即"来有迎声、问有答声、走有送声"。岗位服务时忌说行业用语"四禁忌"，即"不尊重之语，不友好之语，不耐烦之语，不客气之语"。同时，注意用语"八个不"，即"不信口开河、不议论别人、不夸大其词、不出言不逊、不泄露机密、不窃窃私语、不使用方言、不分散注意力"。

（五）微笑永恒

微笑是银行岗位服务中的关键环节，微笑是招迎客户时的春风，是应答客户时的温暖，是帮助客户时的友好，是送别客户时的礼貌。微笑是客户夸奖时的感谢，是听取客户意见时的真诚，是客户抱怨时的倾听，是客户感谢时的喜悦。微笑是"服务明星"的招牌动作，也是岗位服务中的坚持不懈。

思政小课堂

思政目标：具备全心全意为客户服务的金融服务意识；具备爱岗敬业、专业胜任等职业操守；具备遵守公德、真诚友善、关注细节、善解人意等职业素养。

思政案例：第二届南京"最美金融人"提名奖王倩：助人为乐，她是客户身边的"贴心人"

"阿姨，最近天气转凉，要多穿一点，注意身体呀。"一次偶然听到客户对天气的抱怨，细心的王倩便常常主动给客户发消息，提醒客户在天气变化时注意加减衣物。作为招商银行南京分行营业部的贵宾客户经理，入行以来，她始终践行"以客户为中心，为客户创造价值"的价值观，活跃在服务客户的第一线，是支行零售条线的中坚力量。

一、细心待客，服务为先

王倩是"95后"，她有着一双善于观察的眼睛和一颗乐于助人的心。加入南京分行尊老志愿服务团队后，她用心服务客户，一直关注着网点独居老人的生活情况，主动在老人需要帮助时送出关怀和温暖。

她常常邀约附近社区居民参与三甲医院身体健康检查，对中老年人易患的疾病进行提前筛查，还邀请他们至网点参与北京同仁堂医师的免费问诊服务。客户顾叔叔（化名）年近75岁，他的老伴身体不好，某天又突然摔倒受伤，王倩便利用空余时间上门探望阿姨。阿姨摔伤后，没有办法陪伴孙子去兴趣班，王倩又主动带小朋友参加招行的夏令营活动。顾叔叔常说小王就像自己的闺女一样亲切，点点滴滴的举动时刻温暖着客户的心。

客户刘阿姨（化名）年近80岁，老伴前几年突然离世，唯一的儿子也在国外安家了，因为疫情近期也一直没有回国。王倩在耐心打理好刘阿姨理财账户的同时，有时会带阿姨去风景秀丽的苏州参观养老社区、听苏州评弹，还经常邀请刘阿姨参加银行组织的其他活动。王倩还主动加了刘阿姨儿子的微信，和他交流刘阿姨的生活情况，减轻子女在国外的担忧。刘阿姨经常来营业部"串门"，这两年还亲手制作了数十捧手工花束送到网点表示感谢。

二、专业制胜，真诚待人

在工作上，王倩始终严格要求自己，2021年她获得了江苏省金融系统银行业理财业务职工技能竞赛"最佳业务能手"奖。她在南京分行新兵训练营开学典礼上作为新员工优秀导师代表发言，多次参与行内对外直播分享活动，平日团结友爱、互帮互助，是身边年轻同事的良师益友。

"她耐心详实地解答了我的问题，还帮我打印了一份理财产品持仓流水以便我查阅。"今年4月，王倩收到了一份客户手绘的带有金葵花图案的表扬信。原来，张阿姨（化名）在手机银行上看错了一份理财产品，进行了误操作。王倩一边安慰张阿姨不要着急，一边仔细帮助张阿姨查找相关信息。在她耐心的帮助下，张阿姨挽回了经济损失。

专业制胜，让王倩获得客户满满的好口碑。通过日常对客户点点滴滴的维护，留心每一位客户的资产偏好和风险承受度，王倩给出了一份份专业的资产配置建议书。"我不建议客户把鸡蛋都放在一个篮子里，而是会结合他们自身情况量身定制，给出更科学、合理的建议。"功利心少一点，敬业、专业多一点，让王倩服务过的客户对她很是信任，在总行的表扬榜上，也经常能看到客户致电的表扬好评。

三、社会公益，我为人人

热心参与公益活动，王倩常常主动走进社区，宣传金融反诈骗知识，教会社区居民如何拦截电信诈骗及杜绝赌博行为。她参与建立社区服务群，及时和居民沟通，帮助百姓守护血汗钱，同时在群里普及存款保险制度以及理财小宝典，让大家足不出户就能感受到金融科技的方便。南京的冬天很冷，而且没有集中供暖，她看在眼里，和支行群策群力为社区居民装上温暖的门把手套。

针对附近幼儿园的小朋友，她主动邀约至网点，开展人民币认识探索以及财商训练营的培训活动，普及金融小知识。"我想通过一些有趣的小游戏互动，让小朋友们对钱币有个基础的概念，如10元钱能做些什么。培养他们财商的同时，让他们了解父母挣钱的不易。"王倩说。

王倩总是能够关注客户未满足的需求，体会客户未被关注的感受，暖心服务、真情待人，她始终在服务的路上。

（资料来源：史骏. 第二届南京"最美金融人"提名奖王倩：助人为乐，她是客户身边的"贴心人"［EB/OL］.［2022-11-17］. http://news.longhoo.net/2022/jinronglicai_1117/607735.html.）

思政意义及反思：

案例中的"最美金融人"王倩在招商银行客户经理岗位上作出了不平凡的成绩。她做到了细心待客，服务为先；专业制胜，真诚待人；社会公益，我为人人。她不但爱岗敬业，专业胜任，达到了银行岗位服务礼仪的要求，更是凭借全心全意为客户服务的宗旨，诚心对待客户、热心帮助客户、细心发现问题、耐心解决问题，关注客户未满足的需求与感受，帮助同事共同进步，热心公益事业，帮助更多需要帮助的人，积极宣传金融货币知识，进行普惠金融教育。王倩用掷地有声的言行践行了党的二十大报告强调的"全党要坚持全心全意为人民服务的根本宗旨"及"引导、支持有意愿有能力的企业、社会组织和个人积极参与公益慈善事业"等精神，用脚踏实地的行动诠释了"最美"的真谛。

三、实践训练

（一）实训内容

遵守岗位服务礼仪基本要求的实践训练——大堂接待场景模拟演示。

★场景描述★

一场大雪过后，营业厅门口等待着几位早起排队的大爷大妈。大堂经理小王和同事们第一时间清扫了门口的积雪，营业厅准时开门。面对办理业务的客户们，小王和他的同事们应如何遵守岗位服务礼仪并进行安抚接待，给客户们带来冬日寒冷天气中的温暖呢？

（二）实训目标

1.素质目标：具备真诚友善、关注细节、善解人意等职业素养。

2.知识目标：理解岗位服务礼仪的含义、内容与基本要求。

3.能力目标：能够尊重他人，为客户提供良好的客户体验。

（三）实训步骤

1.以小组为单位，5~8人为一组，分角色表演案例中的场景。

2.针对案例情景，设计合理的情结及对话，在关心客户、尊重客户的基础上，争取为客户带来印象深刻的服务感受。注意岗位服务礼仪的基本要求，做到主动热情、周到细致、"四心"待人、语言文明、微笑永恒。

3.小组互评与教师点评相结合。

任务二　　　　　　　理解岗前准备

银行岗位服务中的岗前准备是做好岗位服务礼仪的前提，岗前准备包括仪容仪表检查、晨会例会实施、营业厅内部环境与卫生准备等。

一、仪容仪表检查

仪容仪表检查是岗前准备的必要工作，它是维护企业及个人形象的重要环节。仪容仪表检查包括自检及晨会互检，金融行业男女员工应按照本书项目二仪表礼仪进行规范操作，同时结合下面的标准进行仪容仪表检查。

第一，员工上岗时着装统一，整洁干净。在营业网点内代办业务（如证券等）的非银行工作人员也需统一着装。

第二，员工上岗时佩戴工号牌，在作业台前放置工号牌：工号牌佩戴或放置的位置在客户的视线范围内；徽章式工牌应端正地佩戴在左上胸；胸卡式工牌应端正地夹吊在胸前，字面朝外。

第三，银行男女员工应分别从头发、发型、面容、身体、饰物、上衣、衬衫、马甲、裤子、手、鞋、袜子等方面进行仪表检查。（详见项目二的仪表要求）

二、晨会例会实施

银行晨会例会是规范统一标准，做好心理建设与岗位服务的重要准备工作。晨会召开的时间根据各个网点开门时间不同有所差异，一般为开门营业前半小时。晨会召开的时间长度为15分钟左右，结束后留15分钟给营业网点人员做营业准备，晨会主持人一般由营业网点内全体人员轮流担任。晨会内容一般包括汇总前一日工作情况，进行表扬与提醒，并由网点服务人员进行当日重要事项提醒，学习现阶段主推新业务，有计划地进行阶段性、主题性训练，如自我激励训练、情景演练与示范、基本服务礼仪训练、营销技能和学习新业务知识等。除了晨会以外，还会通过召开定期例会等形式进行总结、学习、培训。

> **知识拓展6-1**

晨会流程表，见表6-1。

表6-1   晨会流程表

工作项目	时间	工作内容	注意事项
列队	1分钟	1.参会人员站成两列，相向站立，两列之间距离为1.5~2米，同列两人之间距离为0.8米 2.主持人站在队列前方中间位置，面向队列，动作迅速，前后左右两位列队人员分别位于主持人斜前方1.5~2米	动作迅速、前后对齐
问好	30秒	主持人与参会人员相互问好，激励团队士气（各位同事，大家早上好，员工回应）	声音洪亮、有热情、动作统一、有力度
仪容仪表检查	1分钟	1.相互监督，每人前进一步，参会人员按照从上到下的顺序进行自检，依次为发型、衣领、衣襟、工号牌、衣袖、衣摆、裤装/裙装、鞋子 2.在互检环节，主持人对参会人员正面和背面的仪容仪表指出不足	程序标准、不留死角
昨日工作点评和今日重要事项提醒	3~5分钟	1.柜员汇报昨天的工作情况（包括业务量、客户转推介量、产品营销业绩） 2.大堂经理点评营销业绩、服务（包括日营销业绩、柜员销售技巧、服务礼仪） 3.客户经理汇报昨天的工作内容（包括昨天柜员转推介客户总量、转推介客户跟进情况、介绍近期主推产品及话术培训、网点任务指标完成情况） 4.会计主管提炼传达有关工作文件要求 5.网点负责人简单总结工作重点、注意事项及工作期望	明确重点、简短有效
集体培训	5~7分钟	1.口号"温故知新、常常新"，规范服务用语练习（星期一） 2.情景演练（如角色扮演、理财产品介绍练习、营销案例经验分析点评）（星期二、星期四） 3.集中学习（如新产品及FAB营销话术演练）（星期三、星期五）	主题突出、表达有效
互动环节	90秒	1.机动环节（如游戏、放松操）、开心环节 2.星期一集体背诵××行誓词：我是××行人，××行是我家；一言一行树××行形象，一心一意为客户服务；强我××行，报效国家 3.其他工作日高呼口号：爱我××行，追求卓越	振奋精神

三、营业厅内部环境检查与卫生准备

（一）营业厅门面及内部布置准备

（1）各网点的门楣标识按总行（部）统一制定的标准进行规范，营业厅大门两侧必须挂有规范的机构名称牌、营业时间牌。有室外电子屏的网点应在营业前提前开启电子屏。

（2）营业厅内悬挂金融业务许可证、营业执照、消防安全合格证等证照。

（3）大堂经理工作台设置于营业厅入口醒目位置，工作台配置计算器、笔、凭条、老花镜等，不可摆放个人物品。确保排号机、客户身份识别系统、身份证复印机正常运行。

（4）填单台摆放各类单据凭条及书写工具，如个人购汇申请书，并在醒目位置公示常用单据填写规范。

（5）自助服务区是岗前准备的重点，确保ATM机、存取款一体机、多功能智能一体机、补登折机、查询缴费终端等自助设备运转正常；自助机操作使用说明或示意图准确清晰，安全提示语使用规范。

（6）营业厅醒目位置放置意见簿或意见箱，配备废纸篓。

（7）营业厅内设置工具台（柜），并配备各类便民工具，如放大镜、老花镜、剪子、胶带、助盲卡、订书器、工具箱、针线箱、小药箱、交通地图等，工具摆放整齐有序。

（8）营业厅内设置的各种业务种类指示牌、利率汇率牌（屏）、日历和时钟、服务公约牌、公告牌、暂停服务提示牌、服务监督电话号码都应摆放清晰有序；配备的防火防盗的设施设备应正常可用，定期维护。

（9）营业窗口前及自助服务机前方设置1米线或功能相当的设施。

（10）根据场地大小设立客户休息区，配置沙发、茶几等。营业厅内配备饮水设备，提供冷热水，保证水质不过期，水杯充足；门口配备雨伞架与雨具，整洁有序。

（11）宣传资料架摆放各类宣传折页、产品介绍、杂志等，分类放置，摆放整齐；摆放报纸的营业厅需注意定期更新报纸。

（12）营业厅张贴的各类通知和公告应整齐美观，更换及时，不得叠加；张贴宣传的各类海报资料应整洁有序，不得残缺损坏，不得遮盖收费标准和服务标志等信息。

（二）柜面及柜员工作台面布置

（1）柜面按员工窗口座位号放置统一规格的临柜人员工号牌、密码机、笔、有条件的配备电子签名设备、放置老花镜、观赏植物等。

（2）柜员工作台面摆放计算机、计算器、算盘、印章、印泥、海绵缸、笔筒、现金分格箱、验钞机；接库完成后，主管柜员分发物品箱给各营业柜员，营业柜员立即进入工作岗位，打开终端。钱箱、票箱、人名章等有序摆放，更换、调好业务章日戳等。柜员的工作台面不可摆放个人物品及与工作无关的用品，椅背上也不能搁置衣服等，个人物品应统一放置于洗手间或柜子里。

（三）营业厅卫生准备

（1）营业厅门前的室外环境保持整洁、有序；无障碍通道需要保持畅通；防滑标志及防滑垫根据情况摆放；推拉门的"推""拉"标志提示清晰。

（2）营业厅内整体卫生需要保持清洁。地面、墙面、天花板、门窗、服务台、桌椅、灯具、花木等需要保持无污迹、无灰尘。虽然营业厅内的卫生有保洁阿姨专门负责打扫，但是所有员工也都有责任时刻关注检查并自觉维护。

（3）营业厅需要保持整洁、美观、光线充足，空气清新，营造舒适干净的工作环境与客户等候休息的良好体验。

四、实践训练

（一）实训内容

岗前准备实践训练——晨会场景模拟演示。

★ 场景描述 ★

金专银行的员工元气满满地迎来一天的工作，早晨8点，网点的晨会如约而至，今天主持晨会的是张丽，作为入职3个月的新员工（网点只有五六位老员工），她每天向老员工学习请教，并不断完善自己的专业知识与业务技能，今天轮到她主持晨会，她提前准备了2天，今天信心满满地走到了会议桌的前方……

（二）实训目标

1. 素质目标：具备爱岗敬业的职业操守；具备真诚友善等职业素养。

2. 知识目标：理解仪容仪表检查、晨会例会实施、营业厅布置及场所检查等内容。

3. 能力目标：能够进行团队协作。

（三）实训步骤

1. 以小组为单位，5~8人为一组，分角色表演案例中的场景。

2. 针对案例情景，进行晨会实施。晨会环节可包括以下部分：列队、问好、仪容仪表检查、昨日工作点评和今日重要事项提醒、主体培训、互动口号等。

3. 小组内不同的同学轮流主持，分别感受主持人与参与者的角色，注意团队协作的体现。

4. 小组互评与教师点评相结合。

任务三　　　　　　　了解柜台服务

一、柜台服务礼仪程序

银行柜员岗位是与客户接触的窗口岗位，柜员是窗口服务人员，发挥着重要作用。在电子银行、网上银行、手机银行盛行的今天，银行的柜台服务仍然是金融服务的主流业务，因此临柜岗位服务礼仪规范十分重要，临柜岗位服务礼仪程序遵守"站相迎、笑相问、双手接、双手递、快速办、热情送"的"十八字"礼仪规范。

（一）站相迎

柜员岗位在接待客户时应起立招迎，站立姿态为面带笑容，身体正直，右手举起，五指并拢，掌心向外，双目注视走近的客户，待客户落座后再坐下。与迎接客户对应的是送别客户，同样需要用站立姿态，并在客户转身离开柜台后坐下。柜员的在岗位服务中的站立姿态不只表现于迎送客户，还包括"四个站立"，即客户走近窗口和离开窗口时需站立；客户交接钱款不符或发现假币时需站立，客户递交的单证有疑问时需站立；服务老弱病残、孕妇等特殊客户时需根据情况站立。

（二）笑相问

微笑永恒是银行岗位服务礼仪的基本要求，更是柜员岗位的标准仪态，笑相问指的是在客户服务中注意保持亲切的微笑，从微笑着说声"您好，请问您要办理什么业务？""请您出示身份证""请您稍等，马上为您办理"等开始，到办理业务过程中微笑着询问、回答、致歉、感谢等沟通交流的环节，都是"笑相问"的体现。也就是说，与客户的语言沟通中基本应保持微笑的状态。

（三）双手接、双手递

柜台服务中无论是接过还是递送客户的证件、钱款或凭证，都需要用双手，既体现规范，又体现尊重。如果给客户递送单证，需要将文字正面面向客户进行递送。接过或者递送客户的存单或者钱款时，需要与客户核对户名与金额，如"请问您要存30 000元，是吗？""请问这里是20 000元吗？""请您核对一下，然后在右下角处签个字。""存单上的金额全部提取吗？""这里是60 000元，请您核对，请您收好。""请问您叫什么名字？"……这样做对免填写凭条的网点特别重要，可以避免不必要的纠纷与差错。

（四）快速办、热情送

柜员岗位要求员工不断提升自身的业务素质与能力水平，做到技能熟练，业务熟练，高效、快速、准确地办理业务，节省客户的时间，同时缩短其他客户等待的时间。快速办既体现在保持稳重与准确基础上动作的麻利与快速，也体现在结合客户理解认知情况下语言的精准与简练。

送别客户应做到热情有度，关注末轮效应，做好最后一轮服务。可礼貌地关照客户："请问您还要办理其他业务吗？""请您收好回执。""请带好您的随身物品，谢谢光临，慢走。""再见。""天冷路滑，您走路小心哈。"同时，需要站立微笑送别客户，直到客户离开窗口方可坐下或接着站立招迎下一位客户。

二、柜台服务礼仪规范

银行柜员岗位在为客户服务时，应遵守以下五点礼仪规范与准则：

（一）合规办理业务，准确、快速、优质、高效

为客户提供满意的服务且缩短整个办理业务的时间是客户获得满意体验的有力保证，因此在办理业务过程中，在不违反服务流程的基础上，能简则简，能合则合。熟知业务知识，熟练操作技能，熟悉规章制度。同时，不推托、拖延、拒绝办理业务；不压票、随意退票和无理拒付。

（二）坚持点清、交清、笔笔清的原则

柜员与客户进行钱款交接时，务必做到账款清晰准确，坚持"唱收唱付"，让客户明白所办理的业务。同时，柜员声音不可过高，服务时的语音、手势、呈递凭证都

要注意保护客户的隐私。确保账折、账款、账实、账表完全相符。记账、记录文字和数字要齐全规范；盖章要清晰。

（三）钱箱、票箱、人名章管理

柜员上岗前清点钱箱，确认本人当日出售或使用的重要空白凭证数量是否充足，检查本人保管使用的印章包内的印章是否齐全，接库箱后需立即上柜。柜台服务使用的现金、凭证、单据、章戳、个人名章等物品需要妥善管理，离开柜台时，必须将上述物品上锁妥善放置。银行业务印章包括汇票专用章、本票专用章、业务公章、结算专用章、票据交换专用章、假币章、残币兑换章、信用证专用章等，各种专用印章要有专人保管用印，不得散乱放置，要把印章存放在带锁的印章盒里，如要临时离岗，印章盒要上锁。柜面日终操作时，进行轧账、账实核对、上交钱箱等工作。

（四）客户信息收集与挖掘

柜员在服务好客户的同时，要有营销意识，注意收集有价值的客户信息，并结合客户意愿推荐理财产品或推荐客户经理提供针对性的服务。柜面人员可进行一些柜台促销，如等候区排队人数较多，则不宜在柜面进行长时间的促销，而应转到客户经理处进行服务。业务促销时，切忌在未明确客户意愿的前提下自说自话，强行介绍或催促客户。

案例6-5

"招人烦"的柜员

某一天，一位客户到银行柜台办理存款业务，柜台工作人员微笑着起身相迎，双手接过钱款和单据，由于存款的金额相对较大，柜台工作人员就非常热情地花了许多时间向这位客户介绍银行的各种理财和代理产品，游说客户购买。然而，该客户不但没有购买任何一款产品，而且对其留下了很坏的服务印象。

案例分析：本案例中的柜员一心想着向客户推销产品，但是却没有结合客户的意愿和感受，一味游说，有种"强买强卖"的感觉，给客户带来了非常不好的感受，不但没有营销成功，而且影响了银行在客户心中的形象。可见，柜面人员的服务与营销效果是有技巧的，尊重客户是前提，双向沟通是渠道，挖掘需求与说话方式是技巧，培养客户的信赖感是更重要的目标。

（五）五优先、七一样、八有声

柜员等临柜岗位在服务客户时应遵循以下三个准则：五优先、七一样、八有声。

（1）五优先，即老弱病残优先；儿童孕妇优先；申请挂失优先；对外业务优先；急用款项优先。

（2）七一样，即大小客户，存多存少一样对待；存款、取款、借款、还款一样热情；生人、熟人、新老客户一样周到；时间早晚、业务忙闲一样耐心；表扬、批评一样诚恳；新钞、旧钞、主辅币一样办理；自营业务、代理业务一样认真。

（3）八有声，即客户临柜时有亲切的迎客声；客户询问时有应答声；办理业务过程有关照声；办好业务双手交接时要有提示声；遇到客户不懂业务或出现差错时要有指导声；遇到客户有意见不满意时要有歉意声；遇到客户表扬时要有谢意声；客户离柜时要有送客声。"八有声"比常用的"来有迎声、问有答声、走有送声"的"三声"更加具体全面。

三、柜员岗位业务活动礼仪规范化

银行柜员岗位的业务活动众多，包括储蓄、汇款、存单、挂失等个人业务，以及银行卡业务、假钞收缴与残钞兑换业务、贷款业务、对公业务等。办理不同业务时需要在遵循柜台服务程序、服务准则与礼仪规范的基础上，结合具体的业务进行不同侧重点的信息核实、提示以及规范化操作。例如，办理储蓄业务时应坚持原则，解释清楚，唱收唱付；办理委托、汇款等业务时应征询核实，提醒权利义务；办理银行卡业务时应减少顾客折返次数，询问证实；办理挂失业务时应理解宽容客户，加快语速动作；办理假钞收缴业务时应按规操作，理解宽慰客户，并普及知识；办理残钞兑换业务时应按规操作，对客户耐心尽心，并普及知识。

案例6-6

储蓄付款业务案例

柜员：（起立、欠身、手势、微笑、目光注视客户的眼睛）"您好，请问您要办理什么业务？"

客户："我要取钱。"（递上存单）

柜员："好的。（看存单）噢，您这张存单还有一个月就要到期了，提前支取按规定，利息是按活期计算的，要损失好多钱呢！"

客户："我家现在有急用，还是取出来好。"

柜员："如果您有急用，我可以向您推荐小额质押贷款业务。您这张存单是10 000元，可以贷到9 000元，只要付一个月的贷款利息，比您现在取出来合算多了，您看怎么样？"

客户："算了，我还是取出来好。"

柜员："那好，请问您带身份证了吗？"

客户："哎呀，我没带。怎么取自己的钱，还要身份证吗？"

柜员："真对不起，因为您是提前支取，按规定需要本人的身份证。"

客户："帮帮忙，我是走好远的路过来的，给我取一下吧。"

柜员："真抱歉，提前支取是一定要有身份证的。希望能得到您的理解和合作。"

客户："请相信我，这真是我的存单。"

柜员："对不起，这样做不是不信任您，而是为了维护您的利益。您想，万一有人拿了您的存单前来冒领，支取时又不需要身份证，这不是给您造成损失吗？"

客户："这倒是，那就按规定办吧。"

柜员："真不好意思，让您再跑一趟了。再见！"（过了一会儿，客户回来了……）

柜员："客户您好，请您把身份证给我吧！（双手接下身份证）请您稍等。（坐下，验证）请您输入密码。"……（客户第一次密码输入有误）"请您重新输入密码，最后按一下确认键。"

客户："呀，我按错了，我再输一次哈。"

柜员："没关系，请再输一次……可以了。"（办完业务后）"好了，您的税后利息是 72.6 元，本息一共是 10 072.6 元，这是利息清单和身份证，请您清点核对一下。"（双手递交）

客户：（复点）"对的，谢谢。"

柜员："不客气，请问您还有什么需要办理的业务吗？"

客户："没有了。"

柜员：（微笑、起立、目送）"好的，欢迎您下次再来。"

案例分析：办理储蓄业务需要注意以下事项：

1. 耐心细致地为客户解答疑惑。

2. 如果客户的要求与制度规定不相符时，应站在客户角度抱有同理心，但要坚持原则并解释清楚，并为给客户带来的不便表示适当的歉意。

3. 钱款要与客户当面点清，唱收唱付。

视频 6-1

金融服务礼仪情景展示——假币收缴

案例6-7

假钞收缴案例

柜员：（起立、欠身）"您好，请问您要办理什么业务？"

客户："存钱。"

柜员："好的，请问您要存多少？"

客户："30 000 元。"

柜员："好的（双手接过），请稍等。"（点钞，发现有问题，在点钞机上重点，点钞机发出提示声，取出这张纸币，伸手示意主管柜员，请她过来复核）

主管柜员/柜员：（再次检查该纸币，二人共同确认其为假币）"女士，真是对不起，您这里有一张是假币，银行需要没收。"（出示假币，并当着客户的面盖上了"假币"字样的戳记）

客户：（嗓门提高）"不可能，绝对不可能，这是我单位刚刚发的年终奖，怎么会有假钞呢？"

柜员："真对不起，您看一下，这张纸币比较薄，而且没有凹凸感，水印也比较模糊，如果您真的不信，我可以用仪器再帮您测试一下。"（仪器声响）"请听一下，这张纸币确实是假币。"

客户："真倒霉，气死我了，那你把它还给我。"

柜员："对不起，根据中国人民银行的规定，发现假币是一定要收缴的，希望您能够理解我们的工作。我给您开具一张假币收缴凭证。如果您有异议，可以在 3 个工作日内，向中国人民银行当地分支机构或授权的当地鉴定机构提出书面鉴定申请。"

客户："哎，那也没办法了，好吧。那总可以让我拿着再看看吧！"

柜员："不好意思，您看我这样给您鉴别一下可以吗？您看这里……"（隔着玻璃展示给客户看，并告诉客户一些识别假币的方法）

客户："哦，明白了。"

柜员："请问接下来您是存29 900元，还是30 000元呢？"

客户："存30 000元吧。"

柜员："请您再给我100元。（双手接过钱，办业务）好了，您的钱存好了，请您核对一下，这是假币的收据，请拿好。您慢走，再见。"

案例分析：假钞收缴业务需要注意以下事项：

1.依据《中国人民银行货币鉴别及假币收缴、鉴定管理办法》的规定，金融机构在办理业务时发现假钞，由该金融机构两名以上业务人员当面予以收缴。业务人员需要在持有人的视线范围内，当面收缴假钞。办理假钞收缴业务的人员，应当取得《反假货币上岗资格证书》。

2.对假人民币纸币，应当面加盖"假币"字样的戳记；对假外币纸币及各种假硬币，应当面以统一格式的专用袋加封，封口处加盖"假币"字样戳记，并在专用袋上标明币种、券别、面额、张（枚）数、冠字号码、收缴人与复核人名章等细项。

3.收缴假钞的金融机构向持有人出具中国人民银行统一印制的假币收缴凭证，加盖收缴单位业务公章，并告知被收缴人如对被收缴货币的真伪有异议，可以3个工作日内，持假币收缴凭证直接或通过收缴单位向中国人民银行当地分支机构或中国人民银行授权的当地鉴定机构提出书面鉴定申请。

4.收缴过程中，被收缴人不能接触假钞。

5.理解客户，解释清晰。对客户而言，假钞被没收意味着钱财损失。要体谅客户此时的不满甚至是愤怒，对客户表示出足够的理解和同情。虽然没收假钞是按章办事，但不可凭"规定"一句话简单了事，尽可能做好解释工作。

6.普及货币识假知识。主动向客户介绍货币识假的方法，即"一看、二摸、三听、四测"，使客户增强反假能力，体现关心。

案例6-8

残钞兑换案例

柜员：（起立、欠身）"您好，请问您要办理什么业务？"

客户："我不小心将1 000元钱放在洗衣机里洗了，这些钱还能用吗？"

柜员：（双手接过残损的纸币碎片，有的票面无法辨别面额，有的已经碎成好多块……）"好的，我帮您看一下是否能兑换，请稍等。"

客户："好的。"

柜员：（对纸币碎片进行清理、粘贴，并在一位同事的帮助下进行确认，用时约30分钟）"客户您好，经过识别和计算，这里可以给您兑换550元人民币。"

客户：（有些激动）"什么？只能兑换这么少吗？这些钱还可以再拼拼的啊！"

　　柜员："真对不起，我理解您的心情，我为您解释一下好吗？这10张人民币中，有4张票面剩余四分之三以上，可以全额兑换，有3张票面剩余二分之一至四分之三以下，只能半额兑换，剩下的3张票面已经不能辨别面额，或者票面剩余不到二分之一，并且其图案、文字不能按原样连接。根据中国人民银行的规定，是无法进行兑换的，但是不兑换的部分会退回给您。您看您对认定结果是否同意？"

　　客户："啊，原来是这样啊，你们也辛苦了，那好吧。"

　　柜员："好的，如果您没有异议，我就对这7张人民币加盖印戳并为您兑换了，请您稍等。"（将"全额"或"半额"戳记加盖在残损票面上）。

　　客户："麻烦了，很感谢你们。"

　　柜员："这是为您兑换的550元，请您核对一下，这是不能兑换的残钞，退回给您，也请您收好。您慢走，再见。"

　　案例分析：残钞兑换业务需要注意以下事项：

　　1.依据《中国人民银行残缺污损人民币兑换办法》，凡办理人民币存取款业务的金融机构应无偿为公众兑换残缺、污损人民币，不得拒绝兑换。

　　2.残缺、污损人民币兑换分"全额""半额"两种情况。

　　能辨别面额，票面剩余四分之三（含四分之三）以上，其图案、文字能按原样连接的残缺、污损人民币，金融机构应向持有人按原面额全额兑换。

　　能辨别面额，票面剩余二分之一（含二分之一）至四分之三以下，其图案、文字能按原样连接的残缺、污损人民币，金融机构应向持有人按原面额的一半兑换。纸币呈正十字形缺少四分之一的，按原面额的一半兑换。

　　3.应向残缺、污损人民币持有人说明认定的兑换结果。不予兑换的残缺、污损人民币，应退回原持有人。

　　4.残钞持有人同意金融机构认定结果的，金融机构应当面将带有本行行名的"全额"或"半额"戳记加盖在票面上；对兑换的残缺、污损人民币硬币，应当面使用专用袋密封保管，并在袋外封签上加盖"兑换"戳记。

　　5.残钞持有人对金融机构认定的兑换结果有异议的，经持有人要求，金融机构应出具认定证明并退回该残钞。持有人可凭认定证明到中国人民银行分支机构申请鉴定，5个工作日内出具鉴定书。持有人可持鉴定书及残损人民币到金融机构进行兑换。

四、实践训练

（一）实训内容

柜台服务礼仪程序实践训练——"十八字"规范模拟演示。

★场景描述★

赵晓玲是金专银行的一名柜员，每天她和上百位客户打交道，她真诚的微笑、热情的服务、文明礼貌的话语、得体的仪态等让接受她服务的客户如沐春风。新来网点的员工请教她秘诀，她说做好"十八字"柜台服务程序，全心全意为客户服务是根本。"站相迎、笑相问、双手接、双手递、快速办、热情送"，缺一不可。

（二）实训目标

1.素质目标：具备尊重他人的工作态度；具备爱岗敬业、依法合规、专业胜任等职业操守。

2.知识目标：了解柜台服务礼仪程序与规范、业务活动礼仪规范化的内容。

3.能力目标：能够按照柜员岗位服务礼仪的规范化流程服务客户。

（三）实训步骤

1.以小组为单位，5~8人为一组，分角色表演案例中的场景。

2.针对案例情景，柜员连续服务多位客户，反复演练"十八字"柜台服务程序，通过反复训练，达到自然纯熟、快速高效的岗位服务礼仪操作。

3.小组内互换身份，轮流扮演柜员。

4.小组互评与教师点评相结合。

任务四　　　了解大堂服务

银行大堂经理岗位发挥着连接、传达、引荐的作用。可以用"八大员"来定位大堂经理岗位复杂和繁重的工作，即引领员、咨询员、宣传员、调解员、监督员、推销员、安全员、清洁员。

一、大堂服务礼仪程序

大堂经理岗位的服务程序通常为迎客、待客和送客三个流程。

（一）迎客

早上开门迎客时采用夹道迎客的方式。大堂经理日常迎接客户时应持续关注进出门口的客户，应保持规范的站姿、微笑，身体略向前倾，最好以走向客户的形式迎接客户，保持1米的距离。同时，问候并主动开口询问客户："您好，请问您要办理什么业务？""您好！您需要什么服务？"如果不能做到对每位客户进行问候，尽可能在第一时间与客户有目光接触，点头示意并微笑。对于熟悉的贵宾客户，应第一时间上前并记住客户姓氏，正确得体地进行称呼。

客户在进门或取号前，大堂经理应通过观察客户的外在特征和基本行为判断客户价值，进行潜在贵宾客户识别，如通过关注客户手上拿的存折、单证，关注客户到达的区域、客户办理的业务类型等方式进行判断。如果是熟悉的VIP客户前来办理业务，应热情招呼客户，快速通知理财室经理准备会见客户，引导VIP客户前往理财室。迎客语言如"请您跟我去理财室办理业务，好吗？""××先生/女士，现在理财室客户较多，我帮您安排在开放式服务柜台优先办理，您介意吗？""××先生/女士，现在××经理不在，我帮您安排其他个人业务经理，您看行吗？"

（二）待客

接待客户的全部过程称为待客流程。大堂经理应做好客户分流及预处理、客户识别等工作。根据客户身份和所办理业务将客户分流至不同的服务专属区，如个人业务受理区、理财室、公司业务专属区、等候区或自助服务区等。

第一，在咨询接待区，大堂经理应做好分流引导及咨询解答，帮助取号或指引客户自行取号、做好填单指导等预处理。取号机可由银行根据实际工作需要进行相关设置，主要服务项目有对公业务、个人存取款和汇款、外汇业务、基金、黄金、国债、保险、投资理财等。大堂经理的分流工作十分关键，不同业务适用不同的服务渠道，根据客户的不同金融需求、办理业务种类及不同渠道排队等候情况，为客户推荐适合的办理业务渠道，实现柜面、自助终端、电子银行等渠道的综合运用。可为客户减少排队等候时间，获得更好的客户体验。

知识拓展6-2

业务渠道与种类适用表，见表6-2。

表6-2 业务渠道与种类适用表

业务渠道	使用区域	适用业务种类
现金柜台	营业网点现金服务区	较大金额的现金交易、换汇
非现金柜台	营业网点非现金服务区	开户、中间业务产品销售等非现金业务
自助设备	营业网点自助服务区	查询、转账、小额存取款等日常交易业务 开户、信息修改等业务
手机银行、电话银行、网上银行	营业网点自助服务区、电子银行服务区、客户自己的电脑或手机	查询、转账、代缴费等日常交易业务 咨询、投诉等服务 全面而标准的银行业务、产品和服务信息提供 基金、证券等标准化金融产品购买 简单的理财咨询服务等

第二，在自助服务区，大堂经理引导客户办理一定金额以下的取款、水电缴费、打印对账单、转账等自助办理业务，指导客户了解、掌握自助设备使用方法并自行完成自助交易。大堂经理应做好对不会使用机器的客户的协助工作，对客户的协助与帮助要适度，指导客户自己进行操作，并注意在输入密码等环节应回避。

第三，在休息等候区，首先大堂经理需要对客户进行关怀，如提供热水、报纸、杂志等，引导客户取阅宣传折页；其次，大堂经理要追加预处理；最后，在观察客户情况后大堂经理对客户进行识别与营销推介工作。对银行的宣传品和业务感兴趣的客户，大堂经理要主动沟通，耐心讲解，了解其需求。

知识拓展6-3

客户等待时间与情绪体验的关系

研究表明，客户在一家银行的情绪体验与在休息等候区等待的时间直接相关（见表6-3），等待10分钟是客户耐心的临界点，也是情绪的转折点。

表6-3　　　　　　　　　　　　客户等待时间与客户情绪变化的关系

客户等待时间	客户情绪
5分钟	心情愉快
10分钟	无聊不安
15分钟	焦虑不满
40分钟	烦躁恼怒

对等待超过10分钟的客户，大堂经理要进行第一次客户关怀，即口头关怀。大堂经理可以告知对方等待原因、预计等待时间等，也可以引导客户观看银行宣传折页、宣传视频、贵金属展示台等，并配合使用语言，如"不好意思，让您久等了。前面还有两个号，请再稍等一下。"

对等待超过15分钟的客户，大堂经理就要进行第二次客户关怀，即行为关怀。比如，为客户递上一杯水，递上一份报纸或杂志供对方阅读等。

等待超过40分钟的客户，往往会出现烦躁，甚至是恼怒的情绪。此时，大堂经理可以通过赠送客户一些小礼品，将客户引领至贵宾室休息的方式安抚对方。

第四，在业务受理区及理财室，大堂经理需要维持秩序，对在柜台长时间咨询的客户，应协助柜员继续为客户解答，并根据情况引荐客户经理。对有理财意愿的客户，大堂经理应做好沟通协调工作，引领客户进入理财室或贵宾室，并介绍客户经理给客户认识。

（三）送客

有条件的情况下，大堂经理应做好送客服务。首先，在客户办理完成业务后，走向客户询问道："××先生/女士，您的业务已经办好了吗？"其次，陪同客户走到营业厅大门处，并与客户道别。最后，在大门处停留片刻，防止有的客户会再次回头道别。如果客户回身时大堂经理已经不在了，将会给客户留下遗憾和不好的体验。

二、大堂服务礼仪规范

大堂经理岗位在为客户服务时，应遵守以下三点礼仪规范与准则：

（一）熟悉业务，专业高效

大堂经理应做到业务熟练，能够高效准确地为客户第一时间提供最优的解决方案，并协助客户完成业务。大堂经理既要熟悉柜员岗位的业务办理须知，协助客户完成柜台业务的预处理，并在有需要时帮助柜员继续解答客户的疑问，又要熟悉客户经理岗位的理财产品特征，能够使用FAB利益销售法向客户营销产品，通过与客户短暂的沟通建立信任并传递产品信息，为客户经理的工作做好铺垫。

知识拓展6-4

你与销冠之间，只差一个FAB利益销售法

FAB利益销售法，是一种销售产品的营销公式。它的优势在于，以满足顾客利益

点为导向，用目的性很强的语言和文字，去说服顾客购买。FAB利益销售法的特点在于，它有三个字母组成，每个字母都是一个英文词的首字母。

第一个字母F，即Feature，中文翻译过来是特征，是指向顾客阐述产品的与众不同之处，通常会采用比较专业的字词去解释产品的特点。也就是说，向顾客阐述在同类产品中该产品有哪些特殊之处。

第二个字母A，即Advantage，中文翻译过来是优点，是指向顾客解释该产品与同类产品相比好在哪里。也就是说，在刚才陈述的特点中，有侧重点地突出该产品的优点。

第三个字母B，即Benefit，中文翻译过来是利益，是指在该产品的优势中，去挖掘那些能给顾客带来好处的利益。也就是说，总结出该产品能给顾客带来的独一无二的稀缺价值是什么。

以上我们讲述了FAB利益销售法，它是按照先说特征，再阐述优点，最后讲述利益的方式来营销的一种销售公式。不过，有的时候FAB利益销售法可以正着用，也可以反着用。因为对现在的顾客来说，没有那么多时间听你讲产品的特点，顾客更关注的是自己能获得的好处和利益点是什么，如果产品特点和优势并不能给顾客带来满足感，那么这些特点和优势对顾客来说就是垃圾信息，所以这也就是为什么FAB利益销售法还可以颠倒顺序使用。例如，你把FAB利益销售法反过来用，就是先说利益点，再说优势，最后说产品特点。也就是说，该产品能给顾客带来哪些利益，达成顾客利益的核心优势是什么，为了提供有力的证明，再告诉顾客支撑这些优势的特点有哪些。

（资料来源：佚名. 说服性销售技巧：你与销冠之间，只差一个FAB利益销售法［EB/OL］. ［2022-05-30］. https://baijiahao.baidu.com/s? id=1734182506549307208&wfr=spider&for=pc.）

（二）主动热情，多管齐下

大堂经理应努力做到让客户在咨询、等候、办理业务、离开营业厅的全过程中，都在自己的视线范围内，及时发现客户需求并提供主动热情、恰当的帮助。大堂经理应有意识地记住营业厅内客户的业务需要，在尊重每位客户的同时，可以做到兼顾不同客户，多管齐下，多线程作战。

（三）立足本职，发掘客户

大堂经理应在完成客户接待、咨询服务、分流引导等工作的基础上，留心营业厅进出客户的情况，运用敏锐的观察力与判断力，发掘有潜力的中高端客户，并做好连接、传达、引荐工作，做好客户引导工作，做好优质客户与理财经理之间的桥梁工作。

知识拓展6-5

中高端客户特征参考

1.办理大额现金存取款或汇款；

2.办理较大额度外汇业务；

3.办理大额个人贷款（提前）还款；

4.开立大额存款证明；

5.购买大额国债等投资产品或保险产品；

6.开立银证转账、外汇买卖、基金等交易账户；

7.在我行办理公司业务的财会人员；

8.出示我行或他行的 VIP 卡、信用卡金卡等；

9.对理财业务、高端业务提出咨询；

10.客户住址、工作地点为高档住宅或高级办公区域；

11.客户的气质或其他外观特征；

12.客户留意理财产品宣传介绍或展示；

13.客户留意营业厅内贵宾客户专属服务介绍；

14.客户留意热点产品介绍或活动宣传；

15.客户留意网点内的展柜、展示架；

16.客户携带私人助手。

（资料来源：根据相关资料整理。）

三、大堂经理岗位业务活动礼仪规范化

大堂经理岗位的职责众多，岗位业务活动繁杂，包括接待客户（如图6-1所示）、分流引导（如图6-2所示）、大堂咨询、客户识别推介（如图6-3所示）、处理客户投诉等。在执行岗位的不同业务时，大堂经理需要在遵循服务准则与礼仪规范的基础上，进行不同侧重点的规范化操作，结合客户的具体情况进行随机应变的灵活处理，眼观六路、耳听八方的照应，多管齐下的专业指导帮助，敏锐洞察挖掘潜在客户。例如，大堂经理在接待客户时，应问候客户，帮助取号，主动开口，积极亲切；在进行分流引导时，应注意进行不同形式的分流，包括分区分流、填单分流、自助渠道分流、特殊客户分流；在进行大堂咨询服务时，应熟悉业务，专业熟练，指导准确；在进行客户识别推介时，应注意不同时段的识别，包括进门时识别、咨询时识别、等候时识别等；在处理客户投诉时，应注意安抚客户，倾听诉求，对解决方案或进展需及时回复等。

图6-1　接待客户　　　　　图6-2　分流引导　　　　　图6-3　客户识别推介

案例6-9

大堂经理分流引导案例

大堂经理小王微笑上前，对刚进入营业厅的一位阿姨说道："阿姨您好，请问您

要办理什么业务?"

阿姨:"我想取钱。"

小王:"请问您要取多少钱呢?"

阿姨:"我想取10 000元。"

小王:"阿姨,那我建议您到自助服务区的ATM机上进行取款,不用排队,节省时间。"

阿姨:"那太好了,谢谢你啦!"

小王一边指导阿姨进行自助取款,一边对新进入营业厅的一位年轻人微笑问道:"您好,请问您要办理什么业务?"

年轻人:"我想取60 000元。"

小王:"请问您带身份证了吗?我帮您取个号。"

年轻人:"有的。不过,你们这里排队好多人呢,我直接去自助区取钱好了。"

小王:"自助机取款每天限额20 000元,您取款60 000元需要到现金窗口办理,这是为您取的号,请您到等候区稍作等候。"

案例分析:大堂经理分流引导应注意以下事项:

1.根据客户办理业务需求,将客户进行分区分流,如自助区或等候区。根据客户自助区办理业务的不同,进行自助渠道分流,如ATM机、智能一体机等。根据客户自身情况不同,进行特殊客户分流,老、弱、病、残、孕等客户可给予优先照顾,提供人性化关怀服务。

2.本案例中,根据取款金额的不同将客户进行分区分流,可减少客户等候时间,高效办理业务。一般自助设备上每日累计最多可取20 000元人民币。个人取款50 000元以下不需要提供身份证。但是,个人卡取款一日一次性从账户中提取现金50 000元(含50 000元)以上的,需提供本人的有效居民身份证,他人代理取款50 000元以下的,须凭代理人有效身份证件和密码进行办理,一次性取款50 000元(含50 000元)以上的,须凭持卡人、代理人双方有效身份证件和密码办理。

案例6-10

大堂经理分流引导推荐手机银行案例

大堂经理:"您好,需要帮助吗?"

客户:"我想缴费。"

大堂经理:"您看这边排队的人这么多,您不需排队等候,可以和我到自助终端上缴费。我行的自助银行是24小时服务的,很方便,需要我为您演示一下吗?"

客户:"好的。"

大堂经理:"您也可以下载一个我行手机银行的APP,以后不用在银行排队,在家足不出户就可以缴费了。"

客户:"好的,那你帮我下载手机银行APP吧,再教教我怎么用。"

大堂经理:"好的,稍后我来为您演示。"

案例分析：在本案例中，客户在办理代理缴费业务时，如果银行网点有多媒体自助终端，大堂经理可推荐客户使用多媒体自助终端缴费，在引导过程中要注意客户的反应，必要时要辅导客户使用自助终端。同时，可推荐客户办理电子银行，进一步减轻柜台业务受理区及自助服务区的人流压力，而且为客户提供更便捷的解决方案。大堂经理还可以根据情况推荐客户使用手机银行APP中的生活频道、理财频道等板块的相关功能，方便客户的同时，进一步宣传银行形象及产品。如果本网点没有多媒体自助终端，可直接推荐客户使用手机银行APP或网上银行、电话银行缴费。

案例6-11

大堂咨询案例

一位大爷来到县城某银行网点。

大堂经理："大爷您好，请问您要办理什么业务？"

客户："我来看看我的工资到账了没有。"

大堂经理："请问您的存折带了吗？"

客户："带了。"

大堂经理："那我领您去办一下补登折好吗？"

客户："好的，谢谢。"（来到营业窗口）

大堂经理："小丽，请给这位大爷补登一下存折吧。"

柜员："好的，请稍等。"（双手接过存折）"大爷请您输入密码。"（配合手势）（客户输入密码后）"您的工资已经到账了，一共是5 800元，请您看一下。"

客户："对的，谢谢！"

柜员："不客气，欢迎下次光临，请走好。"（目送）

大堂经理："大爷慢走，再见。"

案例分析：大堂咨询需要注意以下事项：

1.大堂咨询是大堂经理的重要工作，是进行客户分流、减少客户等候时间、为每位客户找到最高效解决方案的前提。咨询的责任之一就是眼观六路，及时发现并帮助那些需要帮助但尚未提出或羞于开口的顾客。老人、小孩、孕妇都是需要帮助的人，服务残疾人时需要注意分寸，适当关心。

2.维护秩序，帮助柜台解答问题。熟悉业务，做好客户分流与疏导工作，人多时要对客户表示歉意。关注客户与柜台人员的交谈内容，如果发现客户在柜台有问不完的问题，有责任帮助柜员解答问题，减轻柜员压力，减少其他客户等待的时间。

3.大堂经理一定要微笑，切忌板着脸，因为一位咨询员的冷若冰霜，有可能使柜台内同事的微笑都化为乌有。

本案例中，如果网点的自助服务区配备了补登折机，大堂经理可请客户自主办理业务，提供适当协助。

案例6-12

客户识别推介案例一

场景一：大堂经理看到一位等候区的客户正在浏览或关注大堂的外汇牌价。

大堂经理："先生，请问您是想做外汇交易，还是要了解一些外汇信息？"

客户："就是随便看看。"

大堂经理：（注意语气和仪态）"没关系，如果您需要的话，我们客户经理可以帮您关注并及时将外汇信息发送给您，我们还有一些外币理财产品，我可以帮您安排，让客户经理给您介绍一下，您看怎么样？"

客户：（略作思考）"好啊。"

大堂经理："那请您跟我来。"（横摆式引位手势，引领客户至客户经理处）

（资料来源：张瑾. 银行大堂服务［M］. 北京：中国人民大学出版社，2015.）

案例分析：本案例是等候区客户识别的案例，要求大堂经理在照顾好其他客户的同时，利用空闲之余密切关注营业厅等候区客户的动态，关注客户等候的时间，如果等候时间过长，需要通过上前问候是否需要喝水、是否需要浏览宣传折页等形式进行关怀。在本案例的相似情形中，大堂经理可根据客户具体的情况进行随机应变的处理：

1.如果潜在贵宾客户愿意了解大堂经理的介绍，则可引见到客户经理处。"您好，这是我行最新的产品，额度有限，现在十分热销，我请客户经理给您介绍一下。"

2.如果客户始终不愿意见客户经理或表示没时间，则可发一张名片给他，并索要对方联系方式，以便今后可以随时向他介绍一些产品信息。"没关系，给您一张贵宾服务体验卡，您下次可以凭这张卡，联系我们的客户经理，免费体验一次专业贵宾理财服务，也可以免去一次排队之劳。"（递完后拿出一张潜在贵宾客户登记表）"请您在这里登记一下。"

3.如果客户表示不愿意留下联系方式，大堂经理应递上客户经理名片。"没关系的，如果您想进一步了解这个产品，或者在理财方面有什么需求，随时打这个电话与我们的客户经理联系就行。"

案例6-13

客户识别推介案例二

场景二：如果客户正在看基金净值信息，且判断出该客户具备潜在购买能力。

大堂经理：（目光与微笑）"先生，请问您要买基金吗？还是已经买了？"

客户："买了几支。随便看看。"

大堂经理：（注意表情和语气）"您的投资收益怎么样？"

客户："亏了些。"

大堂经理：（试探）"那您是想保持现状，还是……"

客户："就放着吧。折腾来折腾去还不够手续费，反正也不用这笔钱。"

大堂经理："不知道您有没有了解，之前很多像您这样亏了的客户，经过调整，已经赚回来了。"

客户："噢，是吗？关键是我不知道怎么调整。"

大堂经理："没关系的，我们的客户经理可以给您的基金做一个诊断，帮您推荐一个优选基金组合，这样说不定收益能提高不少呢。我去帮您看看客户经理现在有没有时间，好吗？"

客户："噢，是吗？不要那么麻烦了！"

大堂经理："没关系的，我马上看一下……"（迅速回来）

大堂经理："先生，我帮您安排好了，我们这个客户经理很专业，请跟我来吧！"

（资料来源：张瑾. 银行大堂服务［M］. 北京：中国人民大学出版社，2015.）

案例分析：本案例是等候区客户识别的案例，是大堂经理发掘VIP客户并推介给客户经理。大堂经理在介绍客户给客户经理认识时需注意介绍礼仪，如介绍顺序、介绍手势、目光等。客户经理需做好自我介绍与客户的接待工作。

四、实践训练

（一）实训内容

大堂服务实践训练——大堂经理工作场景模拟演示。

针对本项目任务四中的案例6-9至案例6-13中的5个大堂服务场景，进行场景演练。

（二）实训目标

1.素质目标：具备尊重他人的工作态度；具备爱岗敬业、依法合规、专业胜任等职业操守；具备遵守公德、真诚友善、关注细节、善解人意等职业素养。

2.知识目标：了解大堂服务礼仪程序与规范、业务活动礼仪规范化的内容。

3.能力目标：能够按照大堂经理岗位服务礼仪的规范化流程服务客户。

（三）实训步骤

1.以小组为单位，5~8人为一组，分角色表演案例中的场景。

2.针对5个案例中的情景，通过自愿选择或者抽签的形式选择题目，进行分组演练。学习演示迎客、待客、送客三个流程。针对接待客户、分流引导、大堂咨询、客户识别推介等不同场景，可以合理设计情景与对话内容。注意服务过程中体现出以下礼仪规范：熟悉业务、专业高效、主动热情、多管齐下、立足本职、发掘客户。

3.小组内互换身份，轮流扮演大堂经理。

4.小组互评与教师点评相结合。

任务五　　　　　　　　　了解客户经理服务

银行客户经理是银行与客户之间的"联络员"，是客户需求的"采购员"，是银行产品研发的"市场信息员"，是银行产品的"导购员"，是银行业务创新的"推动者"，是企业信贷风险的"安全员"。客户经理岗位是银行战略决策和产品创新的源泉，是实现银行整体发展战略与目标的重要执行者。客户经理服务包括接待、业务咨询、金融产品营销、提供金融解决方案、市场拓展、客户关系维护等。

按照客户经理的业务对象，可划分为零售客户经理、对公客户经理、理财客户经理、信贷客户经理等。其中，零售客户经理是指在银行从事个人客户开发、客户管理和维护、产品销售、市场拓展等工作的人员。理财客户经理是指具备相应任职资格和能力，从事银行个人客户关系管理、营销方案策划与实施，为个人客户提供各种财务分析、规划或投资建议以及销售理财计划和投资产品的营销人员。以上岗位也是本项目重点讨论的部分。

一、客户经理服务礼仪规范

客户经理岗位应注意以下四点礼仪规范：

（一）专业熟练，准备充分

专业熟练同样是对客户经理岗位的要求，客户经理需要不断完善知识体系与能力水平，关注金融动态与行业发展，具备为客户提供值得信赖解决方案的能力与素质。

客户经理需做好心态调整、仪容仪表检查、材料文件等方面的充分准备。客户经理会见客户时，怀有感恩心与自信心，保持专业、严谨、稳重的形象，准备好展示夹、名片、公文包、资料册等相关物品。

（二）建立信任，探寻需求

赢得客户的首轮印象尤为重要，第一次与客户接触是否顺利，对后面营销工作的开展很重要。客户经理需要针对客户的不同需求，积极热情地解答客户的咨询，专注倾听，仪态端正，及时耐心地回复客户等都是重要的礼仪要求。通过第一次与客户接触以及后续日常联系等环节不断加强与客户的沟通交流，逐步建立信任，而客户的信任往往是成为老客户，建立长期合作关系的前提。

知识拓展6-6

老客户的价值

在银行理财产品同质化严重的当下，开发并维护老客户是各家商业银行都非常重视的环节，有研究表明，老客户的价值远高于新客户：

1. 如果能够提供使客户满意的服务，那么平均每个客户会转告5个人。

2. 如果能够有效地解决客户的问题，那么95%的客户会成为忠诚客户，1个忠诚客户的价值=10次重复购买产品的价值。

3. 开发一个新客户所花费的成本是维持一个老客户的5倍，而一个老客户所创造的价值则是一个新客户的60倍。

4. 20%的客户创造80%的业务和利润，客户经理必须对贡献80%的利润且占客户总量20%的优质核心客户加以高度重视和关注。

（资料来源：根据相关资料整理。）

（三）讲求礼仪，锤炼修养

客户经理应注重自身仪表仪态的修养，懂得并能够熟练践行日常交际礼仪，如介绍与名片礼仪、位次礼仪、接待与拜访礼仪、馈赠礼仪、中餐礼仪等。客户经理的礼仪修养时常是客户十分看重的部分，并且是建立长期客户关系，成为重视客户的有力保证。

（四）道德规范，依法合规

客户经理在向客户做产品营销时应本着"服务为本"的原则为客户提供满意的产品，同时应在实事求是、诚实守信、符合礼仪规范的前提下向客户介绍金融产品及服务。客户经理应提高自身的业务素质与道德修养，如在客户将本行产品与竞争对手进行比较的时候，不能说竞争对手的坏话，而应强调双方的不同之处，客观地给客户以意见，更加容易博得客户的信任与好感。善于帮助客户做出最优的决定，站在客户角度做出双赢的决定。

客户经理应知法守法。随着 2018 年 4 月 27 日中国银保监会等部门联合发布的《关于规范金融机构资产管理业务的指导意见》（以下简称资管新规）正式出台，刚性兑付被打破，理财产品不再保本保收益。因此，理财经理在向客户推荐理财产品时应本着"依法合规"的准则，不能向客户承诺"保本保息"。

案例6-14

诚实守信，赢得客户信赖

李先生是某银行的老客户了，之所以选择这家银行，主要是因为每次他在购买理财产品的时候，银行的客户经理都会仔细地向他介绍产品的优点和缺点，把产品收益和可能出现的风险都诚实地告诉他，这让他感觉特别放心。以下是某一次李先生在购买产品时与客户经理的对话。

客户经理："您好，李先生，您这次过来是办理什么业务呢？"

李先生："听同事说贵行新发行了一款产品，收益也要比普通的理财产品高，我过来了解一下，可以的话，就准备入手。"

客户经理："李先生，是这样的，虽然这款理财产品收益比较高，但是风险相对也是比较大的，根据监管政策要求，您需要进行风险测评，确定您的风险承受能力是否能购买此类理财产品，包括家庭收入、预期回报等多项测试。"

李先生："这么麻烦？"

客户经理："是的，我们得为您和您的财产负责，只有做完科学的判断，您才能购买。还有，您在选择银行产品的时候，要看清楚到底是不是银行自己发行的。一般而言，银行自己发行的理财产品风险较低，而代销的诸如信托类理财产品，其预期收益率较高，相应的风险也高得多。"

李先生："哦，原来是这样啊，多亏了你的详细讲解，让我对金融产品有了更深的了解，谢谢你，我以后购买产品时一定多加考虑，以避免不必要的损失。"

客户经理："别客气，为客户讲清楚产品的收益和风险是我们应该做的。"

李先生："行，那我们去做评估吧。"

（资料来源：凌晨四点半. 银行客户经理营销实战全能一本通 [M]. 北京：人民邮电出版社，2018.）

案例分析：客户经理的工作不在一时，而在一世，只有客户满意，事业的道路才会越走越宽。客户经理无信，就无法取得客户的信任，业绩自然做不好。很多人认为诚信是道德层面上的东西，但诚信的道德品质与良好的修养往往和利益是相邻而居的。

二、客户经理岗位业务活动礼仪规范化

客户经理岗位的工作内容及业务活动主要包括接待客户、客户面谈、后续服务、拜访客户、客户维护等。客户经理在执行不同业务活动时需要在遵循服务准则与礼仪规范的基础上，进行不同侧重点的规范化操作，结合客户的具体情况进行个性化、定制化处理。客户经理在接待客户时，应注意建立良好的第一印象，得体地进行自我介绍，注意名片礼仪、奉茶礼仪、送别礼仪等；在与客户面谈时，应充分了解客户信息、聆听客户需求并记录、推荐适合的产品；在拜访客户时，需要做好充分的准备，提前到达；日常联系客户不可忽视，通过致电、短信、微信等方式建立联系，在不打扰客户生活，不造成厌烦感受的前提下，与客户建立长期友好的关系。

案例6-15

失望的客户经理

某天，大堂经理在等待区热情地向等待办理业务的顾客发放银行最新的理财产品宣传单。周期短、风险低、收益高的这款理财产品引起了顾客李先生的兴趣。于是，大堂经理在为客户办理完业务后请李先生去理财室，并介绍了客户经理郑明给李先生认识。郑明自我介绍后，请李先生入座并倒茶，满脸微笑开始向李先生介绍产品，她介绍得很全面，从产品优势到特点，从低投入、低风险到高回报率，说得头头是道。开始时，李先生还因为郑明热情而熟练的介绍，对产品颇感兴趣，本想深入咨询，可郑明总是喋喋不休、自顾自地介绍产品，对李先生提出的问题也没有很好的回应，似乎有一股你不买产品绝不罢休的劲头。在宣传本银行理财产品的同时，郑明还贬低其他银行的理财产品。李先生不禁心存疑虑，也没了先前的好感，只好对郑明说："不好意思，我再想一想，回去和家人商量一下。"郑明对自己的白费口舌有几分失望，为什么自己这么热情地介绍，顾客也明明很感兴趣，但最后没有成交呢？

案例分析：本案例中，客户经理很失望，但是没有成交的原因也是显而易见的，虽然客户经理的第一印象是过关的，但是由于缺乏经验，没有关注客户需求，喋喋不休，缺乏双向沟通，且诋毁竞争对手，没有建立信任，导致给客户带来了不好的感受，错失了时机。

案例6-16

客户维护案例

张旭是某银行的客户经理，每次给老客户提供奖励时，他总能想出好的点子。去年快过年时，有位老客户来银行取款，两人见面后聊了一会儿。

张旭："王总，来办理什么业务啊?"

客户："过来取点现金，明天就要回老家过年了，乡下取钱不太方便。"

张旭："哦，是这样啊。您老家亲戚挺多的吧?"

客户："老人们都在呢，得有五六家吧。"

张旭："这么多人，每年对联也得贴不少吧?"

客户："可不是吗? 你不说我差点忘了，一会儿还得去买对联。"

张旭："您别急，我们银行就有专门为老客户定制的对联，我给您拿去。"

客户："那真是太好了，谢谢你。"

案例分析：客户经理应注重对客户日常关系的维护，可以通过年节发短信问候、生日短信祝福或礼物祝福、朋友圈关注动态、发送有价值的行业动态与产品信息等方式，与客户建立联系。

案例6-17

拜访客户案例

赵洋是某银行的客户经理，他工作勤奋，踏实上进，在客户中有着不错的口碑。有一次，在赵洋要开发周边新市场的时候，他请王总帮助自己介绍客户，王总非常爽快地帮他介绍了自己的高中同学李总。然后，赵洋就去拜访了李总，过程如下：

赵洋提前预约，并如约来到了李总办公室，他面带微笑，先向李总做了自我介绍，然后非常诚恳地说："李总，非常感谢您在百忙中抽出时间与我见面。"

李总："不用客气，老朋友介绍的一定很优秀，我也很高兴见到你。"

赵洋："您过奖了，王总和我说，跟您谈业务最痛快不过了。他夸赞您是一位热心爽快的人。"

李总："哈哈，你和王总经常来往?"

赵洋："是的，我们银行和王总合作一年了，这一年来，我们合作得非常愉快。在我们接触的过程中，他常常提起您这位老同学……"

李总："难怪王总会推荐你，小伙子人不错。"

就这样，赵洋打开了李总的心理防线，并令李总对他产生好感，让李总能够听他的讲解，为接下来赢得客户信任打下了良好的基础。

（资料来源：凌晨四点半. 银行客户经理营销实战全能一本通 [M]. 北京：人民邮电出版社，2018.）

案例分析：在拜访客户的过程中应注意日常交际礼仪、自我介绍、握手礼仪、名片礼仪等，还需要注意得体的仪表仪态与语言礼仪。

三、实践训练

（一）实训内容

客户经理服务实践训练——客户经理工作场景模拟演示。

针对本项目任务四中的案例6-14至案例6-17中的4个客户经理服务场景，进行场景演练。

（二）实训目标

1.素质目标：具备尊重他人的工作态度；具备诚信意识；具备爱岗敬业、依法合规、专业胜任等职业操守；具备遵守公德、真诚友善、关注细节、善解人意等职业素养。

2.知识目标：了解客户经理服务礼仪程序与规范、业务活动礼仪规范化的内容。

3.能力目标：能够按照客户经理岗位服务礼仪规范化流程服务客户。

（三）实训步骤

1.以小组为单位，5~8人为一组，分角色表演案例中的场景。

2.针对4个案例中的情景，通过自愿选择或者抽签的形式选择题目，进行分组演练。学习演示接待客户、客户面谈、后续服务、拜访客户、客户维护等工作内容。注意服务过程中体现出以下礼仪规范：专业熟练，准备充分；建立信任，探寻需求；讲求礼仪，锤炼修养，道德规范，依法合规。

3.小组内互换身份，轮流扮演客户经理。

4.小组互评与教师点评相结合。

任务六　　　　　　　　了解客户投诉处理

研究表明，只有4%的客户会投诉，而96%的客户不打算投诉，而是将不满意告诉亲朋好友，这些客户至少会回忆15次这些不愉快的经历，100%不满意的客户会夸大他们的遭遇。也就是说，大部分客户是不会投诉的，但是数据表明，如果客户有了抱怨情绪而没有发泄，那么客户再次光临的"回头率"只有9%，而如果客户的抱怨情绪得到了满意的解决，那么"回头率"则有82%。银行员工应以积极的心态看待投诉，虽然被客户投诉会面临扣罚绩效等惩罚，但客户的抱怨与投诉是客户还愿意给机会，可以纠正一些服务中的错误，促使改善与进步，是企业保持前进的动力。有学者曾说过："与客户之间关系走下坡路的一个信号，就是客户不抱怨了。"

一、客户投诉处理流程

（一）客户投诉的原因

处理客户投诉是银行工作中不可避免的部分，当客户对服务或银行产品抱有的良好期望没有被满足时，就会失去心理平衡，想要"讨个说法"。客户投诉的原因主要有五种：银行或员工服务中出现差错与质量问题；客户对员工的服务态度或行为不满；客户对管理规定与内部流程等问题不满；客户自身问题造成损失而迁怒银行；不可抗力引发客户不满。

（二）客户投诉处理的步骤与方法

一般银行在各个营业场所设有客户意见箱（簿），并开设24小时投诉热线，客户可以现场投诉或者线上投诉。客户现场投诉和线上投诉有不同的处理流程，如图6-4和图6-5所示。大堂经理经常需要处理现场投诉，其处理步骤如图6-6所示。

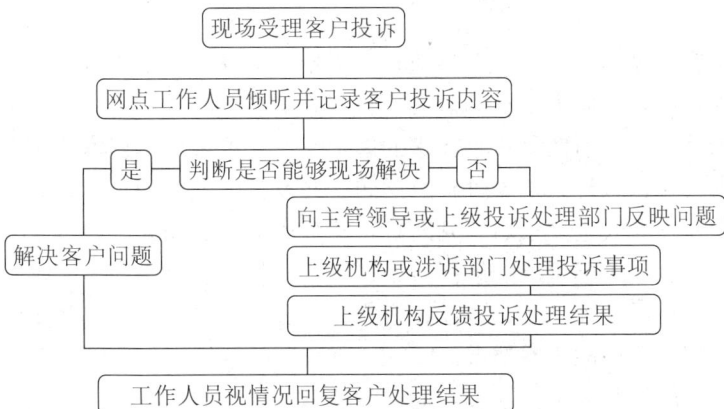

```
                现场受理客户投诉
                      │
        网点工作人员倾听并记录客户投诉内容
                      │
    是 ─── 判断是否能够现场解决 ─── 否
    │                                  │
    │              向主管领导或上级投诉处理部门反映问题
    │                                  │
解决客户问题          上级机构或涉诉部门处理投诉事项
    │                                  │
    │              上级机构反馈投诉处理结果
    │                                  │
        工作人员视情况回复客户处理结果
```

图6-4　客户现场投诉处理流程

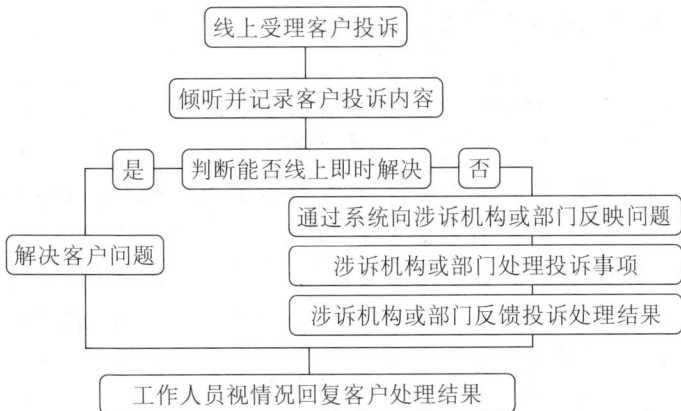

```
                线上受理客户投诉
                      │
          倾听并记录客户投诉内容
                      │
    是 ─── 判断能否线上即时解决 ─── 否
    │                                  │
    │          通过系统向涉诉机构或部门反映问题
    │                                  │
解决客户问题        涉诉机构或部门处理投诉事项
    │                                  │
    │          涉诉机构或部门反馈投诉处理结果
    │                                  │
        工作人员视情况回复客户处理结果
```

图6-5　客户线上投诉处理流程

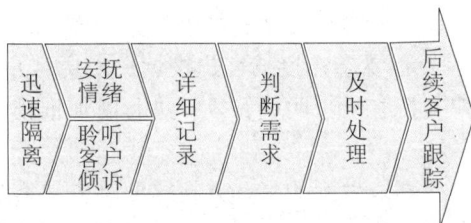

迅速隔离 → 安抚情绪／聆听客户倾诉 → 详细记录 → 判断需求 → 及时处理 → 后续客户跟踪

图6-6　大堂经理处理现场投诉的步骤

大堂经理在处理现场客户投诉时，首先应将客户进行隔离，带到一个相对安静和单独的环境，如请进休息室或贵宾室，尽量减少对营业厅其他客户的情绪传播及干扰。"您消消气，我非常理解您的心情，您是来解决问题的。这里讲话不太方便，您跟我来接待室咱们慢慢谈。"

然后，在安抚客户情绪的时候使用尊称或称呼出其姓氏，请客户坐下来喝杯茶。

让客户感觉受到了尊重和重视，并用缓兵之计平息客户的怒火。倾听客户与记录时注意仪态和语气，表示对其投诉的理解，不清楚的地方要及时跟客户确认，注意收集足够信息。注意配合使用经典话术，如"我理解您的心情""我了解您的意思""我认同您的观点""您说的很有道理""感谢您的建议"等。分析是否是服务质量性投诉，如果是，应立刻表示歉意。

分析判断客户投诉的需求，并判断是否需要投诉升级。如果客户反映的问题超过了自身的权限，则需要向上级反馈。客户投诉的需求有四种：求发泄、求尊重、求解决问题、求赔偿。对有前两种投诉需求的客户来说，要表示感谢客户的意见；对有后两种投诉需求的客户来说，要查证投诉问题，并及时处理客户投诉，在了解客户想要的解决方案和客户的改进建议后，判断是否能解决问题。如果问题棘手，则需要与领导或同事进行沟通，了解可能的解决方案，并征求客户意见，在承诺时限内解决。实在无法满足客户投诉的需求时，可以让客户先回去，明确告诉客户答复的时间，并告知客户可随时打电话询问进展情况。

最后，进行后续跟踪，留下客户的详细信息，与客户保持联系，及时告知客户银行对其要求的解决方案；定时发送服务或产品信息等。

二、客户投诉处理礼仪规范化

（一）同理心回应客户，分寸感沟通客户

首先，"同理心"回应就是站在客户的角度思考问题。可以使用重复客户语言的方式，进行"同理心"表达。客户在投诉时会带有强烈的感情色彩，其做法往往具有发泄的性质。对此我们要牢记：愤怒的客户并不是针对我们的，而是针对问题或发生的事情，要做到不要让客户的情绪影响自己的情绪。

其次，在处理投诉中，应杜绝完全没有反应、怠慢客户、粗鲁无礼、语言缺乏艺术、缺耐心、急于打发客户、逃避个人责任、急于为自己开脱、批评自己的同事和银行来博得投诉客户好感的做法。

（二）八大忌讳，八大要诀

（1）八大忌讳：不承担责任；跟客户争辩；指责客户犯错；借故离开逃避；埋怨其他部门；回答技术名词；给予含糊答案；做出过分承诺。

（2）八大要诀：显示关心姿态；接纳客户投诉；安抚客户情绪；请求说明原委；仔细聆听记录；感谢客户支持；给予明确答复；进行附加推销。

（三）坚持原则，巧妙安排

首先，绝不能承诺银行不能做到的事，并在需要时告知客户国家政策、银行程序和权限范围。始终以友好的态度，耐心倾听，冷静解释，得理让人。与顾客进一步沟通，在本岗位职权内满足其合理要求。如果顾客提出更多要求，应向上级报告，由上一级负责人出面协商解决。

其次，先处理心情，再处理事情。不急于给出解决方案，在处理问题、提出解决方案时，如果可能，争取给出两个方案让客户选择。

最后，在处理问题时，不要轻易提出"赔偿"二字。遇到无法弥补的错误时，可以通过补偿性关照方案解决问题。比如，打折、免费赠品（包括礼物、产品或服务）。

通过个人交往，表示歉意和关心。需要注意的是，补偿性关照是在感情上给客户一种弥补和安抚，是给客户制造一个惊喜的体验，以使客户逐渐恢复对银行的忠诚。对客户表示诚恳的感谢，并表示一定会改进服务或产品。同时，处理投诉是争取销售的机会，要抓住机会进行向上营销或交叉营销。

案例6-18

处理投诉的话术

大堂经理或银行员工在遇到投诉时可采用的话术：

1.客户对服务非常不满意，认为柜员态度恶劣时，投诉处理话术："某先生/女士，对不起！我代表我的员工向您表示歉意。非常感谢您对我们工作提出的问题，我们将在后期加大员工此方面的培训及管理，希望您常来我行，能看到我们的进步，我们将给您一个满意的答案。"投诉处理禁语："您去向我们行长反映吧！我管不了她！"

2.客户认为我行部分业务流程过于复杂、烦琐时，投诉处理话术："某先生/女士，对不起！让您久等了！这个流程的设计主要是考虑您的资金安全问题。如果您换位考虑一下，也许您可以理解我们的。当然，我们也会从流程优化方面做出改进。"投诉处理禁语："嫌复杂，你不知道早点来啊！"

3.客户认为我行收费较高时，投诉处理话术："某先生/女士，我很明白每位客户都很关心收费问题，不如我给您详细解释一下。""某先生/女士，您好，据我们了解，其他银行办理此类业务也是要收费的，若您觉得不合理，可以在我们的意见簿上留下您的意见。我们将尽快向上级反映并进行市场调查。如果确实为不合理收费，我们将立马做出调整。感谢您对我们工作提出的宝贵意见。"

4.客户的需求与规定冲突时，投诉处理禁语："这是我们上级规定的，我们下面只能执行，我也没办法。"

5.如果客户说："你们领导是谁，找你们领导投诉。"投诉处理话术："我们领导姓×，如果您愿意，我可以帮您即刻解决。"如果客户坚持要见领导，可向客户说明："请您稍等，我即刻通知领导。"

6.由于地址记录有误，客户的对账单寄给了另一位客户时，投诉处理话术："您的事情，我们非常关注。银行对客户的个人资料非常重视，我会尽快帮您解决。"

（资料来源：根据相关资料整理。）

案例6-19

特殊需求人群投诉案例

某日，某支行柜台前的等候区坐满了等待办理业务的客户。一位70岁左右的老奶奶拄着拐杖走到"绿色通道"前要求办理密码解挂业务。因老人不是持卡人，经办人员十分礼貌地回绝了老人，并告知老人此项业务必须由本人亲自前来办理，不可以代办。听到这样的回复，老人十分焦急，并说明持卡人是他的老伴，因为腿脚不便，无法出家门，所以才由她替老伴来办理业务，而且密码解挂后急等钱去替老伴看病。经办人员考虑到银行管理制度，再次礼貌地拒绝了客户。老奶奶嘟囔着："怎么就你们这里这么死板啊！"然后失望地离去。几天后，客户投诉了该支行，原因是客户在其他银行也有相同情况，但都帮助解决了。

（资料来源：根据相关资料整理。）

案例分析：本案例中，客户由于对银行服务未能达到期望而进行投诉，这是该支行服务人性化不足，遇到特殊情况的处理不够灵活造成的。解决方案应为变通处理特定问题：提供人性化服务，如提供专人上门服务，获取银行规定的业务办理材料，解决客户燃眉之急，提升银行品牌形象。

三、实践训练

（一）实训内容

客户投诉处理实践训练——客户投诉场景模拟演示。

★场景描述★

客户在某支行办理医保 IC 卡密码修改业务，大堂经理告知客户要在柜台办理，当客户在柜台排队办理时，柜员却要求客户到柜员机修改。客户解释是大堂经理让其来柜台办理的，并且已耐心排队，因此客户坚持在柜台办理。柜员同意为客户办理，但需要客户填写相关表格，在客户填写表格时柜员正为另一位客户提供服务。当客户回到柜台继续办理时，柜员又告知客户内容填写有误需重新填写。客户对此感到不满而进行投诉。

（二）实训目标

1.素质目标：具备尊重他人的工作态度；具备分析和解决问题的能力；具备处理特殊情况的应变能力；具备较强的心理素质。

2.知识目标：了解客户投诉处理流程与投诉处理规范化的内容。

3.能力目标：能够分析解决问题并进行危机处理，能够抵抗工作压力。

（三）实训步骤

1.以小组为单位，3~5人为一组，分角色表演案例中的场景。

2.针对案例中的情景补充结尾，进行投诉处理，做好客户安抚工作并找到问题的解决方法。可分别针对客户线上投诉和现场投诉的不同情况进行演绎。注意服务过程中体现出以下礼仪规范：同理心回应客户，分寸感沟通客户；八大忌讳，八大要诀；坚持原则，巧妙安排。

3.小组内互换身份，轮流扮演网点领导、大堂经理、柜员及客户。

4.小组互评与教师点评相结合。

项目小结

1.岗位服务礼仪是指银行员工在岗前准备、柜台服务、顾客接待、纠纷处理等环节履行岗位职责时，以约定俗成的规范程序、方式来表现的律己敬人、优质服务的完整行为。岗位服务礼仪的内容包括金融行业员工的礼仪基础理论、仪表礼仪、仪态礼仪、语言礼仪、日常交际礼仪等。岗位礼仪要求做到主动热情、周到细致、"四心"待人、语言文明、微笑永恒。

2.岗前准备是做好岗位服务礼仪的前提，银行岗前准备包括仪容仪表检查、晨会例会实施、营业厅内部环境检查与卫生准备。

3.柜员岗位是客户接触的窗口岗位，柜员是窗口服务人员，发挥着重要作用。银行大堂经理岗位是"八大员"，发挥着连接、传达、引荐的作用。客户经理岗位是银行战略决策和产品创新的源泉，是实现银行整体发展战略与目标的重要执行者。以上这些银行岗位都需要遵循相应的岗位服务礼仪规范。

4.银行及员工应积极看待客户投诉，遵循客户投诉处理流程，讲求客户投诉的礼仪规范化。

项目训练

■ **基础知识训练**

一、单项选择题

1.岗前准备中的营业厅内部环境检查与卫生准备不包括（　　　）。

A.营业厅门面及内部布置准备　　　　　B.柜面及柜员工作台面布置

C.营业厅卫生准备　　　　　　　　　　D.仪表礼仪检查

2.以下选项中，不是银行柜员的岗位服务规范的是（　　　）。

A.问有答声，用语规范，目光、微笑、语气得体

B.唱收唱付，钱款与客户当面点清

C.服务过程中手势正确，指引明确，双手递接

D.问候客户并帮助取号

3.银行柜台服务礼仪规范中的"五优先、七一样、八有声"准则不包括（　　　）。

A.申请挂失优先　　　　　　　　　　B.时间早晚、业务忙闲一样耐心

C.办好业务双手交接时要有提示声　　D.文明礼貌十字用语挂嘴边

4.金融机构在办理业务时发现假钞，应由该金融机构（　　　）名以上业务人员当面予以收缴。

A.一　　　　　　　B.两　　　　　　　C.三　　　　　　　D.四

5.能辨别面额，票面剩余二分之一至四分之三以下，其图案、文字能按原样连接的残缺、污损人民币，金融机构应向持有人兑换原面额的（　　　）。

A.不兑换　　　　　B.四分之一　　　　C.半额　　　　　　D.全额

6."大堂接待、咨询服务、识别推介"描述的是银行（　　　）岗位的业务活动。

A.银行柜员　　　　B.大堂经理　　　　C.客户经理　　　　D.银行保安

7.分流引导是银行大堂经理的工作之一，对小额存取款的客户，大堂经理应该将客户分流到（　　　）更合适。

A.现金柜台　　　　B.非现金柜台　　　C.手机银行　　　　D.自助服务区

8.在银行从事个人客户开发、客户管理和维护、产品销售、市场拓展等工作的人员是（　　　）。

A.零售客户经理　　　B.对公客户经理　　　C.理财经理　　　　　D.信贷客户经理

二、多项选择题

1.岗位服务礼仪的基本要求有（　　　）。

A.主动热情　　　　　　　B.周到细致　　　　　　　　C.“四心”待人

D.语言文明　　　　　　　E.微笑永恒

2.岗位服务礼仪基本要求中“四心”待人的“四心”指的是（　　　）。

A.诚心　　　　　　　B.热心　　　　　　　C.细心　　　　　　　D.耐心

3.银行柜台服务礼仪程序的18字礼仪规范为（　　　）。

A.站相迎　　　　　B.笑相问　　　　　C.双手接　　　　　D.双手递

E.快速接　　　　　F.快速办　　　　　G.微笑送　　　　　H.热情送

4.办理业务准则中的“七一样”指的是（　　　）。

A.大小客户存多存少一样对待　　　　　B.存款、取款、借款、还款一样热情

C.生人、熟人、新老客户一样周到　　　D.时间早晚、业务忙闲一样耐心

E.表扬、批评一样诚恳　　　　　　　　F.新钞、旧钞、主辅币一样办理

G.自营业务、代理业务一样认真

5.银行客户经理应熟练掌握的礼仪规范有（　　　）。

A.自我介绍与名片礼仪　　　　　　　　B.语言礼仪

C.接待与拜访礼仪　　　　　　　　　　D.仪表仪态礼仪

6.以下选项中，满足岗位服务投诉处理规范化要求的有（　　　）。

A.始终以友好的态度，重在解释，如果“占理”就坚持跟客户对峙

B.始终以友好的态度，耐心倾听，冷静解释，得理让人

C.将客户请进办公室，进一步沟通，在本岗位职权内满足其合理要求

D.将客户请进办公室，进一步沟通，最大程度地满足其所有要求

E.如果客户提出更多要求，应向上级报告，由上一级负责人出面协商解决

三、判断题

1.岗位礼仪是指金融行业员工在岗前准备、柜台服务、顾客接待、纠纷处理等履行岗位职责时以约定俗成的、规范的程序、方式来表现的律己敬人的完整行为。

（　　　）

2.银行服务是综合了机能性服务与情绪性服务的复合性服务。　　　（　　　）

3.大堂经理在协助客户通过自助服务机器办理业务的过程中，涉及输入密码时，应主动回避。　　　　　　　　　　　　　　　　　　　　　　　　　（　　　）

4.老人、孕妇、残疾人等客户在办理业务时，不需要优先照顾与灵活处理。

（　　　）

5.按照《关于规范金融机构资产管理业务的指导意见》中的要求，金融机构的客户经理在根据客户需求做产品推荐时不能使用“保本”等用语。　　　（　　　）

6.处理客户投诉时，为了安抚客户对服务不满的激动情绪，可以暂时采取批评或

埋怨同事的方式让客户尽快平静。　　　　　　　　　　　　　　　（　　）

■ **实践操作训练**

【服务场景演练6-1】零钱清点场景

某天中午，一位大妈带着一大塑料袋零钞（如壹角、伍角、壹元硬币及壹元纸币等），需要存入她的银行卡中。由于零钞数量大且有破损，十分不好清点，因此两位柜员同时进行零钞清点。数钱时大妈一直盯着两位柜员生怕他们点错，而两位柜员一直清点，午饭也没来得及吃，直到清点完毕并帮助大妈办理完业务为止。

【演练说明】

目标：通过情景演练更好地培养训练银行柜员岗位服务礼仪规范，加深对岗位服务礼仪基本要求的学习与掌握，做到主动热情、周到细致、"四心"待人、语言文明、微笑永恒。注意在服务过程中不可表现出不耐烦等行为，可以合理设计大妈的故事与对话。

任务：（1）请参照以上案例情景进行银行服务场景的模拟演练。

（2）互相观摩，互相分析与讨论，小组互评与教师点评相结合。

要求：（1）请每位同学积极参与，以小组为单位，每组2~5人，分角色扮演。

（2）自行安排场景展示的上场人数及身份，可以对情景内容及情节进行合理改动，适当地设计语言及对话，还可以利用现场的桌椅设备，或自行准备其他所需道具。

（3）请同学们认真对待，深入思考，特色创新。

【服务场景演练6-2】大堂银行产品介绍场景

某天上午，金专银行营业厅众多客户在排队等候办理业务，大堂经理为了缓解大家等待的无聊，同时为了推荐银行产品，在现场给客户们做起了银行产品的简单介绍会，并跟客户们进行问答互动，给予小奖品奖励。

【演练说明】

目标：通过情景演练更好地培养、训练大堂经理岗服务礼仪规范，加深对岗位服务礼仪基本要求的学习与掌握，做到主动热情、周到细致、"四心"待人、语言文明、微笑永恒。注意在介绍过程中提示客户不要错过叫号，可以根据讲授内容进行提问。

任务：（1）请参照以上案例情景进行银行服务场景的模拟演练。

（2）互相观摩，互相分析与讨论，小组互评与教师点评相结合。

要求：（1）请每位同学积极参与，以小组为单位，每组2~5人，分角色扮演。

（2）自行安排场景展示的上场人数及身份，可以对情景内容及情节进行合理改动，适当设计语言及对话，还可利用现场的桌椅设备，或自行准备其他所需道具。

（3）请同学们认真对待，深入思考，特色创新。

【服务场景演练6-3】大堂经理岗位服务

作为大堂经理，如果碰到以下问题，你会怎么处理？

1.水迹很多，垃圾桶已经满，宣传品乱放。

2.一张信用卡促销海报已过期，有卷角，还张贴在墙上。

3.一台存款机不能正常使用，很多客户走过去办理业务，结果发现存款机不能正常使用，于是抱怨："有没有搞错，不能用也不说明一下。"

4.三个普通柜台前分别排了8位普通客户，而理财柜台前只有一位客户，普通柜台前的客户们都在大声抱怨。

【演练说明】

目标：通过情景演练更好地熟悉金融行业员工岗位的服务礼仪要求及服务礼仪规范。

任务：（1）请按照以上情景描述进行银行服务场景的模拟演练。

（2）互相观摩，互相分析与讨论，小组互评与教师点评相结合。

要求：（1）请每位同学积极参与，以小组为单位，每组2~5人，分角色扮演。

（2）自行安排场景展示的上场人数及身份，可以对情景内容及情节进行合理改动，适当设计语言及对话，还可以利用现场的桌椅设备，或自行准备其他所需道具。

（3）请同学们认真对待，深入思考，特色创新。

项目七
金融行业公务礼仪

学习目标

思政育人目标：

★促进学生具备爱国、敬业的价值准则。

★培养学生具备求实的工作作风、尊重他人的工作态度。

★培养学生具备真诚友善、关注细节、善解人意、热情主动的职业素养。

★培养学生具备与人沟通的能力、分析和解决问题的能力。

知识目标：

★了解公务迎送礼仪和公务会议礼仪的内容。

★了解公务宴请礼仪的形式、准备工作、宴请现场礼仪。

★理解乘车礼仪、会议座次礼仪、餐桌座次位次礼仪等公务位次礼仪的内容。

★理解公务位次排列的原则与方法。

技能目标：

★能够按照公务迎送礼仪与会议礼仪的要求做好公务迎送与会议安排工作。

★能够按照公务宴请的礼仪规范得体地参与宴请活动。

★能够掌握按照公务位次礼仪的要求与原则进行乘车、会议、宴请等场合的位次安排。

项目思维导图

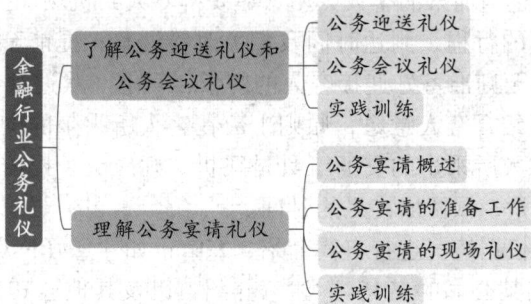

```
                              ┌─ 公务迎送礼仪
              了解公务迎送礼仪和 ├─ 公务会议礼仪
              公务会议礼仪      └─ 实践训练
金融
行业
公务
礼仪
                              ┌─ 公务宴请概述
              理解公务宴请礼仪 ├─ 公务宴请的准备工作
                              ├─ 公务宴请的现场礼仪
                              └─ 实践训练
```

案例导入

　　王小红是刚毕业的大学生，她加入到ABC贸易公司后，被分到公司的办公室工作。一天公司邀请一位专家来指导工作，办公室主任临时有急事，只能委派王小红跟司机去接专家，王小红接到专家王教授后，请王教授入座副驾驶的位置，教授迟疑了一下，便上车了，王小红则坐在了后排的位置上。到达公司后，经过了解情况，王教授和公司领导坐在一起开会研讨，提出了很多宝贵建议。临走时，王小红和公司领导一起送王教授出门，办公室主任为王教授开车门并请王教授坐在后排右手边的位置，王小红看到这一幕，心中暗暗思考："我今天是不是哪里做错了呢！还好王教授没有怪罪我，以后我可要注意这件事啊！"王小红今天做错了什么事呢？

　　金融行业公务礼仪是金融行业工作人员需要了解和学习的内容之一，是做好客户迎送、客户接待等工作的有力保证，也是给客户带来良好客户体验，保持长久合作关系的环节，因此做好金融行业公务礼仪对金融企业及工作人员同样具有支撑作用。本项目主要围绕公务礼仪中的迎送礼仪、会议礼仪、宴请礼仪的内容进行简要介绍。

任务一　　　　了解公务迎送礼仪和公务会议礼仪

一、公务迎送礼仪

　　公务迎送是指因公务而安排的迎接与送别的活动。公务迎送是常见的公务活动，一般包括迎接客户、送别客户等部分。公务迎送是根据会面及需求情况而产生的交流活动。金融行业企业面对重要客户或者初次来访的客户一般会安排专门的迎送过程，而对一般客户或者多次来访的客户，不需要安排特意的迎送过程。

　　公务迎送有不同的分类方式，按照级别分类，有领导和普通工作人员之分；按照人数和规模有一人、数人或者大型代表团之分。迎送的人员根据迎送对象的身份而定，一般由级别相当的人员出面迎送。

　　公务迎送的内容主要包括接机（站）送机（站）、车辆安排、客人引领、电梯礼仪、住宿安排等。

（一）接机（站）送机（站）

　　一般情况下，对远道而来的客人，主人应安排专人到机场、火车站等地迎接，需要做到提前掌握客人的行程、到达时间及相关改签调整；提前至少15分钟到达预定的迎接地点，如有需要则准备好迎接客人的牌子，写上"欢迎某某来某地"等文字。主人为客人送行时，结合客人意愿，原则上应在客人所乘坐的交通工具出发前30分钟以上到达。如果客人所乘坐的交通工具是飞机，则应至少提前1个小时到达机场，并提前考虑堵车等因素，预留出充足的时间。

　　接到客人时，应根据情况进行自我介绍，寒暄语如"您好！欢迎您的到来。""路上辛苦了。""我是某某公司的某某。"注意介绍自己及其他迎宾者的姓名、职务等，并告知客人接下来的行程安排和等待会面的人员情况，让客人心里有所准备。结合客人意愿，帮助客人提拿行李，尤其是有大量行李时。

（二）乘车及位次安排

一般情况下，乘轿车的主要礼仪有：主人（男士、晚辈、下级）陪同客人（女士、长辈、上级）同乘一辆轿车时，上车时，主人应先为客人打开轿车的右侧后门，并以手挡住车门上框，等客人坐好后，小心关门，然后自己从左侧后门上车。下车时，主人应先下车，并绕过去为客人打开车门，并以手挡住车门上框，协助客人下车。

在迎接客人到宾馆或公司等指定地点或送别客户的过程中，需注意接送车辆的安排与位次礼仪。接送车辆的选择根据迎送对象的身份及接待规格而安排。乘车过程中陪同人员需要注意位次礼仪相关原则，乘车时车上位次的尊卑，主要取决于以下四个因素：驾驶者的身份、车辆的类型、位次的安全、嘉宾的意愿。

一般情况下，车内位次高低由驾驶者身份变化而做相应改变。双排座轿车的位次顺序为：专职司机开车时，位次安排原则是后排为上，前排为下，右侧为上，左侧为下；主人开车时，位次安排原则是前排为上，后排为下，右侧为上，左侧为下（如图7-1所示）。多排座轿车的位次顺序为：司机开车时，第一主人和第一客人分坐后排左右，随行人员坐副驾驶位；主人开车时，第一客人可在副驾驶位置就座，其他随行人员在后排（如图7-2所示）。

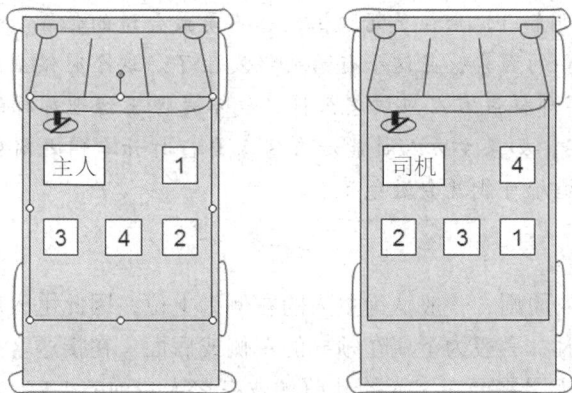

图7-1　双排五人座轿车的位次顺序

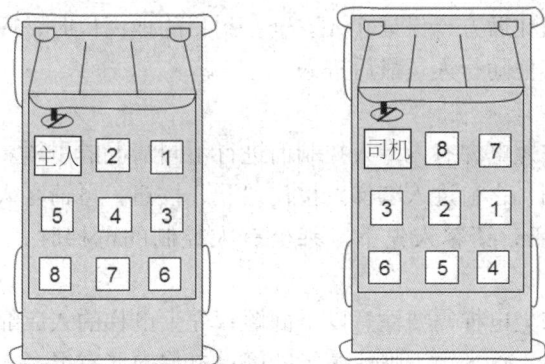

图7-2　多排座轿车的位次顺序

吉普车迎送客人时，无论驾驶人是谁，一般以副驾驶位为上座。大型客车的位次安排较为随意，一般随行人员坐后面，主人和客人坐前面且最后上车，下车顺序则相反。

小型客车迎送客人时，客人先上车，接送人员后上车；下车时，接送人员先开门下车，客人再下车。

如果客人上车后，选择了非最尊贵的位置，也无须请其挪动位置。

案例7-1

自己开车门的客人

小邓在一家企业给业务部王经理当秘书。一次，在与一位重要客人谈判之后，由于接下来还有会议，王经理不能亲自开车送客人，于是就让司机将客人送往车站。客人自行打开前排车门后，坐在了副驾驶的位置上，小邓一看，忙说："您应该坐在后面，上座在后排。"王经理赶紧说："没关系，我坐在这儿也行。"

小邓和王经理的做法是否存在问题呢？

（资料来源：伏琳娜，安畅，孟庆海．金融服务礼仪［M］．2版．北京：中国金融出版社，2021.）

案例分析：本案例中，由司机开车时，最尊贵的位次是后排右手边位置，因此客人第一时间拉开前排车门，坐在了驾驶位，并不是最合适的位置。但是，客人的意愿是比位次顺序更重要的因素，且这个行为已经发生了。这个时候主方人员应"将错就错"，而不是像小邓那样说客人应该怎么样，也不是像王经理那样的说法，加剧客人"错"的意味。其实，如果主方人员能赶在客人自行打开车门之前就帮助其开门并引导入座，案例中的尴尬可能就会避免了。

（三）客人引领

根据以右为尊的原则，一般认为主人的右侧为上位，因此主人应在客人的左侧行走。陪同领导行走时，一般为下属在领导的左侧或后面。在接送客人的过程中，涉及引领客人时，引领人员需要在客人的外前侧或在客人左前方1.5米处。引领时，身体稍侧向客人，注意上下楼梯、遇到障碍物时的指引手势。一般情况下，上楼时，客人在前方，下楼时客人在后方，保证客人安全。到目的地门口时，应开门礼让，请客人先进，主人后进，其他随行人员最后进入。

（四）电梯礼仪

乘坐电梯时，按照电梯有无专人控制而进行不同情况的引领。乘坐无人控制的电梯时，在客人（上司）之前进入电梯，按住"开"按钮，再请客人进入。到达目的地后，按住"开"按钮，请客人先下。乘坐有人控制的电梯时，无论上下都应客人优先。

一般情况下，乘坐电梯需要注意以下问题：先上电梯的人应靠后面站，以免妨碍他人乘电梯；电梯内不可大声喧哗或嬉笑吵闹；电梯内已有很多人时，后进的人应面向电梯门。

（五）住宿安排

对客人的住宿安排要符合接待规格，如迎送人员陪同客人到达下榻酒店后，应协助客人办理入住登记手续，并告知用餐时间和地点安排。客人到达后一般不宜马上安排活动，应给客人留有一定的休息时间，并告知客人来访日期内的安排，尽可能提供客人需要的各种信息，并征求客人的意见。

二、公务会议礼仪

公务会议是现代社会为解决重要问题、协调内外部关系、加强交流与合作而普遍采用的讨论、交流活动，也是金融行业工作人员经常参与的公务活动。公务会议的类型很多，公务会务内容也不尽相同，一般来说，公务会议中的会务工作包括会议筹备、成立会务组、拟定会议主题、拟发会议通知、起草会议文件、布置会场、安排位次、接待和服务、整理会议记录、撰写会议简报等。公务会议礼仪就是在公务会议中遵守的礼仪规范。不同会议对礼仪要求的严格程度也不尽相同，一般来说，公务会议的规格越高、规模越大、内容越重要，会务工作就越多，礼仪要求也就越严格。

（一）大型会议的礼仪

1.筹备工作

首先需要确定会议的主题，一般会成立会务组，分工明确，责任到人。工作人员需要按照领导的相关布置逐一落实会议议程的相关工作。

2.会议通知

会议通知是主办单位发给所有与会单位或者人员的书面文件，同时包括邀请函等文件。会议通知一般应包含标题、主题、会期、出席对象、报到时间、报到地点以及与会要求等内容。拟写通知的会务组成员应注意语言规范及会议通知的完整性。撰写好会议通知及邀请函后，专人负责将通知落实到参会者，保证及时送达。

3.会议文件

会议文件应提前准备好，包括会议议程、开幕词、闭幕词、主持词、主题报告、大会决议等。

4.布置会场

根据会场的情况进行布置，包括桌椅、音响、照明、摄像、摄影、录音、空调、通风设备和多媒体设备等；应做提前的调试与检查工作，确保会议当天这些设备稳定有序地工作；需要采购的会议用品应提前准备，如纸张、笔具、文件夹、饮用水等，布置会场时做好摆放工作。

5.位次安排

大型会议的位次安排一般设主席台与观众席，前者的位次安排十分重要，后者的位次可排可不排。一般而言，主席台的位次安排应遵循三个规则：一是前排位次高于后排；二是中间位次高于两侧；三是以观众视角，右侧位次高于左侧。根据主席台每排数量的单双数情况，分为以下两种情况：一是每排领导为单数时，1号领导居中，2号领导在1号领导的右侧（观众视角下），3号领导在1号领导的左侧，以此类推（如图7-3所示）；二是每排领导为双数时，1号和2号领导同时居中，1号领导在右侧（观众视角下），以此类推（如图7-4所示）。

微课7-1

会议位次
礼仪

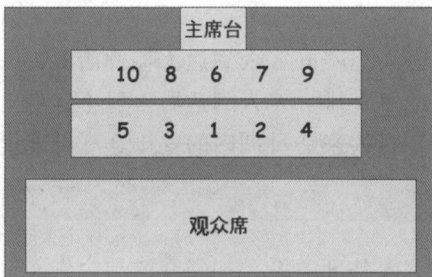

图7-3 每排领导为单数的位次安排

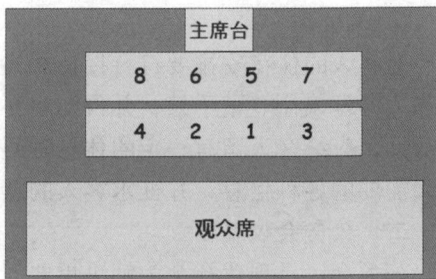

图7-4 每排领导为双数的位次安排

6.会议记录与简报

会务组应做好会议记录及简报工作，做好会后的文件整理及总结工作。

（二）会谈型会议的礼仪

会谈型会议包括座谈会，商务谈判、双方会谈等。座谈会是邀请有关人士，围绕主题进行的讨论或为沟通情况、征求意见、增进感情而举办的小型会议。

座谈会一般需注意以下问题：第一，内部座谈要告知与会者时间、地点、内容和具体要求，如有外部嘉宾要提前发出邀请函；第二，会场一般采取C形或U形排列；第三，如有外部嘉宾，主持人应予以介绍，表示欢迎；第四，会议主持人或负责人引导大家共同讨论，各抒己见，完成预定讨论目标或达成共识；第五，会议结束后，做好总结及记录工作。

商务谈判或双方会谈一般是为了推进合作完成某个项目而进行的讨价还价、磋商或讨论。商务谈判礼仪遵循以下原则：知己知彼、入乡随俗；平等协商，就事论事；尊重对手，友谊第一。双方会谈一般在某一方为主场的地方召开，分为主方与客方。根据谈判或洽谈内容不同，会议流程也有所不同，主要包括以下内容：会议准备、双方主要负责人或参会人介绍、双方主要发言人表明观点立场、讨论结果、会议记录等。其中，会议准备工作包括双方人员准备、信息准备、文件资料准备，主方布置会

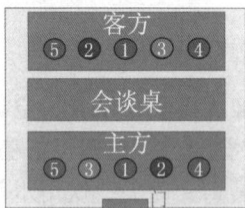

图7-5 会谈场合的座次顺序

场与位次安排等部分。会谈场合的位次尊卑遵循三个原则：一是中间位次高于两侧；二是主方或客方为视角，右侧位次高于左侧；三是面门定位，以远为上，客方居于上位。图7-5中居于中间的1号位是双方各自的负责人，2号位都在各自1号位的右侧，3号位都在各自1号位的左侧，以此类推。

案例7-2

小丽的"难题"

小丽毕业后入职一家外贸公司，做办公室秘书工作。一天，领导告诉小丽B公司要来本公司考察座谈，请小丽提前把桌牌打印并摆放在会议室。领导告诉小丽B公司到访的人员包括项目经理、财务经理、随行人员2人，而本公司出席座谈会的人员包括公司总经理、对接项目的负责人、办公室主任、销售人员1人、助理1人。这可把

小丽难住了，她先是把桌牌打印好，然后跟老同事虚心请教，最后她终于找到了"难题"的解决方法。会后，领导也表扬了小丽关注细节的得体表现。

（资料来源：根据相关资料整理。）

案例分析：本案例中，小丽通过请教老同事找到了问题的解决方法。按照会谈场合下双方的位次安排，客方应坐在会议室离门更远的地方，以示尊重。本公司的5位主方人员应遵循自己视角下的以右为尊原则，因此本公司对接项目的负责人应坐在总经理的右侧，办公室主任坐在左侧；B公司的4位客方人员同样应遵循自己视角下的以右为尊原则，依次落座。

思政小课堂

思政目标：具备爱国、敬业的价值准则，维护国家利益的民族精神；具备依法合规、勤勉履职的职业操守。

思政案例：为中国争座次

第二次世界大战结束后，远东国际军事法庭开庭对日本战犯进行审判。除庭长之外，还有美国、中国、英国、加拿大、法国、荷兰等十国法官。庭长韦伯法官（澳大利亚）的席位不容置辩，庭长右手的第一把交椅属于美国法官也已成定论，而庭长左手的第二把交椅属谁却各执一词。坐在庭长旁边，不仅可以随时与庭长交换意见，还能显示出法官所在国在审判中的地位。这时代表中国出席的法官梅汝璈先生率先提出自己的观点说："若论个人之座位，我本不在意。但我们既然代表各自的国家，我认为，法庭座次应按日本投降时各受降国的签字顺序排列才最合理。首先，今日系审判日本战犯，中国受日本侵害最重，抗战时间最久，付出的牺牲最大，因此有八年浴血抗战历史的中国理应排在第二；再者，没有日本的无条件投降，便没有今日的审判，按各受降国的签字顺序排座次，实属顺理成章。"说到这儿，他话锋一转，幽默地接着说："当然，如果各位同仁不赞成这一办法，我们不妨找个体重测量器来，然后以体重之大小排座次。体重者居中，体轻者居旁。"听了这话，庭长韦伯笑着说："你的建议很好，但它只适用于拳击比赛。"梅先生回答说："若不以受降国签字顺序排座次，那还是按体重排好。这样，纵使我被安置末座也心安理得，并可以此对我的国家有所交代。一旦他们认为我坐在边上不合适，可以调派另一名比我肥胖的来替换我呀。"结果，梅汝璈以其善于雄辩的口才和果敢的斗争为中国争了一口气，赢得了第二把交椅。

（资料来源：佚名. 小故事为中国争座次 [EB/OL]. [2022-06-07]. https://www.cha138.com/shenghuo/show-115700.html.）

思政意义及反思：

案例中梅汝璈先生为了维护国家利益，据理力争属于中国的位次，是爱国爱家，敬业履职的表现。根据会议位次礼仪规范，中间位次高于两侧，离中间越近的位置当然比远的位置的位次更高，当中间位置已定的前提下，梅先生刚柔并济地争取中间位置两侧的最后一个位置，既符合礼仪规范，又符合当时的实际情况，维护了国家尊严与利益，也维护了国际关系基本准则。党的二十大报告指出："中国坚定奉行独立自主的和平外交政策，始终根据事情本身的是非曲直决定自己的立场和政策，维护国际关系基本准则，维护国际公平正义。"当代大学生应学习梅先生的爱国情怀，从身边小事做起，在金融行业工作中，做到依法合规、勤勉履职，为弘扬中国精神砥砺前行，发扬以爱国主义为核心的民族精神和以改革创新为核心的时代精神，为"实现中华民族伟大复兴的中国梦，以中国式现代化推进中华民族伟大复兴"贡献一份微薄之力。

三、实践训练

（一）实训内容

理解公务会议礼仪实践训练——大型会议开幕式主席台位次安排视频。

★场景描述★

观看一场大型会议开幕式视频，如中国共产党第二十次全国代表大会开幕会，观看学习党的二十大报告内容并观察会议中主席台位次安排情况。

（二）实训目标

1.素质目标：掌握爱国、敬业的价值准则；具备关注细节、善解人意的职业素养。

2.知识目标：理解公务会议礼仪的概念、内容；理解大型会议位次礼仪规范。

3.能力目标：能够进行大型会议主席台位次及会谈场合位次安排。

（三）实训步骤

1.以小组为单位，2人为一组，观看相关视频并观察记录。

2.将观察记录结果进行梳理总结，并在课上进行分享。

3.小组互评与教师点评相结合。

任务二　　　　　　理解公务宴请礼仪

一、公务宴请概述

（一）公务宴请的概念

公务宴请是金融企业为了答谢客户，推广产品和服务而采用的宴请活动，是公关活动的一种。金融企业员工通过出席各类公务宴请，来打造个人形象，同时树立良好的企业形象。

（二）公务宴请的形式

根据宴请的目的和主客方的身份、关系来确定宴请的类型与规格。公务宴请一般可分为宴会、冷餐会、酒会、工作餐等。

1.宴会

宴会是公务宴请中最隆重的形式，按照规格不同可分为国宴、晚宴、午宴、便宴和家宴。国宴是规格最高的。除了国宴以外，晚宴最为正式。公务宴请多为正式宴会，包含主宾双方致辞、祝酒、演奏或播放音乐等环节。同时，对位次、餐具、菜肴、酒水的安排都有一定的要求。

2. 冷餐会

冷餐会一般是自助餐的形式，是相对方便灵活的宴请形式。冷餐会上不设位次，不讲究上菜顺序，以冷菜为主，主随客便。客人可自由选择摆放好的食物并可自由活动。就餐地点可以在室内也可以在室外，适用于较多人数参加的宴请活动。

3. 酒会

酒会，即鸡尾酒会，以提供酒水为主，以食物为辅，并提供水果、点心等。酒会的参会人员同样可自由活动，且活动范围大，一般不设坐席或只设少量坐席。酒会的气氛一般较为轻松、活跃。

4. 工作餐

工作餐是公务宴请中较为常见的形式。一般为日程紧张，不便安排正式宴请时采用。就餐者就某一特定工作而联系在一起，不讲求位次安排，彼此利用就餐时间，继续讨论工作或沟通交流，节省时间，氛围轻松。

二、公务宴请的准备工作

规范得体的宴请，需要认真筹划准备，处处考虑周全。需要注意明确宴请目的、确定规格形式与时间地点、发出邀请、餐桌位次与桌次安排、现场布置及服务等环节。

（一）明确宴请目的

通常在确有需要，而非巧立名目的前提下进行公务宴请。宴请目的一般包括欢迎、欢送、答谢、庆祝、交流等。宴请的目的决定宴请的规格形式。

（二）确定规格形式

宴会礼仪中讲求规格形式。宴会规格形式从出席者的最高身份、人数、目的、主办方的情况等角度来考虑，根据宴请缘由、主宾双方的身份和职务、宴请对象的风俗习惯等因素来确定。确定规格形式后，如果是正式宴会，应与饭店共同拟定菜单。菜品的选择应考虑宾客的口味、禁忌和健康情况等因素。对有需要特殊照顾的宾客，应尽早做出安排。工作餐之类的便宴规格较低，自由度较高。

（三）拟定客人名单与确定时间地点

主办方必须将邀请的客人名单开列清楚，邀请什么专业和级别的人员，以及邀请多少人，都应考虑进去。确定人员范围后，再草拟邀请名单。同时，考虑出席人员是否有配偶随行等情况的发生。

宴请的时间应考虑主宾双方都方便合适的时间，或有些特定意义的时间，如元旦、春节、中秋节等，属于私人时间的，不宜安排公务宴请活动。正式宴请大多安排在晚上，便宴可以是其他时间。地点选择要适当，还要考虑宴请规格、餐饮特色、环境服务，以及地点远近、接送方便、停车方便等问题。

（四）提前邀请

在明确宴请目的、拟定客人名单、确定时间地点后，可进入邀请环节。对客人的提前邀请，是尊重客人的体现，也反映了组织者的精心准备。在宴会时间地点确定后，就向拟定的客人名单发出邀请。邀请函应提前一周到两周制作，写清楚宴会目的、时间地点、邀请单位或邀请人及对来宾的要求等。之后是准确分发邀请函，以方便客人提前对宴请做出行程安排。一般的便宴可以用电话或口头邀请的形式进行。

（五）餐桌位次与桌次安排

正式宴请中会有严格的桌次及位次安排方式。如果宴会规模较大，现场宜有示意图及引导人员；一般宴请中，只需要排主桌席位，即主要宾客所在桌的位次顺序，其他桌只是排桌或自由入座即可。餐桌位次与桌次礼仪是公务礼仪中重要的环节。

1.餐桌位次礼仪

首先，确定餐桌的主位。主位的确定应遵循五个原则：一是面门为上原则。面门为上指的是对着门口的位置是主位，而背对门口的位置是次位。主位向门是因为可以观全局，而次位靠近门是便于服务大家。二是居中为上原则。居中为上指的是三人就座用餐时，坐在中间的人在位次上高于两侧的人。三是以右为上原则。以右为上指的是两人并排就座时，通常以右为上座，以左为下座。四是景观为上原则。景观为上指的是在室内外有优美的景致或演出时，观赏角度最好的座位是上座。五是靠墙为上原则。靠墙为上指的是有时为了防止过往侍者和食客的干扰，通常以靠墙之位为上座。

其次，确定餐桌主位后，同桌的其他人的位次安排遵循两个原则：一是以离主人远近而定，近高远低；二是以位居主人左右而定，右高左低。

在餐桌位次礼仪基本原则的基础上，可用单主人制与双主人制排位法。

（1）双主人制排位法。

① 第一主人右、左边分别为身份第1、2高的客人，第二主人右、左边分别为身份第3、4高的客人。其他人员结合身份情况，按照近高远低、右高左低的原则排位，兼顾长者优先，女士优先及主客穿插的理念（如图7-6a所示）。在这种双主人制排位法中，以两位主人为核心，形成两个谈话中心。

② 当两位主人身份相当时，可采用第一主人右、左边分别为身份第1、3高的客人。第二主人右、左边分别为身份第2、4高的客人（如图7-6b所示）。这种双主人制排位法同样会形成两个谈话中心。

（2）单主人制排位法。

单主人制只有一位主人，即一个主位。主人右手边为最尊贵的位置，左手边为第二尊贵的位置，右高左低，近高远低，由近及远，左右交叉，以此类推（如图7-7所示）。如果主宾身份高于主人，为表示尊重，也可安排主宾在主位就座，主人则坐在主宾的位置上。单主人制排位法也有一个谈话中心。单主人制排位法除了用于圆桌以外，也常用于长桌或者八仙桌，位次规则与圆桌基本一致。

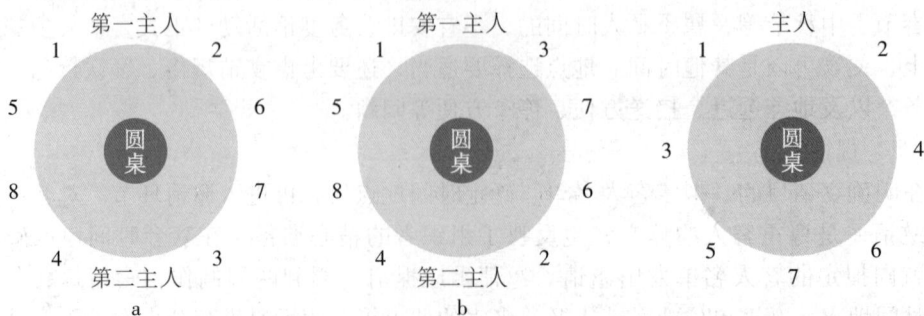

图7-6　双主人制排位法　　　　　　　　　图7-7　单主人制排位法

2.桌次礼仪

首先，确定宴会的主桌。主桌的确定应遵循四个原则：面门定位、以右为尊、以中为贵、以远为上（如图7-8所示）。也就是说，以面对着门的视角，右边的桌子为主桌。离门远的位置相对更佳。

其次，桌次的确定。通过四个原则确定主桌后，桌次的高低则以离主桌远近而定，近高远低，右高左低。图7-8d中2、3号桌离主人更近，因此桌次高于4、5号桌，同样距离下，根据右高左低原则，2号桌的桌次在3号桌之上，4号桌的桌次在5号桌之上。

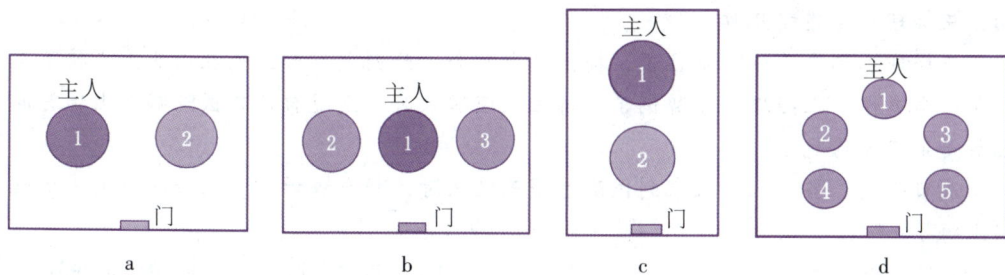

图7-8　宴会主桌的位次顺序

（六）现场布置与服务

正式宴请活动需要适当布置，包括鲜花、会标横幅、话筒、音响设备等。应有专门工作人员负责相关服务工作，安排迎宾人员、接待人员和引导人员等。

三、公务宴请的现场礼仪

（一）宴会现场主办方礼仪

宴请时，主人及主要陪同人员一般在门口迎接客人或排列成行迎客。客人达到后，互相握手致意。需要设置休息室时，由专门的引导人员引导客人到事先安排好的休息厅，并由身份相当的主方人员招待。宴会开始后，由主人陪同主宾落座，主方接待或引导人员引客人入座，如果客人有坐错位置的，一般"将错就错"，或通过巧妙的方式加以换座。宴会中如果设置正式讲话，应在宴会开始前互相致辞。冷餐会和酒会的讲话时间比较灵活。中式餐饮的上菜顺序一般为冷菜、热菜、甜食、水果。

公务宴请是金融企业员工与客户接触的良好机会，席间应营造良好的气氛，可通过敬酒等方式活跃气氛。宴会主办方祝酒时应双手举杯示意，不一定要碰杯。敬酒要适可而止，切勿强求他人。

案例7-3

不辞而别的王经理

上海某公司王经理欲同东北某公司建立业务代理关系，东北某公司经理非常重视这次机会，王经理到达后，东北某公司经理设宴招待。

参加宴会的人除东北某公司的经理（主人）、副经理之外，还有主管部门的负责人，共10位。人们热情寒暄后，宴会开始了。王经理见服务员手拿一瓶茅台酒为自己倒酒，便主动解释自己从来不喝白酒，要求喝点啤酒，但主人却热情地说："为我们两家公司的合作，您远道而来，无论如何先喝点白酒。"说话间，白酒已倒入王经理杯中。主人端起酒杯致祝酒词，并提议为能荣幸结识王经理干杯，于是带头一饮而尽，接下来人人模仿。王经理只用嘴唇沾了沾酒杯，并再次抱歉地说自己的确不能喝白酒。王经理的白酒未饮下，主人仿佛面子上过不去，一直劝让，盛情难却，王经理只好强饮第一杯，然而有了第一杯，接下来便是第二杯。

王经理提议酒已经喝下，大家对合作一事谈谈各自的看法。主人却说："难得与王经理见面，先敬酒再谈工作。"于是，主人又带头给王经理敬酒，接下来在座的其他人也都群起仿效，尽管王经理再三推脱，无奈经不起左一个理由，右一个理由的强劝，王经理又是连喝几杯。

王经理感到自己承受不住了，提出结束宴会，此刻大家却正喝在兴头上，接下来又是一番盛情，王经理终于醉倒了。待王经理醒来时，发现自己在医院病床上，时间已经是第二天傍晚了。

次日早晨，当主人再次来到医院看望王经理时，护士告诉他，王经理一大早出院回上海了。

（资料来源：伏琳娜，安畅，孟庆海. 金融服务礼仪［M］. 2版. 北京：中国金融出版社，2021.）

案例分析：本案例中，不合时宜的敬酒带来得是伤人伤己的后果。在公务宴请中，敬酒是活跃气氛的方式之一，但要掌握好分寸，结合主宾的意愿，不可强行劝酒。在宴请中需保持适度的仪态与语言礼仪。

（二）宴会现场参会者礼仪

公务宴请参会者一般都应做到以下要求与规范：第一，适度修饰，注意仪表。第二，按时抵达。对客人来说，出于对主方的尊重，一般应提前一些到达，身份高者可略晚一些。第三，礼貌入座。参会者听从主方安排，一般应了解自己的桌次与位次，按照桌上的桌牌入座。如果邻座有长者或者女士，应协助他们先入座。入座后应注意仪态，不可在桌子上趴靠歪斜。第四，适时交际。用餐时，可适当进行交际，互相问候，联络老朋友，并借此机会结识新朋友。不要全程无交流，也不宜只与熟人或一两个人交谈。主方人员致辞时，一般应洗耳恭听，不宜吃东西，不宜自顾自话或继续与人攀谈。第五，文雅用餐。用餐时尽量做到温文尔雅，不发出大的响声、不摇头晃脑、不宽衣解带。主方人员应注意照顾客人，尤其是两侧的女宾。口中有食物时，不宜张嘴说话。避免在桌上打嗝、剔牙、打喷嚏等行为，万一控制不住，应表示歉意。夹菜时，一般按照顺序，不宜向远的位置夹菜或明显影响他人进餐。用餐期间不宜玩弄餐具或敲打晃动桌椅等。第六，告辞致谢。客人告辞时，应礼貌地向主人或主方人员道谢，主人或主方人员也应热情地与客人道别。

金融企业员工无论是作为主办方还是参与者，都应熟悉宴请活动蕴含的礼仪与文化，做到宴请相关礼仪规范，并以商务宴请活动为契机，树立良好个人形象与企业形象。

案例7-4

令人尴尬的银行高管

W银行的总经理正在宴请银行的重要客户——A公司的总经理，参加宴请作陪的还有双方企业的高级管理人员。胡然是W银行的高级管理人员，也应邀出席了宴请，被安排坐C桌。在W银行总经理的亲自陪同下，宾主步入了宴会厅。就在大家依次入座时，胡然突然看见主桌上坐着他的研究生同学刘冰。他一个箭步冲上前去，握住老同学的手，不顾桌签位置，边说笑边坐在主桌席上。

宴会开始后，当宾主致辞，同祝双方合作愉快的时候，胡然没有兴趣听，忙着和老同学叙旧。为了表示自己对多年不见的老同学的热情、友好，在席间不停地给老同学倒酒、夹菜，有时不惜起身把手伸得长长地去夹远处的菜肴。说到高兴处，开始摇头摆脑，随意玩弄餐具，比比划划。宾主的脸色因为胡然的行为都非常尴尬。

（资料来源：周伟、陈晖. 金融职业道德与服务礼仪［M］. 北京：清华大学出版社，2013.）

案例分析：本案例中，胡然的行为让宾主都十分尴尬。他不但坐错了桌次，还在席间做出种种不得体之举，如不听宾主致辞、手伸得长长地去夹菜、玩弄餐具、比比划划等。这些行为都是十分不得体的行为，不但损害了自己的形象，也损害了银行的形象。在公务宴请中，需要尊重餐桌位次礼仪规范及用餐礼仪规范，文明得体地进行商务交流。

知识拓展 7-1

西餐小知识

1.西餐的菜品

西餐种类繁多，风味各异，因此其上菜的顺序，因不同的菜系、不同的规格而有所差异，但是基本顺序大体相同。餐品齐全的西菜一般有七八道，主要由以下部分构成：

（1）饮料（果汁）、水果或冷盆（即开胃菜）。开胃菜的目的是增进食欲。

（2）汤类（即头菜）。头菜需要用汤匙，此时一般还会上黄油、面包。

（3）蔬菜、冷菜或鱼（即副菜）。此时可使用垫盘两侧相应的刀叉。

（4）主菜（肉食或熟菜）。肉食主菜一般配有熟蔬菜，此时要用刀分切后放餐盘内取食。如果有色拉，则需要色拉匙、色拉叉等餐具。

（5）餐后食物。一般为甜品（点心）、水果、冰淇淋等。最后为咖啡，喝咖啡应使用咖啡匙、长柄匙。

2.西餐的就座和准备工作

（1）西餐的入座和离席都要从座椅的左侧进出，男士主动为女士拉开座椅。

（2）西餐桌有长桌，也有小方桌，通常是男女间隔开入座，情侣夫妻分开坐。

（3）西餐中以右手边的座位为贵，男主人的右手边是女VIP，而女主人的右手边坐的是男VIP。同理，男士应该将自己右手边的位置让给女士坐。

（4）男士应该请女士坐在靠墙的位置，年长者通常坐在靠墙的位置。

（5）男士应该让女士避免坐在人来人往的过道边上，如果有两男一女一起用餐，女士应该坐在两位男士的中间。

（6）餐巾对折成三角形或者长方形，铺在大腿上（千万别塞在衣领内，或者将餐巾的一边压在盘子下面）；如果中途要出去（接电话或者去洗手间），将餐巾放在椅子上，示意服务员回来还要继续用餐；用过餐后，将餐巾叠好放在盘子右边。

（7）餐巾是擦嘴的，不要用来擦汗或者擦刀叉。

（8）女士的手提包不要放在桌上（这是很失礼的行为），应该放在背后或者自己的大腿上。

（9）男士如果要脱外套，可以递给服务员，不要挂在椅背上。

总之，西餐既重礼仪，又讲规矩，只有认真掌握好，才能在就餐时表现得温文尔雅，具有风度。

（资料来源：佚名. 西餐餐桌礼仪［EB/OL］.［2022-02-01］. https://www.wenshubang.com/liyi/1929506.html.）

四、实践训练

（一）实训内容

理解公务位次礼仪实践训练——餐桌位次与桌次礼仪安排实训。

★场景描述★

企业家一行来到某村考察投资一事，村委会安排大家在村委会的食堂进行便宴。参与宴请的人员包括企业家、随行人员若干位、村书记、村长、村委会成员或村民若干位（有男士及女士）。

（二）实训目标

1.素质目标：具备尊重他人的工作态度；具备关注细节、善解人意的职业素养。

2.知识目标：理解餐桌位次与桌次礼仪的原则及位次排列方法。

3.能力目标：掌握按照位次礼仪的要求与原则，可进行宴请场合的位次安排。

（三）实训步骤

1.每组6~10位同学，分角色扮演，根据位次礼仪原则与排列方法，模拟演练公务礼仪中宴请礼仪的位次安排。可自行增加减少角色，并合理安排情节与对话。

2.小组内互换身份，轮流扮演客方人员与主方人员。

3.小组互评与教师点评相结合。

项目小结

1.公务迎送是指因公务而安排的迎接与送别的活动。公务迎送的内容包括接机（站）送机（站）、乘车及位次安排、客人引领、电梯礼仪、住宿安排等。其中，乘车位次的尊卑取决于驾驶者的身份、车辆的类型、位次的安全、嘉宾的意愿等因素。

2.公务会议是现代社会为了解决重要问题，协调内外部关系，加强交流与合作而普遍采用的讨论、交流活动。大型会议的礼仪工作包括会议筹备、会议通知、会议文件、布置会场、座次安排、会议记录与简报等内容。大型会议的主席台座次礼仪遵循观众视角下的以右为尊，会谈场合的座次礼仪遵循主方或客方自己视角下的以右为尊。

3.公务宴请是金融企业为了答谢客户、推广产品和服务而采用的宴请活动。公务宴请的形式可分为宴会、冷餐会、酒会、工作餐等。公务宴请的准备工作包括明确宴请目的、拟定客人名单与确定时间地点、提前邀请、餐桌位次与桌次的安排、现场布置与服务等。公务宴请现场根据主办方与参会者身份的不同，遵守相应的礼仪规范。

项目训练

■ 基础知识训练

一、单项选择题

1.公务迎送不包括（　　）。

A.接机、送机　　　B.乘车及位次安排　　C.客人引领　　　　　D.陪同游玩

2.以下选项中，对电梯礼仪的描述错误的是（　　）。

A.乘坐无人控制的电梯时，主人先上

B.乘坐有人控制的电梯时，客人先上

C.乘坐无人控制的电梯，到达目的地时，客人先下

D.乘坐有人控制的电梯时，主人先上

3.双排座轿车由主人开车时，第一客人一般在（　　）位置就座。

A.副驾驶　　　　　B.后排右侧　　　　C.主人后面　　　　D.后排中间

4.由专职司机开车时，位次安排原则不包括（　　）。

A.后排为上，前排为下　　　　　　B.右侧为上

C.左侧为下　　　　　　　　　　　D.左侧为上

5.大型会议的主席台座次是（　　）视角下的以右为尊。

A.主席台　　　　　B.观众　　　　　　C.领导　　　　　　D.工作人员

6.公务宴请中，确定餐桌主位后，同桌其他人的位次安排遵循（　　）原则。

A.以离主人远近而定，近高远低　　　B.以离主人远近而定，远高近低

C.以位居主人左右而定，左高右低　　D.位居主人左右的位次一致

7.宴会主桌确定的原则不包括（　　）。

A.面门定位，以右为尊　　　　　　B.面门定位，以中为贵

C.面门定位，以远为上　　　　　　D.近高远低，右高左低

8.在宴会场合，可以出现（　　）的行为。

A.趴靠歪斜在桌子上　　　　　　　B.主方人员注意照顾客人

C.口中有食物时张嘴说话　　　　　D.在桌上打嗝、剔牙

二、多项选择题

1.乘车时，车上位次的尊卑，在礼仪上来讲，主要取决于（　　）因素。

A.驾驶者的身份　　B.车辆的类型　　　C.位次的安全　　　D.嘉宾的意愿

2.大型会议会务工作的内容包括（　　）。

A.筹备工作　　　　B.会议通知　　　　C.会议文件　　　　D.布置会场

E.位次安排　　　　F.会议记录与简报

3.会谈场合的位次顺序遵循的原则包括（　　）。

A.中间位次高于两侧

B.以主方或客方为视角，右侧位次高于左侧

C.面门定位，以远为上，客方居于上位

D.以对方为视角，右侧位次高于左侧

4.以下选项中，属于公务宴请的形式有（　　　）。

A.宴会　　　　　　　B.冷餐会　　　　　C.酒会　　　　　　D.工作餐

5.以下选项中，属于公务宴请的准备工作有（　　　）。

A.明确宴请目的　　　　　　　　　　B.确定规格形式

C.拟定客人名单与确定时间地点　　　D.提前邀请

E.餐桌位次与桌次安排　　　　　　　F.现场布置与服务

6.以下选项中，属于公务宴请中餐桌主位确定的原则有（　　　）。

A.面门为上　　　　　　B.居中为上　　　　　　C.以右为上

D.景观为上　　　　　　E.靠墙为上

三、判断题

1.正式宴请中，只需要排好第一领导的位置，其余座位可随意坐。　　　（　　）

2.双排座轿车由司机开车时，第一主人和第一客人分坐后排左右，随行人员坐副驾驶位。　　　（　　）

3.在乘车位次礼仪中，如果客人坐错了位置，宜"将错就错"，或巧妙调整。
　　　（　　）

4.公务会议的规格越高、规模越大、内容越重要，礼仪要求也就越严格。　（　　）

5.公务宴请中应该尽量多向主宾敬酒，代表热情。　　　（　　）

6.宴会现场主人致辞时，一般应洗耳恭听，不宜吃东西，不宜自顾自话或继续与人攀谈。　　　（　　）

■ **实践操作训练**

【服务场景演练】餐桌位次与桌次安排

场景一：张丽是金融企业的办公室主任，今天她需要宴请关系单位相关人员，出席者有1位领导和6位职员，饭店的桌椅摆放图如图7-9所示，请帮助她确定餐桌位次顺序。

场景二：张丽需要安排一场大型宴会，饭店的桌子位置如图7-10所示，请帮助她确定这7张桌子的桌次顺序。

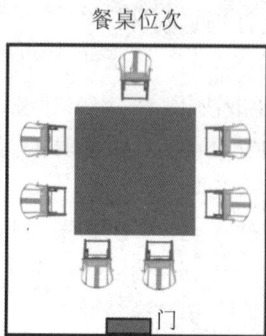

图7-9　饭店的桌椅摆放图

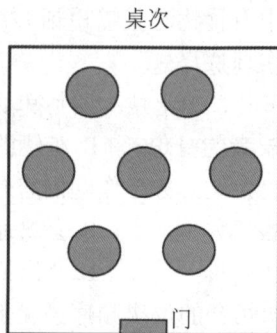

图7-10　饭店的桌子位置

【演练说明】

目标：通过情景演练更好地培养训练金融行业从业者的公务位次礼仪规范，加强对餐桌位次与桌次礼仪的学习与掌握。

任务：（1）请参照以上案例情景进行场景模拟演练。

（2）互相分析与讨论，小组互评与教师点评相结合。

要求：（1）请同学积极参与，以小组为单位，每组3~4人，讨论排列方法并在图中进行标记。

（2）可自行设想参会人员的身份、性别等信息。

（3）请同学们认真对待，深入思考。

参考文献

［1］伏琳娜，安畅，孟庆海. 金融服务礼仪［M］. 2版. 北京：中国金融出版社，2021.

［2］纪亚飞. 服务礼仪标准培训［M］. 北京：中国纺织出版社，2012.

［3］金正昆. 服务礼仪［M］. 北京：北京联合出版公司，2019.

［4］李颖. 金融行业服务礼仪［M］. 大连：东北财经大学出版社，2014.

［5］凌晨四点半. 银行客户经理营销实战全能一本通［M］. 北京：人民邮电出版社，2018.

［6］刘俊. 银行服务礼仪［M］. 北京：中国金融出版社，2011.

［7］吕艳芝，纪亚飞. 银行服务礼仪标准培训［M］. 北京：中国纺织出版社，2014.

［8］吕艳芝，徐克茹，冯楠. 公务礼仪标准培训［M］. 3版. 北京：中国纺织出版社，2021.

［9］钮文慧. 银行柜面业务［M］. 北京：中国人民大学出版社，2015.

［10］王丹，曾磊. 金融服务礼仪［M］. 北京：经济科学出版社，2020.

［11］王华. 金融服务礼仪［M］. 2版. 北京：高等教育出版社，2019.

［12］周伟，陈晖. 金融职业道德与服务礼仪［M］. 北京：清华大学出版社，2013.

［13］杨茫，王旭. 金融服务礼仪［M］. 北京：北京师范大学出版社，2011.

［14］张瑾. 银行大堂服务［M］. 北京：中国人民大学出版社，2015.

［15］赵永生. 大学生礼仪［M］. 北京：冶金工业出版社，2008.